高等院校财经类专业应用型本科系列教材

人力资源管理

RENLI ZIYUAN GUANLI

◎主　编　张海枝

◎副主编　饶　欣　魏秀丽　徐　刚　黄晓燕

重庆大学出版社

内容简介

全书共9章,分别讲述人力资源管理导论、人力资源规划、工作分析、员工招聘与录用、员工培训、绩效管理、薪酬管理、劳动关系管理。本书立足于当前企事业单位管理的现实需要,突出基础理论和实践的紧密结合。本书的每一章不仅有本章学习要点、开篇和结尾案例,而且中间结合知识点配有即时案例,结尾处有人力资源管理故事和课外小组活动。

本书可作为经济管理类专业《人力资源管理》课程的教材,也可供企事业单位人力资源管理实践工作者学习参考。

图书在版编目(CIP)数据

人力资源管理/张海枝主编.—重庆:重庆大学出版社,2014.7(2016.7重印)
高等院校财经类专业应用型本科系列教材
ISBN 978-7-5624-8144-7

Ⅰ.①人… Ⅱ.①张… Ⅲ.①人力资源管理—高等学校—教材 Ⅳ.①F241

中国版本图书馆CIP数据核字(2014)第077620号

高等院校财经类专业应用型本科系列教材
人力资源管理
主　编　张海枝
副主编　饶　欣　魏秀丽　徐　刚　黄晓燕
责任编辑:范　莹　　版式设计:范　莹
责任校对:关德强　　责任印制:赵　晟
*
重庆大学出版社出版发行
出版人:易树平
社址:重庆市沙坪坝区大学城西路21号
邮编:401331
电话:(023) 88617190　88617185(中小学)
传真:(023) 88617186　88617166
网址:http://www.cqup.com.cn
邮箱:fxk@cqup.com.cn(营销中心)
全国新华书店经销
自贡兴华印务有限公司印刷
*
开本:720mm×1020mm　1/16　印张:17.5　字数:353千
2014年7月第1版　2016年7月第2次印刷
印数:3 001—4 500
ISBN 978-7-5624-8144-7　定价:35.00元

前言 PREFACE

市场上人力资源管理的教材版本已经很多，但大多是从学科体系出发，对人力资源管理者角色进行较高层次的定位，在教学工作中时常感到不能满足本科院校应用型人才培养目标的需要，因此，本书内容以应用型人才培养目标为导向进行重新梳理，从用人单位的需要和学生的职业发展出发，将人力资源管理重心下移，让学生切实能够在人力资源管理中找到自己的职业发展方向，或者能较好地适应未来企业的人力资源管理的需要。

本书的编写以人力资源管理的基本知识为指导，在力求务实理论知识的基础上，提高实践在整个教材体系中的地位，加强实践内容的完善，注重基础知识的系统性和实践应用性，提高读者关注现实、运用所学理论知识分析和解决实际问题的能力，适应社会对人力资源管理人才的需求。本书具有如下特色：

①内容的实践性。本书理论内容的选取以面向学生的人力资源管理实务为主线，突出做中学、学中做。

②案例的趣味性。本书运用大量案例，并且紧密结合学生的心理需求，选取具有趣味性、前沿性的案例，使学生易于接受。

③图表直观性。本书在编写的同时，注重采用流程图表对人力资源管理内容进行说明，避免冗长枯燥的理论，简单明了，便于学生的记忆和理解。

④岗证课相结合。各位作者在编写相应章节时，从岗证课相结合出发，使本书的内容同考证知识点相结合，减轻学生学习重复度，提高考证通过率。

本书是湖北工业大学商贸学院几位专业教师通力合作的成果，他们多年从事人力资源管理或相关学科的教学和科研工作。全书由张海枝设计并提出编写大纲，徐刚对大纲及编写内容提出修改意见。各位作者的具体写作分工是：饶欣负责第1章、第2章、第3章的编写；张海枝负责第4章、第5章、第6章的编写；魏秀丽负责第7章、第8章、第9章的编写；黄晓燕负责统稿。最后，由张海枝对全书初稿进行了必要的修改和定稿。

由于编者的学识有限，本书仍存在一些不足之处，真诚希望使用本书的师生和广大读者提出宝贵意见和建议，以便再版时吸收。

编　者

2014年2月

目录 CONTENTS

第1章 人力资源管理概述

【学习要点】

①人力资源的含义及特点；
②人力资源管理的含义与内容；
③人力资源管理的基础理论；
④人力资源管理者的角色定位及素质要求；
⑤人力资源管理部门的职责。

【导入案例】

微软研究院的人才管理方式

作为世界上最著名的计算机软件公司，微软研究院在人力资源管理方面有很多独到之处，摘录几点如下：

一、引导，但不控制

研究院研究的项目、细节、方法，都由研究员自己来决定。对于细节，领导层可以提出自己的意见，但决定权在研究员手中。研究员在研发过程中得到领导层的全力支持，即使领导层并不认同他们的决定。

二、自由、真诚、平等

微软研究院不允许有官僚作风、傲慢作风和明争暗斗的存在，鼓励不同资历、级别的员工互信、互助、互重，每一位员工都能够对任何人提出他的想法。就算是批评、争论，也是在互信、互助、建设性的前提下做出的。

三、员工的满足

很多人可能认为待遇是员工最大的需求。当然，良好的待遇是重要的，但对于一个研究员来说更重要的是能够有足够的资源来专门从事研究，能够得到学术界的认可，并能有机会将技术转化为成功的产品。微软是这样做的：

提供丰富的研究资源。用公司的雄厚资本，让每一个研究员没有后顾之忧，能够全心全意地做研究。这种资源是多元性的。如不但包括计算机、软件、仪器、实验，还包括足够的经费去出国开会、考察或回校学习。微软深知研究员更希望全神贯注地做他热爱的研究，而不必做他不热衷也不专长的工作，所以，微软研究院雇用了多名技术支持人员、行政助理、图书管理员、数据搜索员等来支持研究员的工作。

拥有多元的研究队伍。一个研究队伍，除了数名研究员之外，还有多名副研究（类似博士后）、实习生、开发人员和访问学者。这样一个多元的队伍能够很快地做出成果。

获得学术界的认可。有了开放的环境，员工不必担心因公司把他们的重大发明变为公司机密，而丧失了与国外学者交流，或被认可（获得论文奖）的机会。

四、发掘人才

人才在信息社会中的价值，远远超过在工业社会中。原因很简单，在工业社会中，一个最好的、最有效率的工作，或许比一个一般的工人能多生产20%或30%。但是在信息社会中，一个最好的软件研发人员，能够比一个一般人员多做出500%甚至1 000%的工作。例如，世界上最小的Basic语言是由比尔·盖茨一个人写出来的。而为微软带来巨额利润的Windows也只是由一个研究小组做出来的。既然人才如此重要，微软研究院是如何去发掘人才的呢？

找出有杰出成果的领导者。这些领导者，有些是著名的专家，但有时候最有能力的人不一定是最有名的人。许多计算机界的杰出成果，经常是由一批幕后研究英雄创造的。无论是台前的名教授，还是幕后的研究英雄，只要他们申请工作，微软都会花很多的时间去理解他们的工作，并游说他们考虑到微软研究院工作。

找出最有潜力的人。在中国，因为信息技术起步较晚，所以，现阶段杰出的成果和世界级的领导者比起美国要少得多。但是，基于中国年轻人（如应届硕士或博士生）的聪明才智、基础和创造力，微软专门成立了中国研究院，在中国寻找专家，寻找潜力。

五、吸引、留住人才

很多人认为，雇用人才的关键是待遇。更多的人认为，微软来到中国可以"高薪收买人才"。微软认为，每一个人都应该得到适当的待遇，但是除了提供有竞争性的（但是合理的）的待遇之外，微软更重视研究的环境。微软为研发人员开辟的环境极富吸引力，包括：充分的资源支持，让每个人没有后顾之忧；最佳的研究队伍和开放、平等的环境，让每个人都有彼此切磋、彼此学习的机会；有造福人类的机会，让每个人都能为自己的研究所开发的产品自豪；长远的眼光和吸引人的研究题目，让每个人都热爱自己的工作；有理解并支持自己研究的领导，让每个人都能得到支持，在紧随公司的大方向的同时，仍有足够的空间及自由去发展自己的才能，追求自己的梦想。

所以微软认为，如果只是用高的待遇，或许可以吸引到一些人，但只有一个特别吸引人的环境，才能吸引到并且长期留住所有最佳的人才。在微软的三个研究院中，人才流失率不到3%（美国硅谷的人才流失率在12%左右）。人们在微软的最大感触是，每一个人都特别快乐，特别热爱和珍惜他的工作。

（资料来源：《微软研究院的人才管理方式》，MBA智库文档.）

1.1 人力资源概述

1.1.1 人力资源及其特征

1) 人力资源的概念

“人力资源”这一概念最早是由管理大师彼得·德鲁克在其1954年出版的《管理的实践》一书中提出的。他指出人力资源与其他资源相比较，唯一区别就在于人。他认为人力资源是一种特殊的资源，需要有效的激励机制加以开发，才能为企业创造价值。

人力资源是指一定社会组织范围内人口总量中所蕴含的劳动能力的总和。与物力资源相比，它的特点又表现为能动的、感情的和软性的，或者可以说是“活”的。由此我们认为，人力资源是指能够推动整个经济和社会发展的、具有智力劳动能力的劳动者的总和，即处在劳动年龄的直接投入生产建设和尚未投入生产建设的人口的能力的总和。

2) 人力资源的特点

人力资源是一种特殊而又重要的资源，是各种生产力要素中最具有活力和弹性的部分，由于人本身所具有的生物性、能动性、智力性和社会性，决定了人力资源具有以下特点：

(1) 人力资源具有生物性和社会性双重属性

一方面，人力资源存在于人体之中，是一种“活”的资源，与人的自然生理特征相联系，这即是其生物性，也是人力资源的最基本特点。另一方面，人力资源还具有社会性。从一般意义上说，人力资源是处于一定社会范围的，它的形成要依赖社会，它的分配(或配制)要通过社会，它的使用要处于社会经济的分工体系之中。从本质上讲，人力资源是一种社会资源。

(2) 人力资源是主体性资源或能动性资源

主体性或能动性是人力资源的首要特征，是与其他一切资源最根本的区别。所谓主体性，就是说人力资源在经济活动中起着主导作用。一切经济活动首先是人的活动，由人的活动才引发、控制、带动了其他资源的活动。另外，在经济活动中人力资源是唯一起创造作用的因素。经济活动的生命是发展、是进取、是创新，而只有人力资源才能担负起这种发展、进取和创新的任务，其他任何生产要素都不具有这样的能力。

(3) 人力资源是特殊的资本性资源

人力资源不同于一般资本，对一般实物资本普遍适用的收益递减规律，不完全适用于人力资源。在现代社会的经济发展中,呈现的是人力资本收益递增规律,这使得当代经济的增长主要应当归因于人力资源。

(4)人力资源是高增值性资源

目前在国民经济中,人力资源收益的份额正在迅速超过自然资源和资本资源。在现代市场经济国家,劳动力的市场价格不断上升,人力资源投资收益率不断上升,同时劳动者的可支配收入也不断上升。与此同时出现的还有一种变动,就是高质量人力资源与低质量人力资源的收入差距也在扩大。

人力资源的经济作用日益强化,不仅仅是人力资源质量提高的结果,同时也是人力资源的使用过程是一个不断自我补偿、更新、发展和丰富化的过程所决定的。

(5)人力资源具有智力性

人力资源具有智力性,即它包含着智力的内容,一般的动物只能靠自身的肢体运动取得其生存资料,人类则把物质资料作为自己的手段。人类创造了工具,通过自身的智力,使器官得到延长、放大,从而使得自身的能力无限扩大,推动数量巨大的物质资料,获得丰富的生活资料。人类的智力具有继承性,这是指人力资源所具有的劳动能力随着时间的推移不断地积累、延续和增强。

(6)人力资源具有再生性

人力资源是一种可再生资源,其再生性即人口的再生产和劳动力的再生产,通过人口总体内各个体的不断替换更新和劳动力再生产的过程得以实现。人力资源的再生性不同于一般生物资源的再生性,除了遵守一般的生物学规律之外,它还受着人类意识的支配和人类活动的影响。

(7)人力资源具有时效性

人力资源具有时效性,即人力资源的形成、开发、使用都具有实践方面的限制。从个体的角度看,作为生物有机体的人,有其生命的周期;而作为人力资源的人,能从事劳动的自然时间又被限定在生命周期的中间一段;能够从事劳动的不同时期(青年、壮年、老年)其劳动能力也有所不同。

1.1.2 人力资源的构成

衡量人力资源通常有两个指标,包括数量和质量。

在数量的构成方面可以包括以下 8 个方面:

①劳动年龄之内,正在从事劳动的人口(我国法定劳动年龄为男性 16~60 岁、女性 16~50 岁/女干部 55 岁)。它占人口资源的大部分,也叫适龄就业人口。

②未达到劳动年龄,已经从事社会劳动的人口,即未成年就业人口。

③已超过劳动年龄,继续从事社会劳动的人口,即老年就业人口。

④处于劳动年龄之内,具有劳动能力而未被社会吸纳的劳动人口,即失业人口。

⑤处于劳动年龄之内,正在从事学习的人口,即就学人口。

⑥处于劳动年龄之内,正在从事家务劳动的人口。

⑦处于劳动年龄之内，正在军队服役的人口。

⑧处于劳动年龄之内的其他人口。

具体如图 1.1 所示。

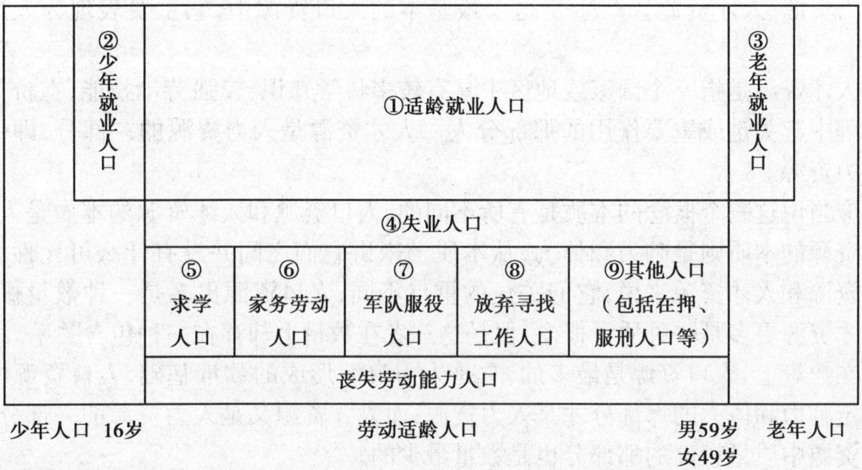

图 1.1　人力资源的数量构成图

在质量构成方面又包括以下几点：

①人的体质：a.身体素质；b.精神状态；c.营养状况；d.忍耐力；e.抗病能力；f.对自然环境和社会环境的适应能力。

②人的智力：a.记忆力；b.理解力；c.思维能力；d.应变能力；e.接受能力；f.感知能力；g.幽默感；h.条理性。

③人的文化素质和受教育程度：a.最后学历、文化知识总量、再学习的能力；b.分析能力、创造力、决策能力；c.组织能力和管理能力；d.演讲能力、社交能力、应变能力；e.预见力（是否有远见）；f.写作能力；g.参政议政能力。

④人的思想觉悟和道德水平：a.热爱祖国，热爱人民，热爱历史悠久的中华民族和中国文化；b.有事业心，愿为共产主义事业奋斗不息；c.团结、友爱、善良；d.忠诚、正直、有鲜明的是非观；e.谦虚、谨慎、以诚待人；f.大公无私、一心为公、有献身精神。

具体如图 1.2 所示。

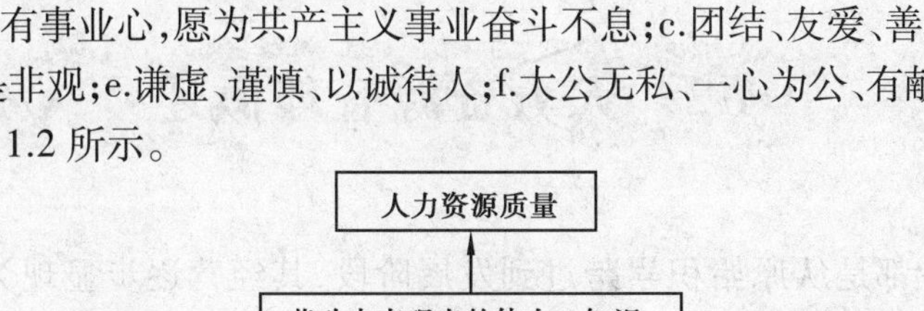

图 1.2　人力资源构成要素图

1.1.3 人力资源的相关概念

人口资源是指一个国家或地区所拥有的人口总量，它是一个最基本的底数，一切人力资源、人才资源皆产生于这个最基本的人口资源中，它主要表现为人口的数量。

人才资源是指一个国家或地区中具有较多科学知识、较强劳动技能，在价值创造过程中起关键或重要作用的那部分人。人才资源是人力资源的一部分，即优质的人力资源。

应当说这三个概念的本质是有所不同的，人口资源和人才资源的本质是人，而人力资源的本质则是脑力和体力，从本质上来讲它们之间并没有什么可比性。就人口资源和人才资源来说，它们关注的重点不同，人口资源更多是一种数量概念，而人才资源更多是一种质量概念，但是这三者在数量上却存在一种包含关系。

在数量上，人口资源是最多的，它是人力资源形成的数量基础，人口资源中具备一定脑力和体力的那部分才是人力资源；而人才资源又是人力资源的一部分，是人力资源中质量较高的那部分也是数量最少的。

在比例上，人才资源是最小的，它是从人力资源中产生的，而人力资源又是从人口资源中产生的。如图 1.3 所示。

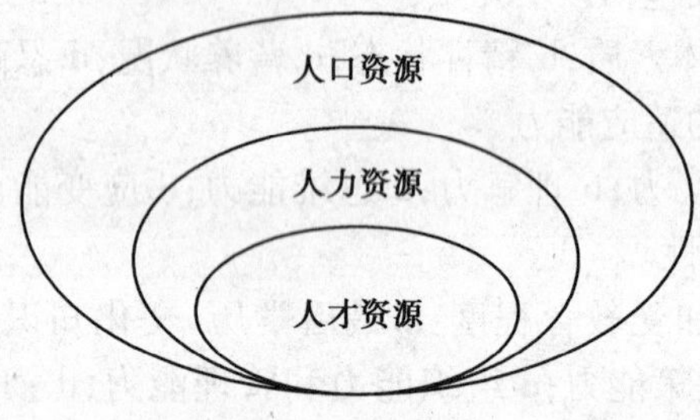

图 1.3 人口资源、人力资源与人才资源的关系

1.2 人力资源管理概述

每个企业都是从原始积累跨过到发展阶段，其经营逐步显现为“人本”的经营。因为 21 世纪是人才的竞争，企业管理更是“人”与“事”的管理，这是企业稳、强和大的关键所在。然而许多企业依然停留在人事行政事务的管理和总务后勤的管理工作上，从观念、职能和系统与管理上滞后于时代。人力资源管理的工作过程，是在乎点滴观察，丝毫细致中入手，从而系统化地做到真正的人力资源管理。

1.2.1　人力资源管理的内涵

人力资源管理是一门新兴的学科，问世于 20 世纪 70 年代末。人力资源管理的历史虽然不长，但人事管理的思想却源远流长。从时间上看，从 18 世纪末开始的工业革命，一直到 20 世纪 70 年代，这一时期被称为传统的人事管理阶段。从 20 世纪 70 年代末以来，人事管理让位于人力资源管理。

人力资源管理是指根据企业发展战略的要求，有计划地对人力资源进行合理配置，通过对企业中员工的招聘、培训、使用、考核、激励、调整等一系列过程，调动员工的积极性，发挥员工的潜能，为企业创造价值，给企业带来效益。确保企业战略目标的实现，是企业的一系列人力资源政策以及相应的管理活动。这些活动主要包括企业人力资源战略的制定，员工的招募与选拔，培训与开发，绩效管理，薪酬管理，员工流动管理，员工关系管理，员工安全与健康管理等。即企业运用现代管理方法，对人力资源的获取（选人）、开发（育人）、保持（留人）和利用（用人）等方面所进行的计划、组织、指挥、控制和协调等一系列活动，最终达到实现企业发展目标的一种管理行为。

即时案例

惠普公司的人力资源管理

在《在美国最理想工作的 100 家公司》一书中提及的企业普遍具有高超的人力资源管理技巧，并且已经形成适应公司战略任务需要的完整的人力资源项目。其中一小部分公司确实是建立在公司的人力资源管理理念上，并为这种理念所驱动。电器制造商惠普公司就是其中一个。

成立于 1939 年的惠普公司现已是经营数十亿美元主要电器产品的生产厂家。它的产品包括计算机、计算器、精密计量仪器。在公司创立之初，惠普公司明确规定了 7 条公司的战略目标，概括如下：

利润：制造足够的利润用于公司的发展壮大。

客户：生产出满足客户需要的产品。

兴趣范围：限制其他公司进入本公司独特产品新领域的可能性。

增长：在改进能够满足顾客需求的盈利产品前提下的可能性。

员工：与公司员工分享共同创造的成功；按照员工的绩效提供工作保障；承认个人成就；帮助员工从工作中获得满足感和成就感。

管理：促进主动性和创造性；允许在实现明确的目标过程中，个人拥有极大的行为自由度。

公民权：保证公司所处的社区由于公司的设立比从前更好。

为实现上述目标，惠普公司总结提炼了“人力资源之路”，它包括了一系列观点和策略，主要有以下几方面：

信任员工，给员工充分的自由。

尊重和尊严，保持对个人的尊重。

认同，成就感，参与性。

保障，持久性的保障和员工的发展。

保险，解除个人烦恼。

利润的分享和责任的分担，人际互助。

目标管理（非直接管理），采用分权制度。

非正式化，称呼名字，开放式交流。

将错误看作学习的机会。

培训和教育，咨询。

绩效与热情。

这些策略形成了惠普的参与式管理风格。这种管理要求并且支持个人的自由和主动性，强调共同的目标和团队合作。根据“人力资源之路”策略，公司以共同商议下确定目标的形式为员工指出方向，员工可以创造性地采用自己的方式来实现这一目标，为公司的成功作出贡献。这样做的结果是，随着公司的不断发展，惠普公司通过特意的努力保持了员工的目标感、紧密度和非正式化的意识。

惠普公司将人力资源管理作为其战略管理的核心而得到了发展。在公司的其他方面，诸如产品战略、组织和财务方面的企业决策均由“人力资源之路”所驱动，并且与人力资源管理的理念相联系。一个非常典型的例子可以说明这一点，为了保证公司“以个人为中心”，且保持“非正式的、开放的风格”，公司内部各部门均实行小型化，当某个分支机构由于业务发展以致超过了理想的规模时，惠普公司就对这些部门进行规模上的划分，以保持公司的组织符合相关的策略。

惠普公司这种一贯坚持以人力资源管理为核心的原则，使公司发展上一直保持领先的地位。结果是公司不论作为雇佣者，或者作为经营者，都受到了很高的评价。公司的战略目标得以很好地达成和实现。

从惠普公司的经验看，只有将人力资源真正视为企业的战略性资源，使人力资源管理为企业战略目标的实现承担责任，才能保证人力资源管理在组织中的战略地位上升，并在组织上得到保证。很多企业已认识到这一点，有些企业成立了人力资源委员会，高层管理者开始关注并参与企业的各项人力资源管理活动。

将人力资源管理提升到公司战略目标实现策略的高度后，人力资源管理就不仅仅是人力资源职能部门的责任了，而转变为全体员工及全体管理者的责任，惠普公司的经验印证了这一点。过去是人事部负责，现在企业高层管理者必须承担对企业的人力资源管理责任，并更多的是关注人力资源的各种政策。从管理的层次上分析，这种基于战略的人力资源管理可以分为三个部分：第一，专业职能部门人力资源管理工作；第二，高中基层领导者如何来承担履行人力资源管理的责任；第三，员工如何来实现自我发展与自我开发。

在战略层面，人力资源管理的一项根本任务就是：如何推动帮助企业的各层管理者及全体员工去承担人力资源开发和管理的责任，可以从两个方面理解这一点。

一方面是人力资源管理由行政权力型转向服务支持型。人力资源职能部门的权力淡化，直线经理的人力资源管理责任增加，员工自主管理的责任增加。

另一方面是组织方面的变化，由于目前组织变化速度很快，新型的组织必须是速度型组织、学习型组织和创新型组织。这样的状况下，人力资源管理要配合组织的不断变革与创新，就需要创新授权，通过授权建立创新机制；在企业中引入新的团队合作，形成知识型工作团队，将一个个战略单位经过自由组合，挑选自己的成员、领导，确定其操作系统和工具，并利用信息技术来制定他们认为最好的工作方法。这种被称之为SMT（自我管理式团队）的组织结构已经成为企业中的基本组织单位。这种组织方式可以明显地看到惠普公司“人力资源之路”的影子。

（资料来源：《惠普公司的人力资源管理》，百度文库.）

学术界一般把人力资源管理分八大模块或者六大模块，人力资源的六大模块包括：人力资源规划；招聘与配置；培训与开发；绩效管理；薪酬福利管理；劳动关系管理（图1.4）。

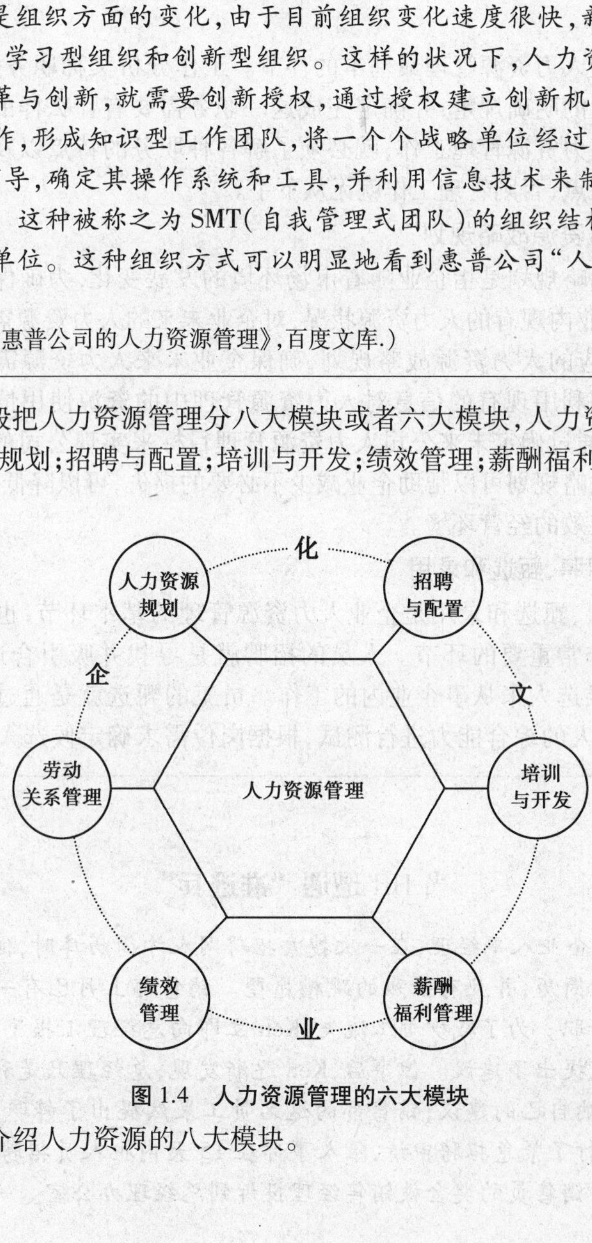

图1.4　人力资源管理的六大模块

下面重点介绍人力资源的八大模块。

1.2.2　人力资源管理的内容

人力资源管理是指企业的一系列人力资源政策以及相应的管理活动。这些活动主要包括企业人力资源战略的制定,员工的招募与选拔,培训与开发,绩效管理,薪酬管理,员工流动管理,员工关系管理,员工安全与健康管理等。人力资源管理内容包括:

1)工作分析

工作分析是人力资源管理最基本的环节。工作分析又称职务分析,是指对某特定的职务作出的明确规定,并确定完成这一职务需要有什么样的行为过程。任何人要想做好人力资源管理工作,就必须了解各种职务的特点以及能够胜任各种职务的人员的特点,否则管理工作就无从下手。

2)制定人力资源战略规划

人力资源战略规划是指企业随着市场环境的发展变化,为确保达到自己的经营目标,根据企业内现有的人力资源状况,对企业未来的人力资源需求和供给进行预测,制定出相应的人力资源战略规划,确保企业未来人力资源需求的一系列活动。通过收集和利用现有的信息对人力资源管理中的资源使用情况进行评估预测。经营方针,通过确定未来公司人力资源管理目标来实现公司的既定目标。良好的人力资源战略规划可以帮助企业减少不必要的损失,可以降低企业经营风险,保障企业平稳有效的经营环境。

3)员工的招聘、甄选和录用

员工的招聘、甄选和录用是企业人力资源管理的基本环节,也是企业人力资源管理中一个非常重要的环节。人员的招聘就是寻找并吸引合适的、有巨大发展潜力的工作候选人来从事企业内的工作。员工的甄选就是通过一定的测试手段,对工作候选人的综合能力进行测试,根据岗位需求确定候选人。

即时案例

当 HR 遭遇"准逃兵"

Ken 是外资企业人事经理,在一次搜索招聘网人才简历库时,他无意中发现了销售部某员工的简历,并且有强烈的跳槽愿望。销售部上月已有一名员工因对销售经理不满而辞职。为了减少员工流失,Ken 立即向总经理汇报了这件事,并对改善销售部的管理提出了建议。但事后,Ken 逐渐发现,总经理只是和销售经理开了个会,并没有采纳自己的建议;销售部的这名员工果然提出了辞职,销售经理不但没有留人,反而打了紧急招聘申请,限人事部在 15 天内把人员招聘到岗;Ken 的下属因错算了当月销售员的奖金被销售经理投诉到总经理办公室。一切都在往对于

Ken 不利的方向发展,Ken 疲于招架,却还不知道问题出在哪里。

对于人事经理 Ken 来说,有以下几点需要改进:第一、积极地为企业管理层出谋划策本身没有错,但你出的主意一定要能解决问题。发现有员工流失,人事经理第一要做的事就是马上招聘到合适的候选人嘛。Ken 在保证不了人员供给的情况下还要去总经理处参销售经理一本,你要总经理怎么解决问题?换掉销售经理还是干涉销售经理的日常管理?第二、其实每个人去一家企业工作,说穿了都是为了寻求个人的发展,因此,企业中出现人员流动的状况是很正常的事,如能未雨绸缪、及时补充新鲜血液,对于公司的发展未尝不是一件好事。既然 Ken 无意中发现这个员工有离职倾向,但他又不是影响企业发展的关键先生,何不协助部门经理及时做好后备梯队的储备计划?第三、每个部门的经理都有权以自己的方式管理本部门的事务和员工,作为人事经理,Ken 对部门经理的工作应起到支持和协助的作用,而不是到总经理处妄加点评,使部门经理颜面尽失。子曰:“来而不往非礼也。”任何人都保证不了自己的工作不会出纰漏,被部门经理找到茬而打击报复是早晚的事,长此以往,既不利于企业员工关系的和谐发展,也不利于今后人事经理工作的开展。

(资料来源:《当 HR 遭遇“准逃兵”》,中华考试网.)

---

4) 员工的培训

员工的培训主要是通过企业内部培训和社会培训等方式,提高员工思想、技能、文化素质等的过程。通过培训提高员工个人、群体和整个企业的知识、能力、工作态度和工作绩效,进一步开发员工的智力潜能,以增强人力资源的贡献率。

对现代企业来说,员工的培训和再发展是企业发展中一个不可忽略的环节,员工的培训也是企业营造核心竞争力的关键因素。

即时案例

迪斯尼的员工培训

世界上有 6 个很大的迪斯尼乐园,在美国的佛罗里达州和加利福尼亚州这两个迪斯尼营业都有一段历史了,并创造了很好的业绩。不过全世界开得最成功的、生意最好的,却是日本东京的迪斯尼。美国加州迪斯尼营业了 25 年,有 2 亿人参观;东京迪斯尼,最高记录达到一年 1 700 万人参观。研究这个案例,看看东京迪斯尼是如何吸引回头客的。

到东京迪斯尼去游玩,人们不大可能碰到迪斯尼的经理,门口卖票和剪票的也许只会碰到一次,碰到最多的还是扫地的清洁工。所以东京迪斯尼对清洁员工非常重视,将更多的训练和教育大多集中在他们的身上。

1.从扫地的员工培训起

东京迪斯尼扫地的有些员工,他们是暑假工作的学生,虽然他们只扫两个月时间,但是培训他们扫地要花3天时间。

(1)学扫地

第一天上午要培训如何扫地。扫地有3种扫把:一种是用来扒树叶的;一种是用来刮纸屑的;一种是用来掸灰尘的,这三种扫把的形状都不一样。怎样扫树叶,才不会让树叶飞起来?怎样刮纸屑,才能把纸屑刮得很好?怎样掸灰,才不会让灰尘飘起来?这些看似简单的动作却都应严格培训。而且扫地时还另有规定:开门时、关门时、中午吃饭时、距离客人15米以内等情况下都不能扫。这些规范都要认真培训,严格遵守。

(2)学照相

第一天下午学照相。十几台世界最先进的数码相机摆在一起,各种不同的品牌,每台都要学,因为客人会叫员工帮忙照相,可能会带世界上最新的照相机,来这里度蜜月、旅行。如果员工不会照相,不知道这是什么东西,就不能照顾好顾客,所以学照相要学一个下午。

(3)学包尿布

第二天上午学怎么给小孩子包尿布。孩子的妈妈可能会叫员工帮忙抱一下小孩,但如果员工不会抱小孩,动作不规范,不但不能给顾客帮忙,反而增添顾客的麻烦。抱小孩的正确动作是:右手要扶住臀部,左手要托住背,左手食指要顶住颈椎,以防闪了小孩的腰,或弄伤颈椎。不但要会抱小孩,还要会替小孩换尿布。给小孩换尿布时要注意方向和姿势,应该把手摆在底下,尿布折成十字形,最后在尿布上面别上别针,这些地方都要认真培训,严格规范。

(4)学辨识方向

第二天下午学辨识方向。有人要上洗手间,“右前方,约50米,第三号景点东,那个红色的房子”;有人要喝可乐,“左前方,约150米,第七号景点东,那个灰色的房子”;有人要买邮票,“前面约20米,第十一号景点,那个蓝条相间的房子”,等等。顾客会问各种各样的问题,所以每一名员工要把整个迪斯尼的地图都熟记在脑子里,对迪斯尼的每一个方向和位置都要非常地明确。

训练3天后,发给员工3把扫把,开始扫地。如果在迪斯尼里面,碰到这种员工,人们会觉得很舒服,下次会再来迪斯尼,也就是所谓的引客回头,这就是所谓的员工面对顾客。

2.会计人员也要直接面对顾客

有一种员工是不太接触客户的,就是会计人员。迪斯尼规定:会计人员在前两三个月中,每天早上上班时,要站在大门口,对所有进来的客人鞠躬,道谢。因为顾客是员工的“衣食父母”,员工的薪水是顾客掏出来的。感受到什么是客户后,再回到会计室中去做会计工作。迪斯尼这样做,就是为了让会计人员充分了解客户。

3.其他重视顾客、重视员工的规定包括：

(1)怎样与小孩讲话

游迪斯尼有很多小孩，这些小孩要跟大人讲话。迪斯尼的员工碰到小孩在问话，统统都要蹲下，蹲下后员工的眼睛跟小孩的眼睛要保持一个高度，不要让小孩子抬着头去跟员工讲话。因为那个是未来的顾客，将来都会再回来的，所以要特别重视。

(2)怎样送货

迪斯尼乐园里面有喝不完的可乐，吃不完的汉堡，享受不完的三明治，买不完的糖果，但从来看不到送货的。因为迪斯尼规定在客人游玩的地区里是不准送货的，送货统统在围墙外面。迪斯尼的地下像一个隧道网一样，一切食物、饮料统统在围墙的外面下地道，在地道中搬运，然后再从地道里面用电梯送上来，所以客人永远有吃不完的东西。这样可以看出，迪斯尼多么重视客户，所以客人就不断去迪斯尼。去迪斯尼玩10次，大概也看不到一次经理，但是只要去一次就看得到他的员工在做什么。这就是前面讲的，顾客站在最上面，员工去面对客户，经理人站在员工的底下来支持员工，员工比经理重要，客户比员工又更重要，这个观念人们应该建立起来。

(资料来源：《迪斯尼的员工培训》，求学快递网.)

5)员工的绩效管理

绩效管理是指为实现组织发展战略目标，采用科学的方法，通过对员工个人或组织的综合素质、态度行为和工作业绩的全面监测分析与考核评价，不断激励员工，改善组织行为，提高综合素质，充分调动员工的积极性、主动性和创造性，挖掘其潜力的活动过程。其中，绩效考评是绩效管理中的一个重要环节，成为绩效管理系统运行的重要支撑点。

6)薪酬管理

薪酬管理要为实现薪酬管理目标服务，薪酬管理的目标是基于人力资源战略设立的，而人力资源战略服从于企业发展战略。企业的薪酬管理要发挥应有的作用，应达到以下3个目标：效率、公平、合法。达到效率和公平目标，就能促使薪酬激励作用的实现，而合法性是薪酬基本要求，因为合法是公司存在和发展的基础。具体来说薪酬管理包括对基本薪酬、绩效薪酬、奖金、津贴以及福利等薪酬结构的设计与管理，以激励员工更加努力地为企业工作。

即时案例

朗讯的薪酬管理

朗讯的薪酬结构由两大部分构成，一块是保障性薪酬，跟员工的业绩关系不大，只跟其岗位有关。另一块薪酬跟业绩紧密挂钩。朗讯的销售人员的待遇中有一部分专门属于销售业绩的奖金，业务部门根据个人的销售业绩，每一季度发放一次。在同行业中，朗讯薪酬中浮动部分比较大，朗讯这样做是为了将公司每个员工的薪酬与公司的业绩挂钩。

1.业绩比学历更重要

朗讯在招聘人才时比较重视学历，贝尔实验室 1999 年招了 200 人，大部分是研究生以上学历，"对于从大学刚刚毕业的学生，学历是我们的基本要求"。对其他的市场销售工作，基本的学历是要的，但是经验就更重要了。学位到了公司之后在比较短的时间就淡化了，无论做市场还是做研发，待遇、晋升和学历的关系慢慢消失。在薪酬方面，朗讯是根据工作表现决定薪酬。进了朗讯以后，薪酬和职业发展跟学历工龄的关系越来越淡化，基本上跟员工的职位和业绩挂钩。朗讯公司在执行薪酬制度时，不仅仅看公司内部的情况，而是将薪酬放到一个系统中考虑。朗讯制定薪酬政策时有两个考虑，一个方面是保持自己的薪酬在市场上有很大的竞争力。为此，朗讯每年委托一个专业的薪酬调查公司进行市场调查，以此来了解人才市场的宏观情形。这是大公司在制定薪酬标准时的通常做法。另一个考虑是人力成本因素。综合这些考虑之后，人力资源部会根据市场情况给公司提出一个薪酬的原则性建议，指导所有的劳资工作。人力资源部将各种调查汇总后会告诉业务部门总体的市场情况，在这个情况下每个部门有一个预算，主管在预算允许的情况下对员工的待遇做出调整决定。

2.加薪策略

朗讯在加薪时做到对员工尽可能透明，让每个人知道他加薪的原因。加薪时员工的主管会找员工交谈，根据你今年的业绩，你可以加多少薪酬。每年的 12 月 1 日是加薪日，公司加薪的总体方案出台后，人力资源总监会和各地做薪酬管理的经理进行交流，告诉员工当年薪酬的总体情况，市场调查的结果是什么？今年的变化是什么？加薪的时间进度是什么？公司每年加薪的最主要目的是保证朗讯在人才市场增加一些竞争力。

一方面我们都知道高薪酬能够留住人才，所以每年的加薪必然也能够留住人才。另一方面是，薪酬不能任意上涨，必须和人才市场的情况挂钩，如果有人因为薪酬问题提出辞职，很多情况下是让他走或者用别的办法留人。

3.薪酬与发展空间

薪酬在任何公司都是一个非常基础的东西。一个企业需要一定竞争能力的薪酬吸引人才来，还需要有一定保证力的薪酬来留住人才。如果和外界的差异过大，员工肯定会到其他地方找机会。薪酬会在中短期时间内调动员工的注意力，但是薪酬不是万能的，工作环境、管理风格、经理和下属的关系都对员工的去留有影响。员工一般会注重长期的打算，公司会以不同的方式告诉员工发展方向，让员工看到自己的发展前景。朗讯公司的员工平均年龄 29 岁，更多是看到自己的发展。

（资料来源：朗讯公司的薪酬管理[J].职业，2003(02).）

7）职业生涯规划

职业生涯规划是员工谋求自我发展的个人设计，但企业可以通过企业文化、制度体系等辅助性措施从外部加以指导。恰当地参与员工职业生涯规划，可以使企业及时掌握员工的个性化特征和职业发展动向，了解员工的需要、能力及自我目标，加强个体管理；再辅以按照员工兴趣、特长和公司需要相结合的培训发展计划，充分挖掘其潜力，使员工真正安心于企业工作并发挥最大潜能，创造出企业与员工持续发展的良好氛围与条件。职业生涯规划由此也成为联系企业与员工的工具。企业对员工的职业生涯规划管理如图1.5所示。

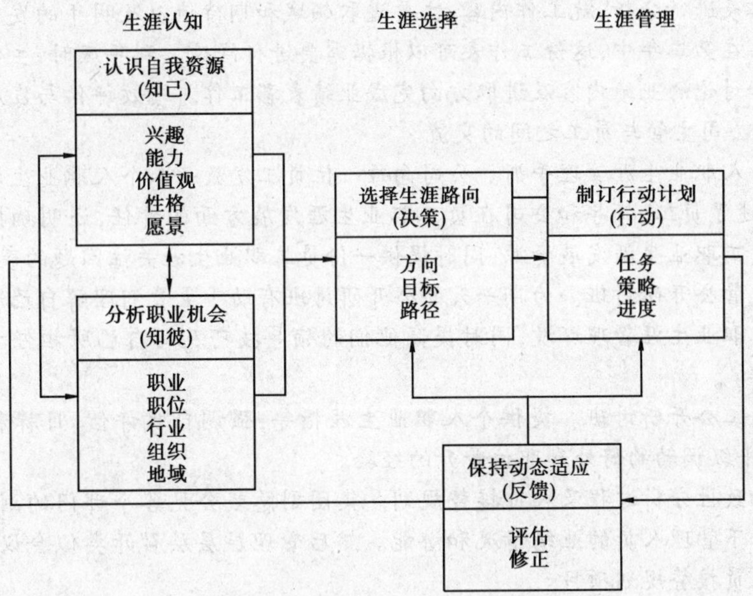

图1.5　企业如何管理员工的职业生涯规划

即时案例

3M公司的职业生涯体系　重员工潜力数据

3M公司的管理层始终尽力满足员工职业生涯发展方面的需求。从20世纪80年代中期开始，公司的员工职业生涯咨询小组一直向个人提供职业生涯问题咨询、测试和评估，并举办个人职业生涯问题公开研讨班。通过人力资源分析过程，各级主管对自己的下属进行评估。公司采集有关职位稳定性和个人职业生涯潜力的数据,通过电脑进行处理,然后用于内部人选的提拔。

公司的人力资源部门可对员工职业生涯发展中的各种作用关系进行协调。公司以往的重点更多地放在评价和人力资源规划上,而不是员工职业生涯发展的具体内容。新的方法强调公司需求与员工需求之间的平衡,为此,3M 公司设计了员工职业生涯管理的体系。

①职位信息系统。根据员工民意调查的结果,3M 公司于 1989 年年底开始试行了职位信息系统。员工们的反应非常积极,人力资源部、一线部门及员工组成了专题工作小组,进行为期数月的规划工作。

②绩效评估与发展过程。该过程涉及各个级别(月薪和日薪员工)和所有职能的员工。每一位员工都会收到一份供明年使用的员工意见表。员工填入自己对工作内容的看法,指出主要进取方向和期待值。然后员工们与自己的主管一起对这份工作表进行分析,就工作内容、主要进取领域和期待值以及明年的发展过程达成一致。在第二年中,这份工作表可以根据需要进行修改。到年底时,主管根据以前确定和讨论的业绩内容及进取方向完成业绩表彰工作。绩效评估与发展过程促进了 3M 公司主管与员工之间的交流。

③个人职业生涯管理手册。公司向每一位员工发放一本个人职业生涯管理手册,它概述了员工、领导和公司在员工职业生涯发展方面的责任,还明确提出公司现有的员工职业生涯发展资源,同时提供一份员工职业生涯关注问题的表格。

④主管公开研讨班。为期一天的公开研讨班有助于主管们理解自己所处的复杂的员工职业生涯管理环境,同时提高他们的领导技巧及对自己所担任之各类角色的理解。

⑤员工公开研讨班。提供个人职业生涯指导,强调自我评估、目标和行动计划,以及平级调动的好处和职位晋升的经验。

⑥一致性分析过程及人员接替规划。集团副总裁会见各个部门的副总经理,讨论其手下管理人员的业绩情况和潜能。然后管理层层层召开类似会议,与此同时开展人员接替规划项目。

⑦职业生涯咨询。公司鼓励员工主动去找自己的主管商谈个人职业生涯问题,也为员工提供专业的个人职业生涯咨询。

⑧职业生涯项目。作为内部顾问,员工职业生涯管理人员根据员工兴趣印发出一些项目,并将它们在全公司推出。

⑨学费补偿。这个项目已实行多年,它报销学费和与员工当前岗位相关的费用,以及与某一工作或个人职业生涯相关之学位项目的全部学费和费用。

⑩调职。职位撤销的员工自动进入个人职业生涯过渡公开研讨班,同时还接受具体的过渡咨询。根据管理层的要求,还为解除聘用的员工提供外部新职介绍。

(资料来源:《3M 公司的职业生涯体系　重员工潜力数据》,中国管理传播网.)

8) 劳动关系管理

劳动关系管理是对人的管理,对人的管理是一个思想交流的过程,在这一过程中的基础环节是信息传递与交流。通过规范化、制度化的管理,使劳动关系双方(企业与员工)的行为得到规范,权益得到保障,维护稳定和谐的劳动关系,促使企业经营稳定运行。

人力资源管理旨在协调和改善企业与员工之间的劳动关系,进行企业文化建设,营造和谐的劳动关系和良好的工作氛围,保障企业经营活动的正常开展。

1.2.3　人力资源管理的基本原理

人力资源管理作为管理学的一个分支,和其他管理领域一样,人力资源管理也必须遵循相应的管理规律,才能做到科学化、功能化、效率化,人力资源管理的基本原理包括:

1) 要素有用原理

任何要素(人员)都是有用的,换言之,没有无用之人,只有没有用好之人。而人力资源管理根本目的,在于为所有人找到和创造发挥作用的条件。

2) 同素异构原理

事物的成分因在空间关系上的变化而引起不同结果,发生质的变化。例如,在群体成员的组合上,同样数量和素质的一群人,由于排列组合不同,产生不同的效应;在生产过程中,同样人数和素质的劳动力,因组合方式不同,其劳动效率也不同。

3) 系统优化原理

系统是指由相互作用和相互依赖的若干(两个以上)有区别的子系统组合而成,并具有特定功能和共同目的的有机集合体。人力资源系统具有以下特征:关联性、目的性、社会性、多重归属性、有序性、适应性、冗余性。

4) 能级对应原理

人力资源开发与管理中,"能级"是指人的能级,也就是指一个人能力的大小。能级对应原理包含下列主要内容:

①人与人之间具有能级差异,这种差异是可以测评的。

②管理的能级必须分序列、按层次设置,不同的级次有不同的规范与标准。

③人的能级与管理级次的相互对应程度标志着社会的进步与人才使用的合理程度。

④不同的管理能级应表现为不同的责任、权力与利益。

⑤人的能级具有动态性、可变性与开放性。

⑥人的能级必须与其所处的管理级次动态对应。

5) 互补增值原理

①知识互补。每个人在知识的领域、深度和广度上都是不同的，不同知识结构互为补充，整体的知识结构就比较全面。

②气质互补。不同气质者之间互补，有助于将事物处理得更完善。

③能力互补。在企业的人力资源系统中，各种不同能力的互补可以形成整体的能力优势，以促进系统有效地运行。

④性别互补。男女互补，能发挥不同性别的人的长处，形成工作优势。

⑤年龄互补。不同年龄层次的人结合在一起，优势互补，可以将工作做得更好。

⑥关系互补。每个人都有自己特殊的社会关系，如果这些关系重合不多，具有较强的互补性，就可以形成集体的关系优势，增强对外部的适应性。

6) 激励强化原理

①激励的目的是为激发组织成员的工作积极性、创造性，尤其是为形成组织成员的主人翁精神提供系统动力。

②系统动力既包括物质动力、精神动力和信息动力三大方面，也包括正激励与负激励两大类型。

③综合运用激励手段的基本原则是：公平目标与效率目标结合，个体激励与群体激励结合，物质激励与精神激励结合，外激励与内激励结合，正激励与负激励结合。

7) 反馈控制原理

反馈控制是指在管理活动中，决策者（管理者）根据反馈信息的偏差程度采取相应措施，使输出量与给定目标的偏差保持在允许的范围内。反馈控制原理就是要利用信息反馈作用，对人力资源开发与管理活动进行协调和控制。

8) 弹性冗余原理

弹性冗余原理是指在人力资源开发与管理中，必须充分考虑管理对象生理、心理的特殊性，以及内、外环境的多变性造成的管理对象的复杂性，在人力资源管理工作中要留有一定的余地，具有一定的灵活性。

9) 竞争协作原理

竞争协作原理是指在人力资源开发与管理过程中，既要引进竞争机制，以激发组织成员的进取心，培养他们的创新精神和开拓能力，发挥其在促进人力资源开发与管理方面的积极作用，又要强化协作机制，以克服片面竞争造成的系统内耗等消极作用，最终达到全面提高人力资源综合效益的目的。

10) 主观能动原理

主观能动原理是指人是生产力中最活跃的因素、最宝贵的资源，人具有主观能动性。企业或组织应高度重视员工主观能动性的开发和管理控制，提供和创造良好的条件，使员工的思维运动更活跃，主观能动作用得到更好的发挥。

11) 动态适应原理

动态原理指的是人力资源的供给与需求要通过不断的调整才能求得相互适应；随着事业的发展，适应又会变为不适应，又要不断调整达到重新适应，这种不适应—适应—再不适应—再适应的循环往复的过程，正是动态原理的体现。动态原理使我们认识到人力资源规划的重要性。

1.3 人力资源管理的基础理论

西方企业管理在其历史发展中，曾提出了与管理有关的人性假设，如“经济人”“社会人”等。由于依据的人性假设的不同，便产生了相应的各种不同的管理理论。尽管这些假设以及与之呼应的管理理论都是资本主义社会中提出的人性观点，有某种局限性，但只要采取评判分析的态度，对企业管理会有一定的启发。

1.3.1 人性假设理论

1) 人性假设的含义

1960 年，美国管理心理学家麦格雷戈出版了他的著名著作《管理理论 X 或 Y 的抉择——企业的人性面》。

麦格雷戈认为，在每一个管理决策或每一项管理措施的背后，都必有某些关于人性本质及人性行为的假定。这说明，有关人的性质和人的行为的假设，对于决定管理人员的工作方式、管理措施等是极为重要的。

各种管理人员以他们对人的性质的假设为依据，然后用不同的方式来组织、领导、控制、激励人们。接受一种人性假设的管理人员会用一种方式来管理。而接受另一种人性假设的管理人员会趋向于用另一种方式来管理。

2) 人性假设的 X 理论与 Y 理论

麦格雷戈在总结了若干脍炙人口的人性假定之后，建议将这一套基本假定命名为“X 理论”或“Y 理论”。所以说，这两种人性假设的理论，是一定历史时期管理政策、管理实务的高度概括。

(1) 人性假设的 X 理论

①X 理论的基本观点。X 理论是指领导和控制的传统观点。

麦格雷戈称之为“X 理论”的人性假定是指：

a.一般人均对工作具有天生的厌恶，故只要可能，便会规避工作。

麦格雷戈认为，这一项假定实已根深蒂固。最早出现在《圣经》，亚当和夏娃由于偷吃了智慧树上的果实，受到了逐出伊甸园的惩罚，来到了一个他们必须工作才能生存的世界。所以，在管理方面反映出一种基本信念，管理必须压制人类规避工作的本性。

b.由于人类具有不喜欢工作的本性，故大多数人必须予以强制、控制、督导，给以惩罚的威胁，才能促使他们朝向达成组织的目标而努力。

麦格雷戈认为，这一假定说明，人类对工作的厌恶极其强烈，徒然只有奖励仍无法促成他们的努力，唯有给予惩罚的威胁才能有效。

c.一般人大都宁愿受人监督，性喜规避责任，志向不大，但求生活的安全。

②X 理论的管理思想。根据 X 理论，必然会导致下述的管理思想与措施：

a.任何一个组织绩效之低落都是由于人的本性所致。

b.人必须在强迫与控制之下才肯工作，因而在管理上要求由分权化管理回复到集权化管理。

c.由 X 理论推论出的一项组织的基本原则称为“阶梯原则”，即透过权威的运用以执行督导与控制。

d.从 X 理论出发，强调“组织要求”重于“个人需要”。

(2)人性假设的 Y 理论

①Y 理论的基本观点。Y 理论是指将个人目标与组织目标融合的观点。

麦格雷戈称之为“Y 理论”的人性假定是指：

a.人在工作中消耗体力与智力，乃是极其自然的事，就像游戏和休息一样的自然。一般人并非天生厌恶工作，工作究竟是一种满足的来源(当事人自会力求避免)，视人为的情况而定。

b.促使人朝向组织的目标而努力，外力的控制及惩罚的威胁并非唯一的方法。人为了达成其本身已经承诺的目标，自将“自我督导”和“自我控制”。

c.人对于目标的承诺，就是由于达成目标后产生的一种报酬。所谓报酬，项目甚多，其中最具有意义者为自我需要及自我实现的需要的满足。这种报酬可以驱使人朝向组织的目标而努力。

d.只要情况适当，一般人不但能学会承担责任，且能学会争取责任。常见的规避责任、缺乏志向等现象，乃是后天习得的结果，而非先天的本性。

e.以高度的想象力、智力和创造力来解决组织上各项问题的能力，乃是大多数人均拥有的能力，而非少数人所独具的能力。

f.在现代产业生活的情况下，常人的智慧潜能仅有一部分已被利用。

从上可见，上述这些假定都是动态的，而非静态的。这些假定指出了人有成长和发展的可能。此外，这些假定的构成，并非以一般工作标准为着眼点，而是着眼于一项深入开发人力资源潜力的设想。

②Y 理论的管理原则与措施。根据 Y 理论，必然会导致下述的管理思想、原则

与措施：

a.任何一个组织绩效之低落都应归之于管理。

b.人是依靠自己的主动性去工作的，因而在管理上要求由集权化管理回复到参与管理。

c.由 Y 理论推论出一项组织的基本原则称为“融合原则”，即创造一种环境，以使组织中的成员在该环境下，既能达成各成员本身的个人目标，又要努力促成组织的成功。

d.由 Y 理论出发，强调要同时兼顾组织的需要与个人的需要。

3) 人性的另一种假设——经济人、社会人、自我实现人、复杂人

管理心理学家薛恩对人性的假设提出了另一种分类，即存在着经济人、社会人、自我实现人、复杂人假设。并在其名著的《组织心理学》一书中阐述了 4 种人性假设，有一定的代表性与实际意义。

(1)经济人假设

①经济人假设的基本观点。

a.职工们基本上都是受经济性刺激物的激励的，不管是什么事，只要能向他们提供最大的经济收益，他们就会去干。

b.因为经济性刺激物是在组织的控制之下，所以职工们的本质是一种被动的因素，要受组织的左右、驱使和控制。

c.感情这东西，按其定义来说，是非理性的，因此必须加以防范，以免干扰了人们对自己利害的理性的权衡。

d.组织能够而且必须按照能中和并控制住人们感情的方式来设计，因此也就是要控制住人们的那些无法预计的品质。

②经济人假设与管理策略。

a.组织是用经济性奖酬来获取职工们的劳务与服从。

b.管理的重点主要摆在高效率的工作效益上，而对人们的感情和士气方面应负的责任是次要的。

c.如果人们工作效率低、情绪低落，解决办法就是重新审查组织的奖酬刺激方案，并加以改变。

(2)社会人假设

①社会人假设的基本观点。

社会人(social man)假设是指，人的最大动机是社会需求，只有满足人的社会需求，才能对人有最大的激励作用。社会人假设认为，人在组织中的社交动机，如想被自己的同事所接受和喜爱的需要，远比对经济性刺激物的需求更为重要。社会人假设可以概述为以下几点：

a.社交需要是人类行为的基本激励因素，而人际关系则是形成人们身份感的基本因素。

b.从工业革命中延续过来的机械化,其结果是使工作丧失了许多内在的意义,这些丧失的意义现在必须从工作中的社交关系里寻找回来。

c.跟管理部门所采用的奖酬和控制的反应比起来,职工们会更易于对同级同事们所组成的群体的社交因素做出反应。

d.职工们对管理部门的反应能达到什么程度,当视主管者对下级的归属需要,被人接受的需要以及身份感的需要能满足到什么程度而定。

②社会人假设与管理策略。

从社会人假设出发,要采取不同于经济人假设的管理策略与措施,主要有以下几点:

a.管理者不要把自己的注意力局限在完成任务上,而应更多地注意为完成任务而工作的那些人的需要。

b.管理者不仅要注意对下属的指导和监控,更应关心他们心理上的健康、归属感与地位感。

c.管理者要重视班组的存在,因此,在奖励时,不仅考虑个人奖酬,更应考虑集体奖酬。

d.管理者的作用,不仅要抓计划、组织与控制,更要充当下级职工与更上层领导者之间的联络人,将下情(下级的需要与感情)上达。管理者不是简单的任务下达者,而是给职工创造条件和提供方便、富有同情心的支持者。

即时案例

贾厂长的管理模式

贾炳灿同志是1984年调任上海液压件三厂厂长的。他原是上海高压油泵厂厂长,治厂有方,使该厂连获“行业排头兵”与“优秀企业”称号,已是颇有名望的管理干部了。这次是他主动向局里请求,调到这问题较多的液压件三厂来的。局里对他能迅速改变这厂的落后面貌寄予厚望。

贾厂长到任不久,就发现原有厂纪厂规中确有不少不尽合理之处,需要改革。但他觉得先要找到一个能引起震动的突破口,并能改得公平合理,令人信服。

他终于选中了一条。原来厂里规定,本厂干部和职工,凡上班迟到者一律扣当月奖金1元。他觉得这规定貌似公平,其实不然。因为干部们发现自己可能来不及了,便先去局里或公司兜一圈再来厂,有个堂而皇之的因公晚来借口免于受罚,工人则无借口可依。厂里400来人,近半数是女工,孩子妈妈,家务事多,早上还要送孩子上学或入园,有的甚至得抱孩子来厂入托。本厂未建家属宿舍,职工散住全市各地,远的途中要换乘一两趟车;还有人住在浦东,要摆渡上班。碰上塞车、停渡,尤其雨、雪、大雾天气,尽管提前很早出门,仍难免迟到。他们想迁来工厂附近,无处可迁;要调往住处附近工厂,很难成功,女工更难办。所有这些，使迟到不能责怪工人自己。贾厂长认为应当从取消这条厂规下手改革。有的干部提醒他，莫轻举妄动，此禁一开，纪律松弛，不可收拾；又说别的厂还设有考勤钟，迟到一次扣 10 元，而且是累进式罚款，第二次罚 20 元，三次罚 30 元。我厂才扣 1 元，算个啥？

但贾厂长斟酌再三，这条一定得改，因为 1 元钱虽少，工人觉得不公、不服，气不顺，就影响到工作积极性。于是在 3 月末召开的全厂职工会上，他正式宣布，从 4 月 1 日起，工人迟到不再扣奖金，并说明了理由。这项政策的确引起了全厂的轰动，职工们报以热烈的掌声。不过贾厂长又补充道："迟到不扣奖金，是因为常有客观原因。但早退则不可原谅，因为责在自己，理应重罚；所以凡未到点而提前洗手、洗澡、吃饭者，要扣半年奖金！"这有时等于几个月的工资啊。贾厂长觉得这条补充规定跟前面取消原规定同样公平合理，但工人们却反应冷淡。

新厂规颁布不久，发现有 7 名女工提前 2 分钟至 3 分钟不等去洗澡。人事科请示怎么办，贾厂长断然说到："照厂规扣她们半年奖金，这才能令行禁止嘛。"于是处分的告示贴了出来。次日中午，贾厂长偶过厂门，遇上了受罚女工之一的小郭，问她道："罚了你，服气不？"小郭不理而疾走，老贾追上几步，又问。小郭悻悻然扭头道："有什么服不服？还不是你厂长说了算！"她一边离去一边喃喃地说："你厂长大人可曾上女澡堂去看过那像啥样子？"

贾厂长默然。他想："我是男的，怎么会去过女澡堂？"但当天下午趁澡堂还没开放，跟总务科长老陈和工会主席老梁一块去看了一趟女澡堂。原来这澡堂低矮狭小，破旧阴暗，一共才设有 12 个淋浴喷头，其中还有 3 个不太好使。贾厂长想，全厂 194 名女工，分两班也每班有近百人，淋一次浴要排多久队？下了小夜班洗完澡，到家该几点了？明早还有家务活要干呢。她们对早退受重罚不服，是有道理的。看来这条厂规制定时，对这些有关情况欠调查了解了。

下一步怎么办？处分布告已经公布了，难道又收回不成？厂长新到任订的厂规，马上又取消或更改，不就等于厂长公开认错，以后还有啥威信？私下悄悄撤销对她们的处分，以后这一条厂规就此不了了之，行不？贾厂长皱起了眉头。

该案例中，贾厂长只是根据惯例主观地采取了迟到不罚款，而对早退罚款的决定。改革不合理的厂纪厂规有助于调动职工的积极性，贾厂长取消了迟到罚款的规定受到了工人的好评。这说明在这个问题上贾厂长尊重职工，关心他们的疾苦，在管理中考虑到了人的因素，其人性观有"社会人"假设倾向。但在制定新的规章制度时，由于没有很好地调查研究，没有了解工人为什么会出现早退的现象，就做出了早退罚款的决定。这一决定说明贾厂长只想用经济杠杆来管理，又有一种用理性人假设来实施管理的倾向。因此对一个完整的人来说，贾厂长的这种管理方式比较符合薛恩的复杂人性观。

鉴于案例中出现的问题，为了能使新的规定得到贯彻实施，贾厂长应该改变原有的领导方式，在充分与工人讨论协商的情况下，制定公平合理的、行之有效的规章制度。为解决工人洗澡排队的问题，厂里应彻底改造女澡堂。这样，就扫清了新规定执行的障碍。

（资料来源：《贾厂长的管理模式》，HR369 人力资源网.）

---

(3) 自我实现人假设

①自我实现人的基本观点。

自我实现人(self-actualizing man)假设是指，人们力求最大限度地将自己的潜能充分地发挥出来，只有在工作中将自己的才能充分表现出来，才会感到最大的满足感。

自我实现人假设可以概述为以下几点：

a.当人们的最基本需要(食物、饮水、住所)得到满足时，他们就会转而致力于较高层次需要的满足，即自我实现。这种自我实现的需要是指，人所具有的力求最大限度地利用自己的才能与资源的需要。

b.个人总是追求在工作中变得成熟起来，他们通过行使一定的自主权，从长远的观点来看问题，培养自己的专长和能力，并以较大的灵活性去适应环境等，来使自己能真正变得成熟。

c.人主要还是由自己来激励和控制自己的，外部施加的刺激物与控制很可能对人构成一种威胁，并把人降低到较不成熟的状态。

d.自我实现和使组织绩效更富成果，这两方面并没有什么矛盾。如果能给予适当的机会，职工们是会自愿地把他们的个人目标和组织的目标结合为一体的。

②自我实现人假设与管理策略。

根据自我实现人假设，应该采取如下的管理策略与措施：

a.管理重点的改变。管理者要较多地考虑，怎样才能使工作本身变得具有内在意义和更高的挑战性。问题不在于使职工的社交需要得到满足，而在于职工们能否在工作中找到意义；那才能给他们一种自豪感与自尊感。

b.管理职能的改变。管理者与其说是一位激励者、指导者或控制者，不如说是一位起催化作用的媒介者，是创造与提供方便的人。管理者要为发挥人的聪明才智创造适宜的条件，减少和消除职工自我实现过程中所遇到的障碍。

(4)复杂人假设

①复杂人的基本观点。

复杂人假设可以概述为以下几点：

a.人类的需求是分成许多类的，并且会随着人的发展阶段和整个生活处境而变化。人的需求的等级层次会因人、情景、时间而异的。

b.由于需求与动机彼此作用，并组合成复杂的动机模式、价值观与目标，所以人们必须决定自己要在什么样的层次上去理解人的激励。例如，金钱是能满足许多不同的需求的，哪怕是某些人的自我实现需求，也要由金钱来满足；但另一方面，社交动机或自我实现需求又可以用多种方式来满足，以及在不同的发展阶段，用不同的方式来满足。

c.职工可以通过他们在组织中的经历学到新的动机。这说明，一个人在某一特定的职业生涯中，或生活阶段上的总的动机模式和目标，乃是他的原始需求与他的组织经历之间的一连串复杂交往作用的结果。

d.每个人在不同的组织中，或是同一组织中不同的部门中，可能会表现出不同的需求来。一个在正式组织中受到冷遇的人、可能在工会或非正式群体中，找到自己的社交需求与自我实现需求的满足。

e.人们是可以在许多不同类型的动机基础上，成为组织中生产率很高的一员，全心全意地参与到组织中去。对个人说来，能否获得根本的满足，对组织说来，能否实现最大的效益，这仅部分地取决于这种激励的性质。

f.职工能够对多种互不相同的管理策略做出反应，这要取决于他们自己的动机和能力，也决定于工作任务的性质。显然，不会有什么在一切时间对所有的人全能起作用的唯一正确的管理策略。

②复杂人假设与管理策略。

根据复杂人的假设，应该采取如下的管理策略与措施：

a.管理者要有权变论的观点，即以现实的情景为基础做出可变的或灵活的行为反应。为此，管理者要学会在某一给定的情景中正确地实施组织、管理或领导。

b.既然人的需要与动机都是各不相同的，那么管理者就要根据具体的人的不同情况，灵活地采取不同的管理措施，这就是说，要因人而异、因事而异，不能千篇一律。

c.管理者的管理策略与措施不能过于简单化和过于一般化，而是要具体分析，根据情况采取灵活多变的管理方法。如，在企业的任务不明确、工作混乱情况下，须采取严格的管理措施，才能使生产秩序走上正轨。反之，如果企业的任务清楚、分工明确，则可以更多地采取授权形式，使下级可以充分发挥自己的能动性。

1.3.2 激励理论

无论是人还是动物都需要激励，只有激励才能充分调动人们的积极性，企业管理者必须了解这一点。了解员工当前的需求，制定一些有效的措施来激励员工以提高员工的工作积极性。国内外企业经常使用的激励理论主要有以下几种。

1) 马斯洛的需求层次理论

马斯洛认为，人类的需求多种多样，但可以归纳为五大类，并且可以从低到高划分为不同的需求层次。具体划分为生理需求、安全需求、社交需求、尊重需求、自我实现需求5个层次(图1.6)。

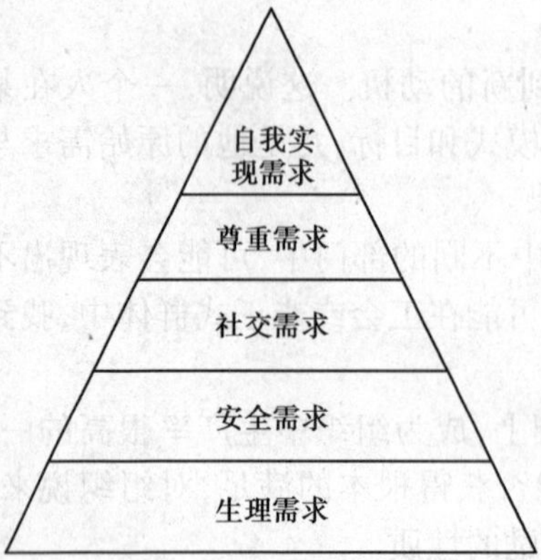

图1.6　马斯洛需求层次理论

①生理需求:这是人类最低层次的需求,主要是人类生存的最基本需求,只有当人们满足了人类生存的最基本需求之后,才有精力去想去做其他的事情。如果一份工作连自己都养不活的,即使工作环境再好员工也不会待得太久的。

②安全需求:包括摆脱对实际危险的恐惧,对自我保存的需求和对未来的担忧等。对于安全需求人们有不同的反应,我们可能会离开一个在我们看来很危险的工作,我们可能会特别注意遵守安全规则以减少事故和工伤的可能性,我们也可能会把工资留一部分存起来以应付将来没有收入的情况。我们还可能做其他很多的事情,这都反映出我们对自我保存和未来的关心。当我们觉得足够安全时,更高层次的需要就成为首要的推动因素。

③社交需求:人是社会的动物,我们有归宿的需求——需要被别人接纳。在现代社会中很少有真正的隐士。社会需求和其他需求一样,也因人的不同而有很大的差异。我们生活在社会中就形成一定的社交圈子,当一个人被社会孤立的时候是很难生存的;同样如果一个员工在单位里不能和其他员工形成较好的人际交往关系,那么他的工作也不会很顺利地进行,会严重影响他工作的效率。

④尊重需求:人们"对于得到他人认可"和"拥有清晰的自我形象"有着不同程度的需要。我们都希望被人拍拍肩膀说:"你的努力得到了大家的承认,你被公认为是一个有价值的人。"组织的奖励常常可以满足这类需求,甚至是一些更含蓄的奖赏也能向员工传达这种认可和价值感,比如给予某人一间私人办公室、给他安排更好的工作位置等。尊重需求如果得不到满足,就是很快引起员工的不满。

⑤自我实现需求:充分发挥个人潜能,既是需求的最高层次,也是激励的最高层次。根据马斯洛的需求理论,前4种层次的需求已经得到了相当满足的人会把精力集中在自我实现上,其结果通常是事业的极大发展和成功。完成了一生杰作的画家和作家都是自我实现的例子。寻求自我实现需求的员工会对自己的工作尽职尽责,对于这样的员工,管理者激励他们最好的方式就是提供一个独立自主的工作环境来表示支持。

我们都活在不同的需求层次上,企业管理者就需要了解员工当前最需要的是什么,从而满足员工当前迫切需要来激励他们。当然我们并不是完全以自我为中心或是总是追寻自我满足的。在为谋求大众的共同利益而付出自我的时候,我们常常会体会到一种更为广博的价值感。的确在那些优秀的公司中,员工们的需要从最崇高的人类理想——为大众提供优质产品和服务的愿望中得到满足。简单地说就是:他们为一种目的感所激励。

2)赫茨伯格的"双因素理论"

赫茨伯格的"双因素理论"如图 1.7 所示。

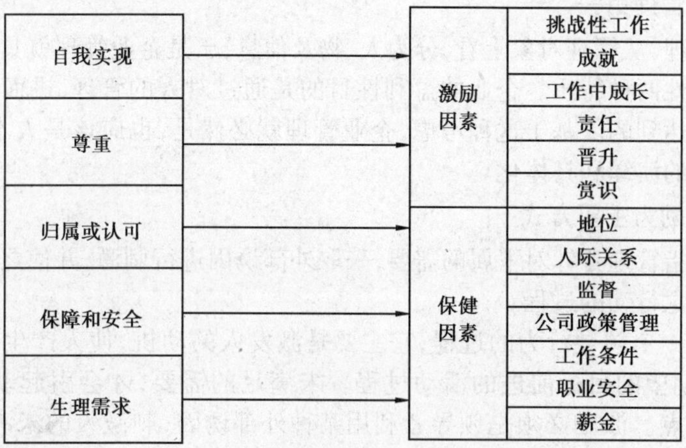

图 1.7　赫茨伯格的"双因素理论"

①保健因素。保健因素又称维持因素,即改善造成职工不满的因素,只能消除职工的不满,不能使职工感到非常满意,也不能有效地激发工作的工作热情。这些因素虽然没有鼓励人的作用,但却带有预防性,保持人的积极性,维持工作现状的作用。企业政策、工资水平、工作环境、福利和安全等,都属于保健因素。在工作中,保健因素起着防止人们对工作产生不满的作用。所以企业管理者随时要注意一些保健因素的有效处理。

②激励因素。激励因素是指改善使职工非常满意的因素可以强化职工对企业的满意程度,能够激励职工的积极性,从而有效提高职工的工作效率的这类因素。激励因素是影响人们工作的内在因素,其本质为注重工作本身的内容,借此可以提高工作效率,促进人们的进取心,激发人们做出最好的表现。激励因素像人们锻炼身体一样,可以改变身体素质,增进人们的健康。成就、认可、责任、发展等因素存在将给人们带来极大地满足。如果管理者想提高职工的积极性,就需要掌握这一理论来有效激励职工。如运用此理论可用来指导薪酬奖励工作。

1.3.3　人本管理理论

人本原理,是管理学四大原理之一,顾名思义就是以人为本的原理,是一系列以人为中心的管理理论与管理实践活动的总称。它要求人们在管理活动中坚持一切以人为核心,以人的权利为根本,强调人的主观能动性,力求实现人的全面、自由发展。其实质就是充分肯定人在管理活动中的主体地位和作用。“以人为本”已是现代社会的潮流所向。从人性出发来分析、考察人类社会中任何有组织的活动,就会发现人类社会中有一种较为普遍的管理方式,这种管理方式以人性为中心,按人性的基本状况进行管理,这就是所谓的“人本管理”。人本管理的基本内容如下:

1)人的管理第一

企业管理,从管理对象上看,分为人、物及信息,于是企业管理就具有了社会属性和自然属性两种特质。企业的盈利性目的是通过对人的管理,进而支配物质资源的配置来达到的。基于这种考虑,企业管理就必然是,也应该是人本管理,以及对人本管理的演绎和具体化。

2)以激励为主要方式

激励是指管理者针对下属的需要,采取外部诱因进行刺激,并使之内化为按照管理要求自觉行动的过程。

激励是一个领导行为的过程,它主要是激发人的动机,使人产生一种内在动力,朝着所期望的目标前进的活动过程。未满足的需要,才会引起动机,所以它是激励的起点。激励必须是领导者利用某种外部诱因,刺激人的未满足的需要,诱发人的“潜在的需要”,一旦潜在的需要变成现实的需要,就会引起动机。人的需要,有精神的和物质的,因此外部诱因也应有物质的和精神的,我们应该用不同的诱因刺激人们相应的需要。激励的目的是激发起人们按照管理要求,按目标要求行事。

【人力资源管理故事】

买糖的哲学

在商店买散装糖的时候都有过这样的经历:有的售货员一下放很多糖到秤上,然后按分量一块块往下拿。越拿顾客心里越不痛快,老以为会缺斤短两,下次也不找他买了。有的售货员一次放不太多,然后一块块往上加,虽然最后分量完全一样,但顾客心里挺高兴,以为自己占了便宜,这位售货员也赢得了越来越多的顾客。

这个故事说明了奖励与惩罚都是激励手段,但奖励更能调动积极性,增加员工对企业的感情。

(资料来源:《买糖的哲学》,百度文库.)

3)建立和谐的人际关系

人们在一定的社会中生产、生活,就必然要同其他人结成一定的关系,不同的人际关系会引起不同的情感体验。

①人际关系在企业管理中的作用。人际关系，会影响到组织的凝聚力、工作效率、人的身心健康和个体行为。

②企业管理和谐目标的涵义。和谐发展是每个企业管理者的思想，也是企业管理的最高目标。实行人本管理，就是为了建立没有矛盾和冲突的人际和谐，达成企业成员之间的目标一致性，以实现企业成员之间的目标相容性，以形成目标期望的相容从而建立和维持和谐关系。

4) 积极开发人力资源

人力资源开发是组织和个人发展的过程，其重点是提高人的能力，核心是开发人的潜能，所以说，人力资源开发是一个系统工程，它贯穿人力资源发展过程的始终。

企业从事生产经营活动，需要具备两个基本的条件：一是占有资金；二是拥有掌握专业技能从事管理和操作的人员。两者之间，人的因素更为重要。人力资源的核心问题，是开发人的智力，提高劳动者的素质。所以说，制定和实施人才战略，是企业实现发展战略的客观要求。

5) 培育和发挥团队精神

能否培育团队精神，把企业建成一个战斗力很强的集体，受许多因素的影响，需要有系统配套的措施。

①明确合理的经营目标。我们要有导向明确、科学合理的目标，把经营目标、战略、经营观念，融入每个员工头脑中，成为员工的共识。为此，我们必须把目标进行分解，使每一部门、每一个人都知道自己承担的责任和应作出的贡献，把每一部门、每一个人的工作与企业总目标紧密结合在一起。

②增强领导者自身的影响力。领导是组织的核心，一个富有魅力和威望的领导者，自然会把全体员工紧紧团结在自己的周围。

③建立系统科学的管理制度，以使管理工作和人的行为制度化、规范化、程序化，是生产经营活动协调、有序、高效运行的重要保证。

④良好的沟通和协调。沟通主要是通过信息和思想上的交流达到认识上的一致，协调是取得行动的一致。

⑤强化激励，形成利益共同体，即通过简明有效的物质激励体系，形成一种荣辱与共、休戚相关的企业命运共同体。

⑥引导全体员工参与管理。这样企业能够做到吸引每一个员工都能够直接参与各种管理活动，使全体员工不仅贡献劳动，而且还贡献智慧，直接为企业发展出谋划策。

总而言之，人本管理是一种把“人”作为管理活动的核心和组织最重要的资源，把组织全体成员作为管理的主体，围绕着如何充分利用和开发组织的人力资源，服务于组织内外的利益相关者，从而同时实现目标和组织成员个人目标的管理理论和管理实践活动的总称。

1.4 人力资源管理者

和其他管理者一样，人力资源管理者在组织中也要扮演一定的角色，而所有人力资源管理者角色的集合就形成了人力资源管理部门的角色。

1.4.1 人力资源管理者

现代企业的人力资源管理的总趋势是以人为本，本着认识人、尊重人、开发人、激励人的观念，把人看成是一种重要资源来管理，当作一种资本来开发利用。人力资源管理者是战斗在第一线的基层管理人员，是人力资源决策信息的提供者，人力资源管理的这种变化与角色的扮演对人力资源管理者的基本素质提出了很高的要求，它要求人力资源管理者理者必须有过硬的人格品质、合理的知识结构、先进的人力资源管理理念、基本的工作能力，健全的心理素质与一定的人事工作经验。

1）人力资源管理者的角色定位

（1）助手和参谋角色

人力资源管理者在与上级的关系中，最主要、最直接的关系是你的老板，因为你要随时与他联系，就公司人力资源管理制度与政策、人事关系与问题的处理与他交换意见。可以说，你在和他的关系上，扮演着助手和参谋的角色。通常，为了公司的利益，在处理各种问题上，你完全可以做一名政策性、原则性很强的人力资源管理者，而不必有是否会得罪老板的顾虑，更不应去做一个唯命是从、唯唯诺诺、不敢坚持正确观点和立场的“录音机”和“传声筒”。需要注意的是，你应把握住提问题的方法和口气，以及找准提出不同意见的时机，让他感到你们针对这个问题的动机是一致的，只不过是看问题的角度和解决问题的手段不同罢了。每一位老板都有自己独特的工作作风和生活习惯，这些你应善于在日常的工作交往中观察和掌握，这将有助于培养你和老板在工作中的默契与和谐。

（2）服务者和监督者角色

在日常工作中，一方面，人力资源部所管理的内容要通过各种职能部门贯彻下去，并通过各职能部门进行信息反馈，所以人力资源管理的服务功能决定了其他职能部门都是你的服务对象，你和你的部门同仁应树立良好的服务意识，为公司的发展向公司的员工提供优质的服务；另一方面，作为权力部门，还担负着各职能部门劳动与人力资源管理工作的检查和监督的任务。人力资源管理工作是与人的利益联系极为密切的工作，群众性和敏感性极强。所以，要帮助各职能部门主管正确理解公司各项人力资源管理制度与政策，并最终达成共识，避免出现政策与制度无法顺利贯彻下去的局面。如果一旦产生意见分歧,应从大处着眼,力争“求同存异”,把矛盾冲突带来的不良影响减少到最低程度。此外,需要强调的是,作为同是公司管理层的管理人员,齐心协力地为公司的发展作出贡献,不搞小圈子,是至关重要的。记住:有损于公司形象的话不说,有损于他人形象的话不说,需要为员工保密的个人信息与资料不说。

(3)自律者和示范者角色

人力资源管理者在管理直接下属的过程中,应该在要求自己严于律己,同时把律己的影响力辐射到周围,在本部门的所有成员中产生反响。要让公司员工们感到,公司中每一位人力资源管理者既是一个组织中人力资源管理制度与政策的制定者,同时又是模范的执行者。为了在部门中真正起到鼓舞作用、吸引作用、导向作用和榜样作用。

(4)运动员与教练员角色

人力资源管理者对组织内部的全体成员而言,是组织利益的代表,其职责范围覆盖至对所有员工的管理,这是与其他部门主管在职能范围方面的重要区别。因此,在日常工作中,既要像运动员那样,和全体员工一起向着共同目标努力冲刺,又要像教练员一样,随时对员工给予指导和帮助,鼓励他们向终点冲击。

2)人力资源管理者的素质要求

人力资源管理者的素质要求是由人力资源管理的任务、职能以及人力资源管理者的角色所决定的。现代企业中,需要人力资源管理者具有多方面的知识,在理论和实践经验都拥有过硬专业素质,具体应包括如下修养素质、知识与能力。

(1)过硬的人格品质

人力资源管理者的人格品质不应成为一个空洞的口号,它应包括两方面的内容:即政治修养与职业道德。

①政治修养。人力资源管理者的政治修养一般包括以下内容:

a.具有坚定的人生观和全心全意为员工服务的精神,时刻以企业的利益为重,不为个人或小团队谋私利。

b.有先进的理论水平和正确的世界观和方法论,坚持理论联系实际的作风。

c.要坚持四项基本原则,在思想上、政治上自觉地同国家保持一致。坚定不移地贯彻执行国家的法律法规,敢于同危害国家及企业利益的行为作斗争。

d.事业心强,有朝气、有干劲、有胆识,为企业建设勇于探索,锐意改革,作出积极贡献。

e.思想解放,实事求是,尊重知识,尊重人才。

f.有优良的思想作风和严格的组织纪律,谦虚谨慎,公道正派,作风民主,平易近人。

②职业道德。人力资源管理者的职业道德的基本要求是:

a.爱心:爱职业,爱员工,敬重领导。

b.责任心:认真做好工作中的每一件“小事”。人力资源管理工作事无巨细,事事重要,事事都是责任。

c.业务精益求精:时时、事事寻求合理化,精通人力资源管理业务,知人善任,用人有方,追求人与事结合的最佳点。

d.具有探索、创新、团结、协调、服从、自律、健康等现代意识。

e.树立诚信观念,诚信乃做人做事之本。

(2)合理的知识结构

人力资源管理者必须具备合理的、广博的知识,其知识结构应是“金字塔”式的,基础知识是塔基,相关知识是塔身,而塔尖则是专业知识。

一般来说,企业管理者都堪称是具有多种技能和广博知识的人。后来,逐渐进入专业化的时代,人们若想在每一个内容浩瀚的知识领域变成专家,就不得不花费全部的精力和时间。然而,哲学家仅仅有时间从事哲学,医学工作者仅仅有时间研究医学,管理者的精力则局限在企业,等等。但是近几年来,似乎又有一个复归的趋势,即向着专业化的研究之间必须加强协作的方向发展。管理学家、社会学家、经济学家、数学家等,开始携起手来合作,以解决人的问题了。

1.4.2 人力资源管理与传统人事管理的区别

人力资源管理这一概念最早出现于 20 世纪 20 年代的美国,20 世纪 80 年代中后期被引入我国,直到 90 年代初,它还不为国人所理解和认同。随着社会经济迅速发展和企业管理需求的提升,传统的人事管理已不适应当今激烈的市场竞争的形势,开始逐渐被现代的人力资源管理所代替。

在企业管理中,有些管理者把人力资源管理与传统的人事管理混为一谈,这对管理是很不利的。在形式上从人事管理发展到人力资源管理都是对人的管理,但这绝不是对传统人事管理的简单名词替换,而是对人的管理理念和管理方法的根本转变,是人事管理中一个质的飞跃。在管理的观念、活动、内容、地位及部门的性质上都有着显著的区别。

1)管理思想和观念的区别

传统的人事管理从经营者的观念上,把物质资源作为第一资源。注重对物质资源的利用节约:把人力视为成本,以降低成本为宗旨,把每个为其所雇佣的人的开支全部打入成本之内,从而形成如何少用人多出活这一企业管理者最关心的问题,由此产生想方设法减低人力投资以降低人工成本。

而现代人力资源管理把人力首先看作是一种可开发的资源,并视为组织核心资源。人力资源的重要性已经超过设备的资金等物质资源的重要性,成为企业竞争的主要依托。通过开发和管理现代人力资源,可以使其升值,创造出更大的甚至意想不到的价值。其次,现代人力资源管理更注重如何从培训、工作设计与工作协调等方面开发人的潜能,该管理理论认为对人力的投入并非是单纯的成本加大,而是一种投资,企业要舍得对人力资源进行开发投资,以激发员工潜能,发挥团队能力的辐射力量,去赢得长期、长久的实力。

2)管理性质和管理活动的区别

传统的人事管理与企业的经营发展脱节,工作上没有前瞻性和预测性,因此工作中时常出现被动地应付局面,对员工管理的规范不能事前约定,而是事发后根据结果做应急性处理,从而失去了管理的意义。其次,在对员工的管理中,往往把录用、使用、培训、考核、奖惩等几个互相联系的阶段,人为地分割开,孤立地进行管理,更没有考虑与企业的管理、效益和贡献相结合,具体反映在工资分配上,不论岗位、责任、贡献的差异和企业经济效益的好坏,一律执行统一工资方案进行工资调整的"大锅饭"做法,起不到经济杠杆的调节和激励作用。反映在用工制度上,不考虑企业的人员状况,一律按照国家统分规划被动接收员工,造成以人定岗、人浮于事的低效率的工作作风,形成一朝被录用,终身为固定的用工制度。反映在日常管理上,人事工作只考虑人员的录用、报酬、调动、退休等具体工作的规范化操作和实施,忽视了员工积极性的挖潜和工作的系统管理。反映在绩效考核上,形成年度考核一张表,平时没有跟踪辅导,更没有系统的过程管理。反映在人员使用上,实行论资排辈的终身任用制,不考虑人才的开发利用和激励机制的作用,挫伤了有识之士的积极性,其结果使员工感到沮丧和士气不足,有损于企业的竞争力。

而现代人力资源管理,是以企业的经营效益与发展为中心,以劳动力管理与开发为基础进行综合管理。从员工的选择录用到岗位的设置;从提高工作技能到激发员工积极性;从员工的培养到合理开发利用,达到员工职业生涯成长与企业的发展相结合,获取最大的双赢效益。并将分阶段的管理工作有机地结合起来,进行系统化管理,创造出一种协同、规范的管理局面。在分配制度上以企业效益为核心,坚持以岗定薪、岗变薪变的原则,策划制定企业的分配政策和方案,以员工的责任、业绩与贡献为依据,调整员工的工资水平,国家只是进行工资增长率的宏观控制,达到了突出效益与贡献,打破了"大锅饭"的平均主义分配制度,调动了员工的积极性。真正起到经济杠杆和激励机制的作用,实现企业追求效益、员工强调业绩的良性竞争机制。在用工制度上,实施劳动合同制的用工政策,采取双向选择、择优录用、以岗定人、优胜劣汰的用工方式,收到了良好的效果。在绩效考核上,更侧重和突出绩效管理系统的动态控制过程,形成从企业目标到员工的工作计划、日常沟通、协调指导、工作的改进与完善、目标的实现及最终对工作效果业绩的考评等全过程的管理。在人员使用上,打破论资排辈的陈规,废止终身任用制。实现能者上、庸者下,竞争上岗的聘任制,从而调动了不同层次员工的积极性和主动性,真正发挥了竞争机制的激励作用。在管理工作上,人力资源管理既是对员工进行正常的事务管理,更重要的是研究和探讨如何结合企业的战略目标更好地调动员工的积极性,开发和利用人力资源。对员工的需求、培养、自我价值的实现,更好地与企业的发展紧密的联系起来，以达到双赢的目的。从岗前培训、职业生涯规划到如何激发员工潜能的激励机制和约束机制的建立与完善，以促进员工的行为规范化和管理制度系统化，同时结合企业的发展作出人才需求预测及人才培养的使用的动态管理等，充分体现人力资源工作主动性开发型的管理模式。

3)在管理内容上的区别

传统的人事管理内容相对简单，部门的功能是招录新人、填补空缺，即所谓“给适当的人找适当的事；为适当的事找适当的人”，人事相宜之后，就是一系列管理环节督导执行了，视组织编制为固定不变，只是提供所需人力，形成了日常事务性操作的办事机构，没有发挥其管理部门的职能作用。相比之下，人力资源管理的内容更为丰富，不仅具备原有的各种功能，还要担负进行工作设计、规划工作流程、协调工作关系的任务，并且随着时代的发展，更加关注工作岗位、人与人的关系以及在岗人员积极性、创造性的发挥。因此对各种岗位进行重新设计，使工作面更宽、内容更丰富，具有挑战性，就成为一种必然的要求，从而突出了部门的管理职能。

4)在管理地位上的区别

传统的人事管理中，人事部门往往处于企业较低层的地位，是执行层、辅助部门，是无效益的。在日常管理中，只是为领导提供某些建议，并不参与决策，从职能上只是简单地提供人力、事务管理、政策咨询等服务性工作。

随着知识经济的到来，生产力的关键要素越来越多地依赖于脑力，人力资源已成为企业获取竞争优势的关键性资源。因此企业在研究企业目标、战略时，应同步思考未来人力资源的配置，并从战略发展角度来研究人力资源的开发、培训、使用，使人力资源成为企业的核心资源。通过对这种核心资源的挖潜与开发，以创造更大的价值，从而使人事管理也体现出创造效益的功能。在日常管理中，从企业的发展到设计人力规划；从机制的制定与完善到更好开发和利用人力资源；从直接参与决策到贯彻落实的具体业务操作等管理性工作，这些都是人力资源管理的重要内容。由此来看，在人力资源管理中，人事部门是决策层，是参与决策的部门，是创造效益的。

【案例讨论】

麦当劳的人力资源管理

一、不用天才与花瓶

麦当劳不用所谓的“天才”，因为“天才”是留不住的。在麦当劳里取得成功的人，都得从零开始，脚踏实地工作，炸薯条、做汉堡包，是在麦当劳走向成功的必经之路。这对那些不愿从小事做起，踌躇满志想要大展宏图的年轻人来说，是难以接受的。但是,他们必须懂得,麦当劳请的是最适合的人才,是愿意努力工作的人,脚踏实地从头做起才是在这一行业中成功的必要条件。在麦当劳餐厅,女服务员的长相也大都是普通的,还可以看到既有年轻人也有年纪大的人。与其他公司不同,人才的多样化是麦当劳的一大特点。麦当劳的员工不是来自一个方面,而是从不同渠道请人。麦当劳的人才组合是家庭式的,年纪大的可以把经验告诉年纪轻的人,同时又可被年轻人的活力所带动。因此,麦当劳请的人不一定都是大学生,而是什么人都有。麦当劳不要求员工长得漂亮,只在乎她工作负责、待人热情,让顾客有宾至如归的感觉,如果只是个中看不中用的花瓶,是不可能在麦当劳待下去的。

二、没有试用期

一般企业试用期要3个月,有的甚至是6个月,但麦当劳3天就够了。麦当劳招工先由人力资源部门去面试,通过后再由各职能部门面试,合适则请来店里工作3天,这3天也给工资。麦当劳没有试用期,但有长期的考核目标。考核,不是一定要让你做什么。麦当劳有一个360度的评估制度,就是让周围的人都来评估某个员工:你的同事对你的感受怎么样?你的上司对你的感受怎么样?以此作为考核员工的一个重要标准。

三、培训模式标准化

麦当劳的员工培训,也同样有一套标准化管理模式,麦当劳的全部管理人员都要学习员工的基本工作程序。培训从一位新员工加入麦当劳的第一天起,与有些企业选择培训班的做法不同,麦当劳的新员工直接走向了工作岗位。每名新员工都由一名老员工带着,一对一地训练,直到新员工能在本岗位上独立操作。尤其重要的是,作为一名麦当劳新员工,从进店伊始,就在日常的点滴工作中边工作边培训,在工作和培训合二为一中贯彻麦当劳Q.S.C&V黄金准则,Q.S.C&V分别是质量(Quality)、服务(Service)、清洁(Clean)和价值(Value)。这就是麦当劳培训新员工的方式,在他们看来,边学边用比学后再用的效果更好,在工作、培训一体化中将企业文化逐渐融入麦当劳每一位员工的日常行为中。

四、晋升机会公平合理

在麦当劳,晋升对每个人都是公平合理的,适应快、能力强的人能迅速掌握各个阶段的技术,从而更快地得到晋升。面试合格的人先要做4~6个月的见习经理,其间他们以普通员工的身份投入到餐厅的各个基层工作岗位,如炸薯条、做汉堡包等,并参加BOC课程(基本营运课程)培训,经过考核的见习经理可以升迁为第二副理,负责餐厅的日常营运,之后还将参加BMC(基本管理课程)和IOC(中间管理课程)培训,经过这些培训后已能独立承担餐厅的订货、接待、训练等部分管理工作。表现优异的第二副理在进行完IOC课程培训之后,将接受培训部和营运部的考核,考核通过后,将被升迁为第一副理,即餐厅经理的助手。以后他们的培训,全部由设在美国及海外的汉堡大学完成,汉堡大学都配备有先进的教学设备及资深的具有麦当劳管理知识的教授,并提供两种课程的培训,一种是基本操作讲座课程;另一种是高级操作讲习课程(AOC)。美国的芝加哥汉堡大学是对来自全世界的麦当劳餐厅经理和重要职员进行培训的中心,另外,麦当劳还在香港等地建立了多所汉堡大学,负责各地重要职员培训。一个有才华的年轻人升至餐厅经理后,麦当劳公司依然为其提供广阔的发展空间。经过下一阶段的培训,他们将成为总公司派驻其下属企业的代表,成为"麦当劳公司的外交官"。其主要职责是往返于麦当劳公司与各下属餐厅,沟通传递信息。同时,营运经理还肩负着诸如组织培训、提供建议之类的重要使命,成为总公司在这一地区的全权代表。

五、培训成为一种激励

麦当劳的培训理念是:培训就是让员工得到尽快发展。麦当劳的管理人员都要从基层员工做起,升到餐厅经理这一层,就该知道怎样去培训自己的团队,从而对自己的团队不断进行打造。麦当劳公司的总经理每三个月就要给部门经理做一次绩效考核,考核之初,先给定工作目标,其中有两条必须写进目标中,那就是如何训练你的下属,什么课程在什么时候完成,并且明确告诉部门经理,一定要培训出能接替你的人,你才有机会升迁。如果事先未培养出自己的接班人,那么无论谁都不能提级晋升,这是麦当劳一项真正实用的原则。由于各个级别麦当劳的管理者,会在培训自己的继承人上花相当的智力和时间,麦当劳公司也因此成为一个发现和培养人才的大课堂,并使麦当劳在竞争中长盛不衰。

(资料来源:《麦当劳的人力资源管理》,MBA 智库文档.)

思考题:你对麦当劳的人力资源管理有何启示?

【人力资源管理故事 1】

一群鸬鹚辛辛苦苦地跟着一位渔民十几年,立下了汗马功劳。不过随着年龄的增长,腿脚不灵便,眼睛也不好使了,捕鱼的数量越来越少。不得已,渔民又买了几只小鸬鹚,经过简单训练,便让新老鸬鹚一起出海捕鱼。很快,新买的鸬鹚学会了捕鱼的本领,渔民很高兴。

新来的鸬鹚很知足:只干了一点微不足道的工作,主人就对自己这么好,于是一个个拼命地为主人工作。而那几只老鸬鹚就惨了,吃的住的都比新来的鸬鹚差远了。不久,几只老鸬鹚瘦得皮包骨头,奄奄一息,被主人杀掉炖了汤。

一日,几只年轻的鸬鹚突然集体罢工,一个个蜷缩在船头,任凭渔民如何驱赶,也不肯下海捕鱼。渔民抱怨说:"我待你们不薄呀,每天让你们吃着鲜嫩的小鱼,住着舒适的窝棚,时不时还让你们休息一天半天。你们不思回报,怎么这么没良心呀!"一只年轻的鸬鹚发话了:"主人呀,现在我们身强力壮,有吃有喝,但老了,还不落个像这群老鸬鹚一样的下场?"

伴随着企业管理由小作坊式的粗放型向制度化和人性化过渡，员工的需求层次也在逐步提高。工作不再是必需的谋生手段，人们越来越注重将来的保障机制，以及精神上的享受和"自我实现"。鸬鹚从最初"有吃有喝"就感恩戴德，到希望"年迈体弱时也有小鱼吃"，就反映了渐进的职业需求。倘若人力资源管理忽视了这些需求，最终只能导致"鸬鹚"的罢工。

（资料来源：《鸬鹚的罢工》，企业管理世界网.）

【人力资源管理故事 2】

加利福尼亚大学的学者曾做过这样一个实验：把 6 只猴子分别关在 3 间空房子里，每间两只，房子里分别放置一定数量的食物，但放的位置高度不一样。第一间房子的食物放在地上，第二间房子的食物分别多次从易到难悬挂在不同高度上，第三间房子的食物悬挂在屋顶。数日后，他们发现第一间房子的猴子一死一伤，第三间房子的两只猴子死了，只有第二间房子的两只猴子活得好好的。原来，第一间房子里的猴子一进房子就看到了地上的食物，为了争夺唾手可得的食物大动干戈，结果一死一伤。第三间房子的猴子虽做了努力，但因食物太高，够不着，活活饿死了。只有第二间房子的两只猴子先按各自的本事取食，最后随着悬挂食物高度的增加，一只猴子托起另一只猴子跳起取食。这样，每天依旧取得足够的食物。

如何实现 HR 的最佳组合，一直是 HR 管理者十分关注的问题。岗位难度过低，人人能干，体现不出能力与水平，反倒促进内耗甚至残杀，如同第一间房子里的两只猴子；而岗位的难度太大，虽努力却不能及，最后人才也被埋没抹杀，就像第三间房子里的两只猴子。只有岗位难易适当，并循序渐进，犹如第二间房子里的食物，才能真正体验出人的能力与水平，发挥人的能动性和智慧。

（资料来源：猴子的生存[J].表面工程资讯，2011(02).）

【课外小组活动】

招聘宣讲方案

每年 3~4 月，是校园招聘的"金三银四"期。为方便 HR 开展校园招聘工作，请设计一份 2013 企业校园招聘宣讲方案。

第2章 人力资源规划

【学习要点】

①人力资源规划的含义及作用；
②人力资源规划的内容和步骤；
③人力资源规划需求与供给预测；
④人力资源规划计划书。

【导入案例】

苏澳玻璃公司的人力资源规划

近年来苏澳公司常为人员空缺所困惑，特别是经理层次人员的空缺常使得公司陷入被动的局面。苏澳公司最近进行了公司人力资源规划，公司首先由四名人事部的管理人员负责收集和分析目前公司对生产部、市场与销售部、财务部、人事部四个职能部门的管理人员和专业人员的需求情况以及劳动力市场的供给情况，并估计在预测年度，各职能部门内部可能出现的关键职位空缺数量。

上述结果用来作为公司人力资源规划的基础，同时也作为直线管理人员制订行动方案的基础。但是在这四个职能部门里制订和实施行动方案的过程（如决定技术培训方案、实行工作轮换等）是比较复杂的，因为这一过程会涉及不同的部门，需要各部门的通力合作。例如，生产部经理为制定将本部门A员工的工作轮换到市场与销售部的方案，则需要市场与销售部提供合适的职位，人事部作好相应的人事服务（如财务结算、资金调拨等）。职能部门制定和实施行动方案过程的复杂性给人事部门进行人力资源规划也增添了难度，这是因为，有些因素（如职能部门间的合作的可能性与程度）是不可预测的，它们将直接影响到预测结果的准确性。

苏澳公司的四名人事管理人员克服种种困难，对经理层的管理人员的职位空缺作出了较准确的预测，制定详细的人力资源规划，使得该层次上人员空缺减少了50%，跨地区的人员调动也大大减少。另外，从内部选拔工作任职者人选的时间也减少了50%，并且保证了人选的质量，合格人员的漏选率大大降低，使人员配备过程得到了改进。人力资源规划还使得公司的招聘、培训、员工职业生涯计划与发展等各项业务得到改进，节约了人力成本。

苏澳公司取得上述进步，不仅仅是得益于人力资源规划的制定，还得益于公司对人力资源规划的实施与评价。在每个季度，高层管理人员会同人事咨询专家共同对上述四名人事管理人员的工作进行检查评价。这一过程按照标准方式进行，即这四名人事管理人员均要在以下 14 个方面作出书面报告：各职能部门现有人员；人员状况；主要职位空缺及候选人；其他职位空缺及候选人；多余人员的数量；自然减员；人员调入；人员调出；内部变动率；招聘人数；劳动力其他来源；工作中的问题与难点；组织问题及其他方面（如预算情况、职业生涯考察、方针政策的贯彻执行等）。同时、他们必须指出上述 14 个方面与预测（规划）的差距，并讨论可能的纠正措施。通过检查，一般能够对下季度在各职能部门应采取的措施达成一致意见。

在检查结束后，这四名人事管理人员则对他们分管的职能部门进行检查。在此过程中，直线经理重新检查重点工作，并根据需要与人事管理人员共同制订行动方案。当直线经理与人事管理人员发生意见分歧时，往往可通过协商解决。行动方案上报上级主管审批。

（资料来源：苏澳玻璃公司的人力资源规划，百度文库.）

2.1　人力资源规划概述

人力资源规划是说明人有关的企业问题的方向性规划，人力资源规划很重要，因为它们有助于管理人员得出如何为支持企业战略而实施人员管理。人力资源规划是实现企业战略规划的关键性环节，通过它，可以预测未来的环境变化和经营目标变化导致的人力资源管理的变化和新要求，从而为组织提供未来所需要人员的配置方案及实施办法。

2.1.1　人力资源规划的含义

人力资源规划是企业建立战略型人力资源管理体系的前瞻性保障，通过对企业人力资源的供需分析，预见人才需求的数量和质量要求，以此确定人力资源工作策略。

人力资源规划（human resource planning，简称 HRP）是一项系统的战略工程，它以企业发展战略为指导，以全面核查现有人力资源、分析企业内外部条件为基础，以预测组织对人员的未来供需为切入点，并制定必要的措施确保组织适时获得所需人员，保证其人才结构平衡。其具体内容包括晋升规划、补充规划、培训开发规划、人员调配规划、工资规划等，基本涵盖了人力资源的各项管理工作，对人力资源管理活动产生持续和重要的影响。

人力资源规划包含了以下 3 层含义：

第一，组织所处的环境是不断变化的。组织所处的环境是一个动态的变化过程，这决定了组织人力资源的供需必然产生相应的变化，人力资源规划就是要对这种动态的变化过程进行科学的预测和分析，以确保组织在近期、中期和长期都获得所需要的人力资源。

第二，组织应当制定必要的人力资源政策和措施。组织应当制定如内部人员的调动补缺、晋升或降职、外部招聘和培训以及奖惩等方面的政策和措施，以此保证组织对人力资源需求的如期实现，否则就无法确保组织人力资源规划的实现。

第三，组织在实现目标的同时要满足员工个人的利益。组织的人力资源规划要创造良好的条件，充分发挥每个员工的积极性和创造性，从而提高工作效率，实现组织的目标。同时，组织也要关心每个员工的物质、精神和业务发展等方面的需求，帮助他们在实现组织目标的同时实现个人的目标。

任何企业的发展都离不开优秀的人才和人力资源的有效配置。如何为企业寻找合适的人才，留他人才，培养人才，为组织保持强劲竞争力提供可持续的人才支持，是人力资源管理部门面临的重要任务。

2.1.2 人力资源规划的作用

人力资源规划的实质是促进企业实现其目标，因此它必须具有战略性、前瞻性和目标性，要体现组织的发展要求。人力资源规划最显著的特点是把员工看作是资源，这与传统的只涉及员工的招聘与解雇问题的人事计划完全不同。

即时案例

人力资源管理如何满足企业经营活动的变化

某公司是一家通讯设备生产厂。在一次例行的周末经理会议上，销售经理说：“我有一个好消息，我们得到一个大订单，但是我们必须在一年内完成，而不是两年完成。我告诉客户我们能够做到。

此时，人事经理提出一个现实的问题：“据我所知，我们现有人员根本无法在客户要求的期限内生产出符合他们要求的产品。我们需要逐步地对我们现有工人进行培训，同时还需要到社会上招聘一些具有这种产品生产经验的工人。我认为我们应该对这一项目再进行一些详细分析。如果我们必须在一年内而不是两年完成这一项目，我们的人力资源成本将大幅度增加，项目的成本也将增加。”

（资料来源：《人力资源计划》，道客巴巴.）

人力资源规划是人力资源管理工作的一个重要职能，也是人力资源管理工作的基础。人力资源规划的作用体现在以下几个方面：

①使组织及时了解由于企业经营活动变化而导致的人力资源管理方面的变化。组织的生存和发展与组织的人力资源密切相关，组织经营活动过程中的任何变化都有可能导致组织中人力资源的变化，如果组织的人力资源不能适应组织的这种变化，组织的目标就难以实现。人力资源规划就是要预见组织变化将要产生的组织对人力资源需求的变化，并且及早进行准备。

②使组织能够预见未来人力资源不足或过剩的潜在问题。对于一个不断变化的组织来说，人力资源的需求和供给不可能实现自动平衡。人力资源规划通过分析组织变化，预测人力资源的供求差异，及时预见组织在未来可能出现的人力资源不足或过剩的潜在问题，并及时采取措施进行调节。

③有助于组织获得并且留住能满足企业需要的具有一定知识、技能和经验的人力资源。通过人力资源规划，组织可以了解哪些人员是组织短缺的，组织应该制定什么样的员工发展政策和薪酬政策吸引和留住组织所需要的人力资源。人力资源规划对调动员工的积极性也很重要。因为只有在人力资源规划的条件下，员工才可以看到自己的发展前景，从而去积极地努力争取。人力资源规划有助于引导员工职业生涯设计和职业生涯发展。

④使组织充分有效地利用人力资源。人力资源规划既可以保障组织拥有足够数量而且满足工作要求的人力资源，满足组织发展的需要，又能够防止人力资源的浪费，最大限度节约人力成本。人力资源规划是人员招聘和员工安置的重要依据，它使组织能够将合适的员工安置在合适的岗位，最有效地利用每一个人力资源。

⑤为开发培训提供信息，使员工能够适应不断变化的环境需要。人力资源规划在为员工招聘提供信息的同时，也为员工培训提供了信息。在快速变化的环境下，组织不可能通过外部招聘的办法解决组织所遇到的所有人力资源短缺的问题。通过人力资源规划，组织可以了解未来组织发展对员工的知识、技能提出了哪些新的要求，现有的员工能否满足这些要求，组织应该为员工提供哪些培训等。员工培训不仅使员工个人的知识技能水平得以提高，工作适应性加强，也能满足组织对人力资源新的需要。

2.1.3　人力资源规划的内容

人力资源规划包括总体规划和业务规划。总体规划是在一定时期内人力资源的总目标。业务规划是总体规划的展开和具体化。

1）人力资源总体规划

人力资源总体规划是人力资源管理活动的基础，它是以企业战略目标为基础，对规划期内人力资源管理的总目标、总政策、实施步骤和总预算的安排。总体规划的主要内容有如下几个方面：

①阐述在企业战略规划期内组织对各种人力资源的需求和各种人力资源配置的总的框架。

②阐明人力资源方面有关的重要方针、政策和原则，如人才的招聘、晋升、降职、培训与发展、奖惩和工资福利等方面的重大方针和政策。

③确定人力资源投资预算。

总之，人力资源总体规划着重于人力资源方面的总的、概括性的谋略和有关重要方针、政策和原则。

2) 人力资源业务规划

人力资源业务规划是指总体规划的具体实施和人力资源管理具体业务的部署。它是人力资源总体规划的展开和具体化，其执行结果应能保证人力资源总体规划目标的实现。人力资源业务规划，主要包括：人员配备计划、人员补充计划、人员使用计划、人员培训开发计划、绩效考评计划、薪酬激励计划、劳动关系和员工参与及团队建设计划、退休解聘计划等。

每一项业务计划也都由目标、政策或办法及预算等部分构成。应当注意人力资源业务规划内部的平衡，例如，人员补充计划与培训计划之间，人员薪酬计划与使用计划、培训开发计划之间的衔接和协调。当企业需要补充某类员工时，如果信息能及早到达培训部门，并列入人员培训开发计划，则这类员工就不必从外部补充。又如，当员工通过培训开发提高了素质，而在使用和薪酬方面却没有相应的政策和措施，就容易挫伤员工接受培训开发的积极性。

人力资源业务规划的内容如表 2.1 所示。

表 2.1　人力资源业务规划的内容

规划类别	目　标	政策或办法	预　算
总体计划	总目标；人员的层次，素质与年龄结构；人员的总量及分类；绩效目标；战略性人才培养目标；员工满意度等	基本政策（扩员、收缩或保持稳定政策；人力资源的管理方式与职责等）	总预算
人员配备计划	由各部门确定人员结构优化目标，实现绩效改善或提高	人员配备政策，任职条件	人员总体规模变化而引起的费用变化
人员补充计划	人员类型、数量、人力资源结构，绩效的改善	人员素质标准、人员来源范围、起点待遇	招聘、选拔费用
人员使用计划	定岗定员标准，后备人员数量保持，职务轮换幅度、改善人员结构、提高绩效目标	人员晋升政策、晋升时间、职位轮换范围和时间、未提升人员的安置	职位变化引起的工资、福利等支出的变化

续表

规划类别	目 标	政策或办法	预 算
人员培训与开发计划	人员素质及绩效的改善、长短期培训类型与数量、提供新人员、转变员工的劳动态度	培训时间与效果、对培训获证资格的认定	教育培训费用支出、脱产培训误工费用
绩效考核计划	增加员工参与、增进绩效、增强组织凝聚力、改善企业文化	绩效考评标准和方法、沟通机制	绩效考评引起的支出变化
薪酬激励计划	人才流失减少、士气提高、绩效改进	薪酬政策、激励政策、激励重点	薪酬福利的变动额
劳动关系计划	减少投诉和不满、降低非期望离职率,改进干群关系	参加管理、加强沟通	法律诉讼费和可能的赔偿费
退休解聘计划	劳动成本降低、劳动生产率提高	退休政策、解聘程序	人员安置费和重置费

2.1.4 人力资源规划的步骤

1)环境分析

分析企业所处的外部环境及行业背景,提炼对于企业未来人力资源的影响和要求;对企业未来发展目标以及目标达成所采取的措施和计划进行澄清和评估,提炼对企业人力资源的需求和影响。

公司人力资源部正式制定人力资源规划前,必须向各职能部门索要公司整体战略规划数据、企业组织结构数据、财务规划数据、市场营销规划数据、生产规划数据、新项目规划数据、各部门年度规划数据信息。整理企业人力资源政策数据、公司文化特征数据、公司行为模型特征数据、薪酬福利水平数据、培训开发水平数据、绩效考核数据、公司人力资源人事信息数据、公司人力资源部职能开发数据。人力资源规划专职人员负责从以上数据中提炼出所有与人力资源规划有关的数据信息,并且整理编报,为有效的人力资源规划提供基本数据。

2)人力资源现状分析源

员工数量、质量、结构等静态分析,以及员工流动性等动态分析,以及人力资源管理关键职能的效能分析。

具体包括:企业现有员工的基本状况、员工具有的知识与经验、员工具备的能力与潜力开发、员工的普遍兴趣与爱好、员工的个人目标与发展需求、员工的绩效与成果、企业近几年人力资源流动情况、企业人力资源结构与现行的人力资源政策等。

3)人力资源需求预测

通过对组织、运作模式的分析,以及各类指标与人员需求关系分析,提炼企业人员配置规律;对未来实现企业经营目标带来人员需求进行预测。

需求分析的主要任务是分析影响公司人力资源需求的关键因素,确定公司人力资源队伍的人才分类、职业定位和质量要求,预测未来三年人才队伍的数量,明确与公司发展相适应的人力资源开发与管理模式。

企业的人力资源需求预测主要是基于企业的发展实力和发展战略目标的实现规划。人力资源部门必须了解企业的战略目标分几步走,每一步需要什么样的人才和人力做支撑,需求数量是多少,何时引进比较合适,人力资源成本分析等内容,然后才能够做出较为准确的需求预测。

4)人力资源供给预测

人力资源供给预测是人力资源规划中的核心内容,是预测在某一未来时期,组织内部所能供应的(或经有培训可能补充的)及外部劳动力市场所提供的一定数量、质量和结构的人员,以满足企业为达成目标而产生的人员需求。

在预测未来的人力资源供给时,要明确的是企业内部人员的特征:年龄、级别、素质、资历、经历和技能。必须收集和储存有关人员发展潜力、可晋升性、职业目标以及采用的培训项目等方面的信息。技能档案是预测人员供给的有效工具,它含有每个人员技能、能力、知识和经验方面的信息,这些信息的来源是工作分析、绩效评估、教育和培训记录等。技能档案不仅可以用于人力资源规划,而且也可以用来确定人员的调动、提升和解雇。

5)人力资源规划目标

企业人力资源战略规划的制定是基于以上获得的信息来开展的,是与企业的发展战略相匹配的人力资源总体规划:对于员工总量、结构数量等目标进行评估、总结和确认,并确定企业不同人员的能力素质目标。

6)行动方案

制定达成规划目标的措施与途径;拟定招聘、培训、激励等策略。

主要内容包括:与企业的总体战略规划有关的人力资源规划目标、任务的详细说明;企业有关人力资源管理的各项政策、策略及有关说明;企业业务发展的人力资源计划;企业员工招聘计划、升迁计划;企业人员退休、解聘、裁减计划;员工培训和职业发展计划;企业管理与组织发展计划;企业人力资源保留计划;企业生产率提高计划等相关内容。一份完整的人力资源战略规划是企业人力资源管理的基础和核心,企业的人力资源其他管理工作都会时刻围绕着它来不断展开。

2.1.5 人力资源规划在人力资源管理中的地位

在人力资源管理的所有职能中人力资源规划是最具有战略性和前瞻性的,是其他人力资源管理活动的基础。图 2.3 显示了人力资源规划与其他人力资源管理职能的关系。

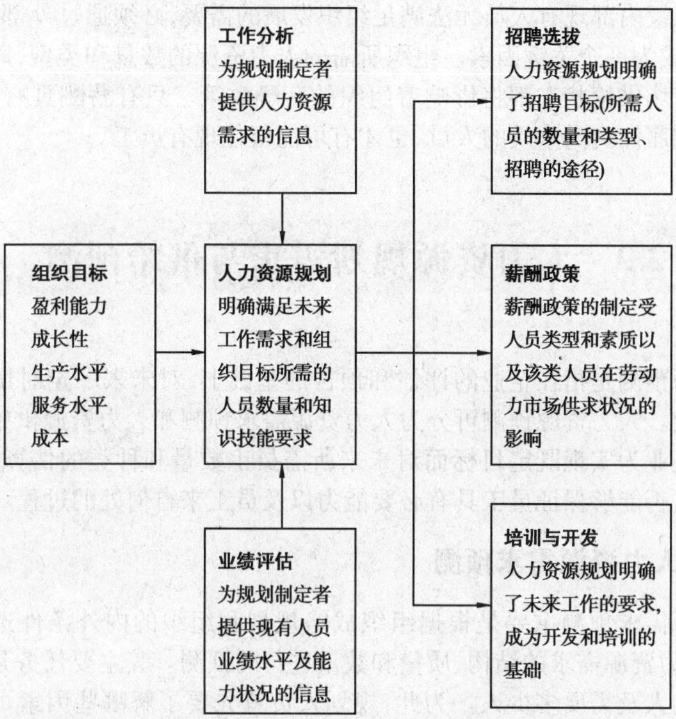

图 2.1　人力资源规划与其他人力资源管理职能的关系

1) 与组织战略目标的关系

人力资源规划的任务就是确保组织在需要的时候能获得一定数量的具有一定技能要求的员工。因此,人力资源规划必须建立在组织战略目标的基础上,同时要成为组织战略规划的一部分。

2) 与工作分析和业绩评估的关系

工作分析和业绩评估为人力资源规划的制定提供了信息。通过工作分析,人力资源规划的制定者能够了解现有和未来的工作岗位的设置状况,每个岗位需要的人员数量,以及每个岗位人员应该具有的知识、技能和经验,预测未来组织对人力资源需求的数量和种类。业绩评估可以使规划制定者了解现有员工的能力结构、技能水平是否能够满足组织战略目标的要求。

3) 与招聘选拔、开发培训和薪酬管理的关系

人力资源规划是组织招聘选拔的基础,它使组织了解哪些位置需要补充员工,补充多少员工,需要员工具有何种技能;所需员工能否从组织内部得到满足,是否需要从组织外部进行招聘;如果在组织内部招聘,现有员工是否需要培训才能适应

新的岗位，需要什么培训，培训何时开始，等等。因此，人力资源规划也是组织人员培训和开发计划的基础，职业生涯计划和培训计划为员工提供了更为广阔的发展空间。如果组织内部现有人员无法满足组织发展的需要，必须通过外部招聘解决，那么，薪酬将成为一个关键因素。组织所需的人力资源的数量和类型，以及这类人员在劳动力市场供给状态都将影响着组织的薪酬政策。只有薪酬具有竞争力，才有可能吸引和雇佣到高素质的人员，也才有可能留住现有员工。

2.2 人力资源规划需求与供给预测

人力资源预测是指在企业的评估和预言的基础上，对未来一定时期内人力资源状况的假设。人力资源预测可分为人力资源需求预测和人力资源供给预测。需求预测是指企业为实现既定目标而对未来所需员工数量和种类的估算；供给预测是确定企业是否能够保证员工具有必要能力以及员工来自何处的过程。

2.2.1 人力资源需求预测

人力资源需求预测主要是根据组织战略规划和组织的内外条件选择预测技术，然后对人力资源需求的结构、质量和数量进行的预测。其主要任务是分析组织需要什么样的人及需要多少人。为此，规划人员首先要了解哪些因素可能影响到组织的人力资源需求，然后根据这些因素的变化对组织人力资源需求状况进行预测和规划。

1）影响人力资源需求预测的因素

所谓人力资源需求预测是指以企业的战略目标、发展规划和工作任务为出发，综合考虑各种因素的影响，对企业某一时期所需人力资源的数量、质量和结构等进行预测的活动。人力资源需求预测所涉及的变量与企业经营过程所涉及的变量是共同的。人力资源需求的影响因素大体可分为3类：企业外部环境、企业内部因素和人力资源自身状况。

（1）企业外部环境因素

经济环境（社会经济发展状况、经济体制改革的进程）的变化会影响企业对人员的需求。随着社会经济的发展，人们对某些产品和服务的需求会增加或减少，因而会影响到提供相应产品或服务的企业对人员需求的变化。社会、政治、法律等方面的原因也是常常导致人员需求变化的原因。技术变革与新技术的采用也会引起人员需求的变化。一方面，技术的革新使得人均劳动生产率提高，对人员数量的需求可能会减少；另一方面，技术的变革也使得需要运用新技术进行工作的岗位出现人员空缺，需要招聘能够掌握新技术的人员。

(2)企业发展战略

企业的战略规划和发展计划决定企业的发展方向、速度、规模、市场占有率等方面的水平,也会因此影响到对人员的需求。根据对企业生产和销售预测,可以得出对生产销售人员以及相应的支持人员和管理人员需求的变化。企业业务范围的扩大或者在地域上的扩张,都会导致人员需求数量的增加。企业结构的调整产生新建部门或原来的部门合并,人员需求的数量会随之而发生变化。企业的财务预算也会影响人员需求。如果财务预算比较高,就有条件雇佣较多数量的人员,也可以支付较高的工资,这样就可以招聘到更高素质的人员;如果财务预算紧缩,就只能招聘较少数量的人员和支付较低的工资。可见,财务预算对招聘人员的数量和质量都有影响。

(3)人力资源自身素质

人员需求的变化可能是由于人力资源自身的因素造成的。例如,老员工的退休、员工辞职、合同终止解聘、意外死亡或疾病、各种原因的休假(病假、产假、探亲假等)都会产生工作岗位的空缺,需要招聘正式或临时员工来补充。

2)人力资源需求预测的步骤

人力资源需求预测包括短期预测和长期预测,总量预测和各个岗位需求预测。人力资源需求预测的典型步骤如下:

步骤一,现实人力资源需求预测。

步骤二,未来人力资源需求预测。

步骤三,未来人力资源流失情况预测。

步骤四,得出人力资源需求预测结果。

人力资源需求预测的解释变量一般包括以下几个方面:

①企业的业务量或产量,由此推算出人员需要量。

②预期的流动率,指由于辞职或解聘等原因引起的职位空缺规模。

③提高产品或劳务的质量或进入新行业的决策对人员需求的影响。

④生产技术水平或管理方式的变化对人员需求的影响。

⑤企业所能拥有的财务资源对人员需求的约束。

3)人力资源需求预测的方法

人力资源需求的预测方法总的来说可以分为定性预测方法和定量预测方法。

(1)定性预测方法

①经验预测法。经验预测法就是利用现有资料,根据有关经验,结合本公司特点,对公司人员需求加以预测。经验预测法可以采用"自下而上"和"自上而下"两种方式。"自下而上"就是由直线部门的经理向自己的上级主管提出用人要求和建议,征得上级主管的同意;"自上而下"的预测方式就是由公司高层先拟定出公司总体的用人目标和建议,然后由各级部门自行确定用人计划。最好是将"自下而上"与"自上而下"两种方式结合起来综合运用。先由公司提出人才需求的指导性

意见,再由各部门按相关要求,会同各部门确定具体需求;同时,由人力部门汇总确定全公司的用人需求,最后将形成的人员需求预测交由公司审批。这种方法简单易行,在实际工作中应用广泛。

②德尔菲法。德尔菲法也称集体预测法,使用该方法的目的是通过综合各专家们的意见来进行预测。德尔菲法的特征是:a.专家参与预测,充分利用专家的经验、学识;b.采用匿名或背靠背的方式,能使每一位专家独立自由地作出自己的判断;c.预测过程 3~5 轮反馈,使专家的意见逐渐趋同。这种预测方法具有可操作性,且可以综合考虑社会环境、企业战略和人员流动三大因素对企业人力资源规划的影响,因而运用比较普遍。但其预测结果具有强烈的主观性和模糊性,无法为企业制定准确的人力资源规划政策提供详细可靠的数据信息。

德尔菲法应遵循以下原则:a.给专家提供充分的信息;b.所问的问题应紧扣公司发展;c.不要求精确;d.使过程尽量简化,不问无关的问题;e.保证所有专家都能从同一角度理解雇员分类及其他定义;f.问卷调查的方法一般采用匿名的形式,保证专家能够畅所欲言,而且争取高层管理人员和专家对德尔菲法的支持。

(2)定量预测方法

①劳动定额法。劳动定额法是根据劳动者在单位时间内应完成的工作量和企业计划的工作任务总量推测出所需要的人力资源数量。具体的公式是:

$$N = \frac{W}{Q}(1 + R)$$

其中 N——人力资源需求量;

W——计划内任务完成总量;

Q——企业现行定额;

R——计划期内生产率变动系数。

②比率分析法。这种方法是根据过去的经验,把组织未来的业务且转换为人力资源的需求的预测方法。具体做法是:先根据过去的业务活动量水平,计算出每一业务活动增量所需的人员相应增量,再把对实现未来目标的业务活动增量按计算出的比例关系,折算成总的人员需求增量,然后把总的人员需求量按比例折算成各类人员的需求量。例如,某炼油厂根据过去的经验,每增加 1 000 吨的炼油量,需增加 15 人,预计一年后炼油量将增加 10 000 吨,折算成人员需求量为 150 人,如果管理人员、生产人员、服务人员的比例是 1∶4∶2,则新增加的 150 人中,管理人员约为 20 人,生产人员为 85 人,服务人员为 45 人。需要指出的是,转换比率方法假定组织的劳动生产率是不变的。如果考虑到劳动生产率的变化对员工需求量的影响,可以使用下面的员工总量需求预测方法,其计算公式为:

$$\text{计划期末所需员工数量} = \frac{\text{目前业务量} + \text{计划期业务量的增长}}{\text{目前人均业务量} \times (1 + \text{生产增长率})}$$

③回归分析法。回归分析法是运用数学中的回归原理对人力资源需求进行

预测。这种方法通过寻找人力资源需求量预期影响因素(一种或多种)之间的函数关系,从影响因素的变化推知人力资源需求量的变化。在此方法中,通常将人力资源需求量称为因变量,将影响因素称为自变量。当然,当自变量的个数不同时,只考虑一个影响因素建立的模型,采用线性回归;考虑多个影响因素建立的模型,则要采用多元统计分析方法。单变量趋势外推法:属于一元回归分析,它只是根据整个企业或企业中各个部门过去的人员数量变动趋势来对未来的人力资源需求进行预测,而不考虑其他因素对人力资源需求量的影响。其基本的计算公式为:

$$Y = a + bX$$

$$b = \frac{\sum (X - \overline{X})(Y - \overline{Y})}{\sum (X - \overline{X})^2}$$

$$a = \overline{Y} - b\overline{X}$$

式中 Y——人员数量;

X——单位产品产量;

a,b——根据过去资料推算的未知数。

2.2.2 人力资源规划供给预测

人力资源需求预测只是分析企业内部对人力资源的需求,而人力资源资源供给预测需要分析企业内部供给和企业外部供给两个方面。内部供给预测需要考虑企业的内部条件,估计经过未来一段时间的调整后,企业内部供给将会怎样。外部供给预测需要考虑企业外部环境的变化,预期劳动力市场满足企业需求的能力如何。供给预测需要考虑的因素更多、更不可控,只有认识到其特点,选取合适的方法,才能增加预测的准确性。

即时案例

价格不定的青椒童子鸡

周经理近来很不顺心,各部门都向 HR 部门要人,可一时哪有那么多合适的人。这种情况在一年中已出现了三次,周经理不明白是这些部门发了疯,还以为是自己的工作出了错。为了减轻工作压力,周经理独自来到熟悉的酒楼用餐,无意间听到了一段酒楼经理和顾客 A 的对话。

顾客 A 径直找到酒楼经理,一脸不悦地抱怨:“前天我和家人来时,一致认为青椒童子鸡最好吃,当时青椒童子鸡是限量供应特色菜,今天我专门请同事来尝,还特地赶了个早。不想今天青椒童子鸡成了限时特价菜,害得我被同事嘲笑了一番,说我赶早是为了请大家吃便宜菜。你听,他们还在包间里笑。”

显然酒楼经理和顾客 A 是认识的,酒楼经理不由诉起了苦:"你也不是不知道,负责采购的经理也是股东之一,他要进什么菜我们也没数,前天你来是鸡订少了,今天又订多了,所以才临时把限量供应改成特价供应。A 主任,不好意思,请您体谅体谅。要不下次来前,您先打个电话问问当天的菜?"

"嘿,你怎么不先问问下个星期的菜,提前挂出来?"

一旁的周经理不禁失笑,一个不知道外面供应什么,一个不知道自己供应什么,不出乱才怪。旋儿转念一想,自己不正也犯着同样的错误吗,一方面不清楚公司内部的人员情况,每次缺人都措手不及;一方面也不清楚劳动力市场供给,常常一时招不到合适的人。原先的嘲笑变成了自嘲,周经理用沉默回答了两人惊异的目光。

这顿晚餐让周经理觉得非常满意,当然,他特意享受了一盘青椒童子鸡。

(资料来源:《价格不定的青椒童子鸡》,人力资源供给预测,中国管理传播网.)

人力资源供给预测是指为了满足企业未来对人员的需求,根据企业的内部条件和外部环境,选择适当的预测技术,对企业未来从内部和外部可获得的人力资源的数量和质量进行预测。首先,预测供给是为了满足需要,不是所有的供给都要预测,只预测企业未来需要的人员;其次,人员供给有内部和外部两个来源,因而必须考虑内外两个方面;第三,应当选择适合的预测技术,用较低的成本达到较高的目的;最后,需要预测出供给人员的数量和质量。

人力资源供给预测(supply forecasting of human resources)是人力资源规划中的核心内容,是预测在某一未来时期,组织内部所能供应的(或经有培训可能补充的)及外部劳动力市场所提供的一定数量、质量和结构的人员,以满足企业为达成目标而产生的人员需求。从供给来源看,人力资源供给分为内部供给和外部供给两个方面。

1)组织内部人力资源供给预测

影响组织内部人力资源供给的因素包括:组织人员年龄阶段分布、职工的自然流失(伤残、退休、死亡等)、内部流动(晋升、降职、平调等)、跳槽(辞职、解聘等)、新进员工的情况、员工能力等。常用的预测方法有以下几种:

(1)人员核查法

这是对组织现有人力资源质量、数量、结构和在各职位上的分布状况进行检查,掌握企业拥有的人力资源状况。通过核查,可以了解员工在工作经验、技能、绩效、发展潜力等方面的情况,从而帮助人力资源规划人员估计现有员工调换工作岗位的可能性的大小,决定哪些人可以补充企业当前的职位空缺。为此,在日常的人力资源管理中,要做好员工的工作能力的记录工作。

(2)管理人员接替图

这种方法是对现有管理人员的状况进行调查,评价后,列出未来可能的管理者人选,又称为管理者继承计划。该方法被认为是把人力资源规划和企业战略结合起来的一种较有效的方法,在许多公司里运用都取得了较好的结果。国际商用机器(IBM)公司自20世纪60年代以来就实施了管理者继承计划。该公司宣称实行该计划的目的是"保证高层管理者的素质,为公司遍布世界的所有管理者职位做好人才准备",从公司分部经理到总经理,都负有执行这次计划的责任,具体工作则由负有人事职责的专门人员来做。通用汽车(GM)公司每年也会为公司的高层管理人员作一次鉴定,分析其今后5年内的升迁、接替问题。

管理人员接替图主要涉及的内容是对主要管理者的总的评价:主要管理人员的现有绩效和潜力,发展计划;所有接替人员的现有绩效和潜力;其他关键职位上的现职人员的绩效、潜力及对其评定意见。

图2.2中,括号内数字表示该管理者的年龄,竖线旁的字母和数字是对其绩效和晋升可能性的评估。A表示现在就可提拔,B表示还需要一定的开发,C表示现职位不很合适。对其绩效的评估在此分为4个等级:1表示绩效表现突出,2表示优秀,3表示一般,4表示较差。通过这样一张图(还可延续下去),使得组织既对其内部管理人员的情况非常明了,又体现出组织对管理人员职业生涯发展的关注。如果出现人员不能适应现职,或缺乏后备干部,则组织就可尽早地做好充分的准备。所以,有些企业认为管理者继承图非常有用,甚至认为它是人力资源规划最重要的部分。

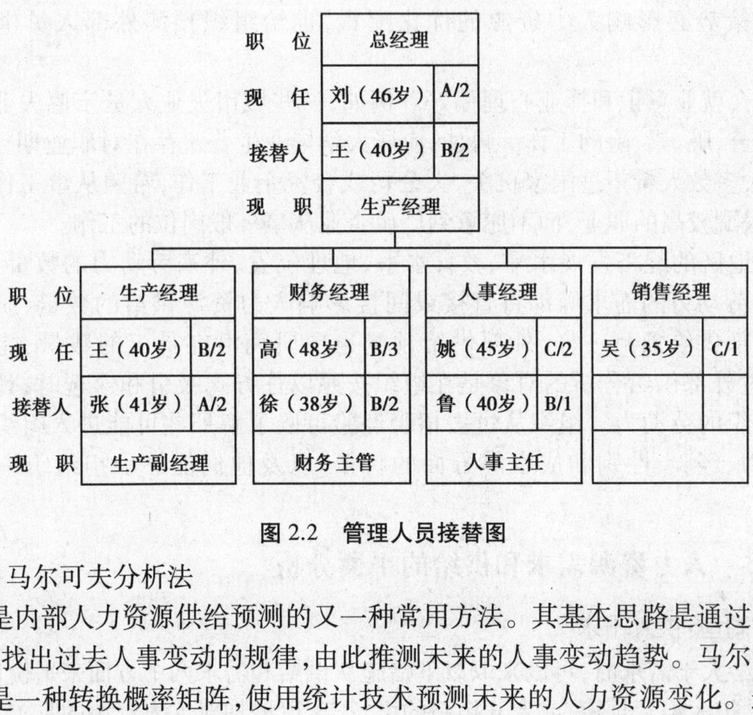

图2.2 管理人员接替图

(3)马尔可夫分析法

这是内部人力资源供给预测的又一种常用方法。其基本思路是通过具体数据的收集,找出过去人事变动的规律,由此推测未来的人事变动趋势。马尔可夫分析实际上是一种转换概率矩阵,使用统计技术预测未来的人力资源变化。这种方法描述组织中员工流入、流出和内部流动的整体形式,可以作为预测内部劳动力供给的基础。尽管马尔可夫分析法在一些大公司,如 IBM、AT&T 等,已得到广泛应用,但是关于这种方法的精确性与可行性还需要进一步研究。显然,转换矩阵中的概率与预测期的实际情况可能有差距,因此,使用这种方法得到的内部劳动力供给预测的结果也就可能不精确。在实际应用中,一般采取弹性化方法进行调节,即估计出几种概率矩阵,得出几种预测结果,然后对不同预测结果进行综合分析,寻找较合理的结果。

2)组织外部人力资源供给预测

外部供给预测是根据组织生产经营变化和人员自然减员情况,预测劳动力市场上组织所需要的劳动力供给情况。组织职位空缺不可能完全通过内部供给解决。影响组织外部劳动力供给的主要因素有:

①宏观经济形势和失业率预期。一般来说,宏观经济形势越好,失业率越低劳动力供给就越紧张,招聘工作就越困难。

②人口资源状况。人口资源状况决定了组织现有外部人力资源的供给状况,其主要影响因素包括人口规模、人口年龄和素质结构、现有的劳动力参与率等。

③劳动力市场发育程度。社会劳动力市场发育良好将有利于劳动力自由进入市场,由市场工资率引导劳动力的合理流动;劳动力市场发育不健全及双轨制的就业政策势必影响人力资源的优化配置,也给组织预测外部人员供给带来困难。

④社会就业意识和择业心理偏好。例如,一些城市失业人员宁愿失业也不愿从事一些苦、脏、累、险的工作。再加,应届大学毕业生普遍存在对职业期望值过高的现象,大多数人希望进国家机关、大公司或合资企业工作,希望从事工作条件舒适、劳动报酬较高的职业,而不愿意到厂矿企业从事一般岗位的工作。

⑤本地区的经济发展水平、教育水平、地理位置、外来劳动力的数量与质量、同行业对劳动力的需求等都将直接或间接影响人力资源供给的数量、质量和结构。与内部供给预测一样,外部供给预测也要研究潜在员工的数量、能力等因素,只不过外部供给分析的对象是在组织按照以往方式吸引和遴选时,计划从外部加入组织的劳动力。组织从过去招聘经验可以了解那些可能进入组织的人员数量、能力、经验、性别和成本等方面的特征,以及他们能够承担组织中的哪些工作。

2.2.3 人力资源需求和供给的平衡分析

1)过剩型:供大于求

当供给大于需求时,可以来取以下措施从供给和需求两个方面来平衡供需:

第一,扩大经营规模,或者开拓新的增长点,以增加对人力资源的需求。

第二,永久性的裁员或者辞退员工。

第三,鼓励员工提前退休。

第四,停止对外招聘,通过自然减员来减少供给。

第五,缩短员工的工作时间、实行工作分享。

第六,对富余员工实施培训,为未来的发展做好准备。

2)短缺型:供小于需求

第一,从外聘人员,这是最为直接的一种方法。

第二,改进生产技术,提高现有员工的工作效率。

第三,延长工作时间。

第四,降低离职率,减少员工流失,同时进行内部调配,增加内部的流动来提高某些职位的供给。

第五,可以将企业的有些业务进行外包。

3)平衡型:供需总量平衡,但结构不平衡

第一,进行人员内部的重新配置,包括晋升、调动、降职等,来弥补那些空缺的职位,满足这部分的人力资源需求。

第二,对人员进行有针对性的专门培训,使他们能够从事空缺职位的工作。

第三,进行人员的置换,释放不需要的人员,补充所需人员,以调整结构。

2.3 人力资源规划的编制及评价

人力资源规划是一种战略规划,着眼于为未来的企业生产经营活动预先准备人力,持续和系统地分析企业在不断变化的条件下对人力资源的需求,并开发制定出与组织长期发展相适应的人事政策的过程。

2.3.1 编制人力资源规划的原则

第一,必须充分考虑内部、外部环境的变化。人力资源规划只有充分地考虑了内外部环境的变化,才能适应需要,真正做到为企业发展的目标服务。为了更好地适应这些变化,在人力资源规划中应该对可能出现的情况作出预测包括风险和变化,最好能有面对风险的应对策略。

第二,明确人力资源规划的根本目的,确保企业的人力资源。企业的人力资源保障问题是人力资源规划中应解决的核心问题。只有有效地保证了对企业的人力资源供给,才可能去进行更深层次的人力资源管理与开发。

第三,人力资源规划的最终目的是使企业和员工都得到发展,取得预期目标。人力资源规划不仅要面向企业规划,而且要面向员工规划。企业的发展和员工的发展是互相依托、互相促进的关系。如果只考虑企业的发展需要,而忽视了员工的发展,则会有损企业发展目标的实现。优秀的人力资源规划,一定是能够使企业的员工实现长期利益的规划,一定是能够使企业和员工共同发展的规划。

第四,优质的人力资源规划是企业内部相关人员共同完成的,而绝非人力资源部单独所能够解决的问题。因此,人力资源部在进行人才资源规划时,一定要注意充分吸收各个部门以及高层管理者的参与,只有这样,人力资源规划才能够符合企业实际并落到实处。

2.3.2 编制人力资源规划的流程

人力资源规划的程序即人力资源规划的过程,一般可分为以下几个步骤:确定人力资源规划的目标、收集有关信息资料、人力资源需求预测、人力资源供给预测、确定人力资源净需求、编制人力资源规划、实施人力资源规划、人力资源规划评估、人力资源规划反馈与修正。

1)确定人力资源规划的目标

人力资源规划的目标是随组织所处的环境、企业战略与战术计划、组织目前工作结构与员工工作行为的变化而不断改变的。当组织的战略计划、年度计划已经确定,组织目前的人力资源需求与供给情况已经摸清,就可以据此制定组织的人力资源目标了。

2)收集有关信息资料

人力资源规划的信息包括组织内部信息和组织外部环境信息。

组织内部信息主要包括企业的战略计划、战术计划、行动方案、本企业各部门的计划、人力资源现状等。

组织外部环境信息主要包括宏观经济形势和行业经济形势、技术的发展情况、行业的竞争性、劳动力市场、人口和社会发展趋势、政府的有关政策等。

3)人力资源供求预测

在对员工未来的需求与供给预测数据的基础上,将本组织人力资源需求的预测数与在同期内组织本身可供给的人力资源预测数进行对比分析,从比较分析中可测算出各类人员的净需求数。这里所说的"净需求"既包括人员数量,又包括人员的质量、结构,即既要确定"需要多少人",又要确定"需要什么人",数量和质量要对应起来。这样就可以有针对性地进行招聘或培训,就为组织制定有关人力资源的政策和措施提供了依据。

4)编制人力资源规划

根据组织战略目标及本组织员工的净需求量,编制人力资源规划,包括总体规划和各项业务计划。同时要注意总体规划和各项业务计划及各项业务计划之间的衔接和平衡,提出调整供给和需求的具体政策和措施。一个典型的人力资源规划应包括:规划的时间段、计划达到的目标、情景分析、具体内容、制定者、制定时间,具体程序如图 2.3 所示。

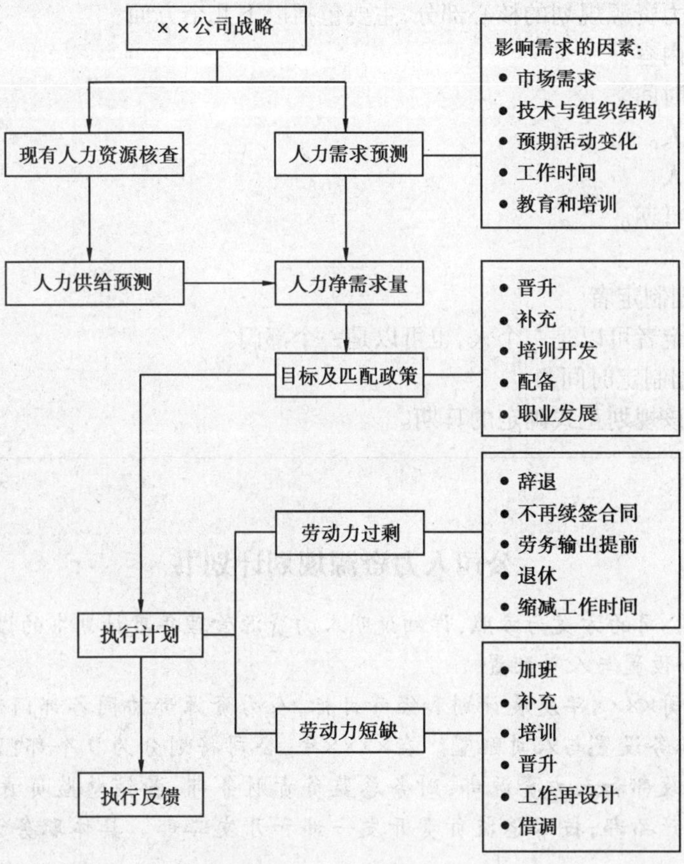

图 2.3　人力资源规划程序

(1)规划时间段

确定规划时间的长短,要具体列出从何时开始,到何时结束。若是长期的人力资源规划,可以长达 5 年以上;若是短期的人力资源规划,如年度人力资源规划,则为 1 年。

(2)规划达到的目标

确定达到的目标要与组织的目标紧密联系起来,最好有具体的数据,同时要简明扼要。

(3)情景分析

目前情景分析:主要是在收集信息的基础上,分析组织目前人力资源的供需状况,进一步指出制订该计划的依据。

未来情景分析:在收集信息的基础上,在计划的时间段内,预测组织未来的人力资源供需状况，进一步指出制订该计划的依据。

(4)具体内容

这是人力资源规划的核心部分，主要包括以下几个方面：

①项目内容。

②执行时间。

③负责人。

④检查人。

⑤检查日期。

⑥预算。

(5)规划制定者

规划制定者可以是一个人，也可以是一个部门。

(6)规划制定时间

主要指该规划正式确定的日期。

示例

公司人力资源规划计划书

现以某公司的方案为参照，详细说明人力资源管理年度计划书的设置内容。

一、职务设置与人员配置

根据公司××××年发展计划和经营目标，人力资源部协同各部门制定了公司××××年的职务设置与人员配置。在××××年，公司将划分为9个部门，其中行政副总负责行政部和人力资源部，财务总监负责财务部，营销总监负责销售一部、销售二部和产品部，技术总监负责开发一部和开发二部。具体职务设置与人员配置如下：

1.决策层(5人)

总经理1名、行政副总1名、财务总监1名、营销总监1名、技术总监1名。

2.行政部(8人)

行政部经理1名、行政助理2名、行政文员2名、司机2名、接线员1名。

3.财务部(4人)

财务部经理1名、会计1名、出纳1名、财务文员1名。

4.人力资源部(4人)

人力资源部经理1名、薪酬专员1名、招聘专员1名、培训专员1名。

5.销售一部(19)

销售一部经理1名、销售组长3名、销售代表12名、销售助理3名。

6.销售二部(13人)

销售二部经理1名、销售组长2名、销售代表8名、销售助理2名。

7.开发一部(19人)

开发一部经理1名、开发组长3名、开发工程师12名、技术助理3名。

8.开发二部(19人)

开发二部经理1名、开发组长3名、开发工程师12名、技术助理3名。

9.产品部(5人)

产品部经理1名、营销策划1名、公共关系2名、产品助理1名。

二、人员招聘

1.招聘需求

根据××××年职务设置与人员配置计划,公司人员数量应为96人,到目前为止公司只有83人,还需要补充13人,具体职务和数量如下:

开发组长2名、开发工程师7名、销售代表4名。

2.招聘方式

开发组长:社会招聘和学校招聘。

开发工程师:学校招聘。

销售代表:社会招聘。

3.招聘策略

学校招聘主要通过参加应届毕业生洽谈会、在学校举办招聘讲座、发布招聘张贴、网上招聘四种形式。

社会招聘主要通过参加人才交流会、刊登招聘广告、网上招聘三种形式。

4.招聘人事政策

①本科生:

A.转正后待遇×××元,其中基本工资×××元、住房补助×××元、社会保障金×××元(养老保险、失业保险、医疗保险等),试用期基本工资×××元。

B.考上研究生后协议书自动解除。

C.签订3年劳动合同。

D.试用期3个月。

②研究生:

A.转正后待遇×××元,其中基本工资×××元、住房补助×××元、社会保险金×××元(养老保险、失业保险、医疗保险等)。试用期基本工资×××元,满半月有住房补助。

B.考上博士生后协议书自动解除。

C.签订3年劳动合同,试用期3个月。

D.公司资助员工攻读在职博士。

E.签订不定期劳动合同,员工来去自由。

F.成为公司骨干员工后,可享有公司股份,具体操作办法由公司董事会提议,经公司股东会通过后实施。

5.风险预测

①由于××××年本市应届毕业生就业政策有所变动,可能会增加本科生招聘难度,但因公司待遇较高并且属于高新技术企业,可以基本回避该风险。另外,由于本科生考研比例很大,所以在招聘时,应该留有后选人员。

②由于计算机专业研究生愿意留在本市工作的较少,所以招聘研究生增加难度。如果研究生招聘比较困难,应重点通过社会招聘来填补“开发组长”空缺。

三、选择方式调整

××××年开发人员选择实行了面试和笔试相结合的考查办法,取得了较理想的结果。

在××××年首先要完善非开发人员的选择程序,并且加强非智力因素的考查,另外在招聘集中期,可以采用“合议制面试”,即总经理、主管副总、部门经理共同参与面试,以提高面试效率。

四、绩效考评政策调整

××××年已经开始对公司员工进行了绩效考评,每位员工都有考评记录。另外,在××××年对开发部进行了标准化的定量考评。

××××年,绩效考评政策将作以下调整:

①建立考评沟通制度,由直接上级在每月考评结束时进行考评沟通。

②建立总经理季度书面评语制度,让员工及时了解公司对他的评价,并感受到公司对员工的关心。

③在开发部试行“标准量度平均分布考核方法”,使开发人员更加明确自己在开发团队中的位置。

④加强考评培训,减少考评误差,提高考评的可靠性和有效性。

五、培训政策调整

公司培训分为岗前培训、管理培训、岗位培训三部分。

岗前培训在××××年已经开始进行,管理培训和技能培训从××××年开始由人力资源部负责。

在××××年,培训政策将作以下调整:

①加强岗前培训。

②负责培训工作的人员与公司专职管理人员合作开展,不聘请外面的专业培训人员。该培训分成管理层培训和员工培训两个部分,重点对公司现有的管理模式、管理思路进行培训。

③技术培训根据相关人员申请进行。采取公司内培训和聘请培训教师两种方式。

六、人力资源预算

1.招聘费用预算

①招聘讲座费用:计划本科生和研究生各四个学校,共×次。每次费用×××元,

预算×××元。

②交流会费用：参加交流会×次，每次平均×××元，共计×××元。

③宣传材料费：×××元。

④报纸广告费：×××元。

2.培训费用

××××年实际培训费用×××元，按每年××递增，预计××××年培训费用约为×××元。

3.社会保障金

××××年社会保障金共交纳×××元，按每年××递增，预计××××年社会保障金总额约为×××元。

（资料来源：《人力资源管理计划书》，网易.）

2.3.3 人力资源规划的监控

实施监控的目的在于为总体规划和具体规划的修订或调整提供可靠信息。在人力资源规划的预测中，由于不可控因素很多，常会发生令人意想不到的变化或问题，如若不对规划进行动态的监控、调整，人力规划最后就可能成为一纸空文，失去了指导意义。因此，执行监控是保证人力资源规划可持续性发展的重要手段。

1）人力资源规划的监控标准

（1）客观性

客观性是指人力资源规划的监控过程中必须做到诚实、公平、不带感情色彩、有根据和非个人性。客观性要求高级经理人运用实际得到的绩效来证明人力资源规划的制定与实施情况，尽量减少主观的、受个人因素影响的干扰，得出的是诚实和公正的评价与实事求是而有效的控制。

（2）一致性

一致性强调在企业实施人力资源规划时，不应该出现目标和政策方面的矛盾。当企业在实施人力资源规划时出现各种形式的冲突和争执的时候，往往就需要得到人力资源规划评价系统和控制系统的参与，保证所有人力资源规划的预期目标均得以实现，防止出现有的规划目标圆满实现而有的目标彻底失败。

（3）协调性

协调性标准是指在监控人力资源规划的时候，既要分析和考查人力资源的某个方面的发展趋势，如未来企业内部人力资源的流失情况，还必须分析和考查整个人力资源规划中各项业务规划以及人力资源开发与管理政策的综合发展趋势。人力资源规划必须对外在环境、经营战略、企业环境以及人力资源现状等关键性变化作出适应性反应。监控系统就必须保证在各种变化趋势共同作用时保障人力资源规划的协调实施。

(4)可行性

可行性是指人力资源规划的监控是否能成功地贯彻企业的战略以及人力资源规划,同时必须做到技术上、方法上、环境适应上、经济上可行。如果所采用的方法和技术不适合企业的文化和传统,操作人员难以领会和把握实施人力资源规划的监控,那么这种缺乏可行性的方案就没有任何意义。同时人力资源规划的监控主要依靠企业本身的资源确保人力资源规划能够得以贯彻实施,如果监控的费用过高,给企业带来沉重的财务负担和经济压力,即使评价方法再先进,控制技术再好,但没有现实的可行性,就是毫无意义的。很多高深的评价技术和控制手段可能对本企业并不实用,不易理解,耗费时间太多,成本高昂,违背了监控的目的和初衷。对绝大多数企业而言,追求的往往是更容易且方便运用的监控技术,而不是采用更复杂的、最先进的工具和技术。同时,在进行监控时,人力资源规划提出的变化范围也应是企业资源能够承受的。

(5)有利性

有利性是指企业实施人力资源规划监控系统的最终目的是为企业创造和保持竞争优势,培育企业独特的核心竞争力,通过实施人力资源规划获取相对于竞争对手的竞争实力,实现企业的可持续发展。

(6)及时性

人力资源规划监控的关键在于及时发现人力资源规划制定和实施中出现的问题,并及时有针对性地解决问题,为企业的人力资源规划实践提供及时的、真正需要和有价值的信息。

因此,在人力资源规划实施过程中需要及时了解人力资源规划工作中遇到的问题和困难,并及时发现这些问题对人力资源规划实施效果的影响,并尽快采取必要的措施予以解决。

2)人力资源规划监控的方法

(1)整体性控制

人力资源规划制定是基于对企业的战略目标进行充分分析的基础上的,人力资源规划的最终目的是从人力资源角度促进企业战略规划的实现。但是,这并不能保证人力资源规划能在从制定到执行的全过程中始终能与企业的战略目标相一致。因为,企业的内外环境是不断变化的,由于产业竞争状况、产品竞争状况、国家政策等的变化,企业需要不断调整自身的战略目标以适应内外环境的变化。

对人力资源规划进行整体性控制即监控人力资源规划是否与企业战略目标相一致,考查企业的人力资源规划是否能根据企业内外环境变化和战略目标的调整而适时调整,这是保证人力资源规划达到预期目的的根本。

监控人力资源规划是否与企业战略目标一致,是一项战略性的任务,需要企业的高级经理人甚至企业最高层的参与。

因为高级经理人更加善于站在战略的高度来思考,他们在作出企业战略调整的同时,为人力资源规划的调整提出建设性的意见也是他们的职责。

在监控过程中,需要分析企业现有的人力资源规划能否有效支持企业整体战略目标的实现。如果企业战略目标根据内外部环境的变化有一定的调整,那么,监控过程中就需要分析企业现有的人力资源规划在哪些方面将不能继续适应战略目标的需要,并决定需要怎样的调整才能支持企业整体战略目标的实现。

(2)定期与不定期检查相结合

受内外环境变化的影响,任何规划在执行的过程中都会产生或多或少的误差,这是规划执行过程中的正常现象。但是,这种或多或少的误差将对规划的执行效果产生不好的影响,甚至导致规划的预期目标不能实现。因此,在规划的执行过程中,需要定期检查人力资源规划的具体实施情况,对现行政策和规划提出建议或意见;及时发现问题、解决问题,修正规划的执行误差。

因为企业外部环境的变化是不可预测的,因而经常带来企业战略目标的不定期调整,所以,在监控过程中进行不定期检查也是十分必要的,这也更加能体现监控的及时性特征。不定期检查往往能比定期检查更及时地发现问题,并即使采取补救应急措施,保证人力资源规划与企业战略的动态匹配。

在执行中,高级经理人更能体会企业的人力资源规划与企业的战略之间的配合程度。他们对政策的执行结果是否达到预期目标以及政策在执行过程中出现的问题更能做到心里有数。因此,高级经理人有必要将自己发现的人力资源规划执行过程中出现的问题及时反馈,并对政策的调整方案提出建设性的意见。

2.3.4 人力资源规划的动态调整

1)人力资源规划动态调整的必要性

企业是出于不断变动的状态下的,发展的各个阶段都需要适合的战略人力资源规划,而且,战略人力资源规划一旦制定,就不是静止不变的,其本身也处于不断发展与调整的状态之中。

这具体体现在如下几个方面:

①战略人力资源规划的参考信息具有动态性。企业需要根据内外情境的变化和企业自身战略的调整,经常性地调整人力资源规划。

②对规划的执行要具有灵活性。在执行规划的过程中,也许企业的内外环境会发生一些变化,战略目标也会据此作出相应的调整。因此,具体规划措施是适应这些调整随时变动的,规划的执行也需要随时进行调整。

2)人力资源规划的评价与控制的特征

战略人力资源规划的动态性决定了对人力资源规划的评价与控制是一个动态的过程,对规划操作实施监控的要点是看对规划的执行是否达到了预期的目标。在规划的参考信息不断变化,规划自身不断调整的前提下,对规划执行效果的监控自然就需要具有动态性。基于人力资源规划的动态性，人力资源规划的评价与控制具有如下动态特征：

(1)循序渐进性

一般而言，人力资源规划往往是逐步形成的，受到企业竞争战略、人力资源战略等抽象的管理思想和理念的深刻影响。有时候企业或组织遇到无法控制的外部事件或内部因素，常常会直接或间接地影响企业未来人力资源规划的制定与实施。如随着经济发展的全球化，各行各业都明显感到了来自各方面的竞争压力，由于国外大企业优质的产品和良好的服务水准，国外企业在吸引本土优秀人才方面所具有的竞争优势是我国绝大多数企业将逐渐面临的最严峻的挑战，这个过程是逐步体会到并需积极面对解决难题。在企业不断审视已经制定的人力资源规划的过程中，人力资源规划的实施过程就表现出明显的循序渐进的性质。认识到这一点后，企业的管理人员须有意识地用渐进的方式来进行人力资源规划的评价与控制。在具体地施行人力资源规划方案时就带有试验性质，随时准备在适当的时候进行评价与控制。

(2)交互联动性

由于对人力资源规划需要进行评价与控制的因素是多种多样且相互影响的，而且人力资源规划本身就是一项与外界信息有着密切联系、不断相互交流以及充分运用内外部信息的实践活动。这种交互联动性就要求企业在制定和设计本企业的人力资源规划时，既要避免出现闭门造车，根本不分析内外部环境的变化，也需防止出现随风倒、随大流现象的出现。

(3)系统性

人力资源规划的评价与控制是人力资源规划的重要功能系统，是人力资源规划一系列子系统中的一个环节。人力资源规划的评价与控制系统在很多重要方面有赖于人力资源规划的其他功能系统，同时，人力资源规划评价与控制功能系统也对人力资源规划的其他功能系统产生深刻的影响。这就要求人力资源规划的逻辑形式十分完善，在实施人力资源规划的评价与控制时，无论在明确问题、唤起注意、概念修订、试验分析，还是产生集体意见、制定措施和针对控制等各个阶段都必须树立起系统的观念，相互间往往是制衡的，不大可能取得局部上的最优解。在细节上有时很难追求到全面完整，完美无缺的人力资源规划是不存在的。有时为了保证人力资源规划具有一定的柔性和灵活性，模糊处理的结果就有赖于人力资源规划评价与控制的有力监督和保障。

3)人力资源规划动态调整措施和应变手段

针对变化了的外部人力资源条件和内部劳动力的需求变化，企业将对自身的战略进行调整，根据调整了的企业战略，人力资源规划将进行相应的调整，因此，企业在上述各步骤的基础之上，应积极主动采取相应的修整措施或应变手段。

企业采取的修整措施和应变手段往往采取三种方式：

(1)常规方式

企业按照以前程序性的处理方法来对付出现的差异,这种方式也是企业在实施人力资源规划监控与评估采用最多的一种方式。采用这种方式的前提是执行过程中出现的问题属于以往也出现过的常见问题,或者说是执行过程中必然出现的问题。比如,裁员后出现的员工士气变化的问题。这类问题是执行裁员决策时出现的正常并常见的问题,只要不出现影响企业稳定型的剧烈变动,都可以用常规方式来解决。

(2)专题解决方式

高级经理人专门针对人力资源规划实践中出现的问题或者机会进行专题分析、突击解决。此方法能做到反应迅捷。对于一些难点问题,或者设计到企业战略层面的问题,比如内外环境的变动引起了企业战略的调整,这类问题就需要高级经理人甚至企业最高层与人力资源部门一起进行专题研究,共同商讨恰当的方法来解决。

(3)专家模型方式

企业根据其他企业实施人力资源规划的经验和本企业的具体情况,企业有关专家对可能出现的问题建立专家应急模型,当有关问题真的出现时,企业能及时响应。对于一些出现的不可预料的情况,依靠常规解决方法以及企业自身力量很难解决的时候,可以考虑外部人力资源的使用,如聘请专家团体进行应急处理。综合考虑专家意见、企业高级经理人和人力资源部的意见,形成应急解决模式。

这种应变手段是指企业在进行人力资源规划监控与评估过程中,在出现最严重问题和困难时,企业需备有应变手段。这种手段实际是一种补救措施,帮助高级经理人处理棘手或不熟悉的情况。

当然,在人力资源规划的具体执行过程中,在重视专家意见、高级经理人和人力资源部门的意见的基础上,企业还需要重视其他成员的意见和反应,以发现自己所在的职位上很难发现的一些微妙的深层次的问题,将这些问题纳入政策调整的考虑中,及时调整人力资源规划与政策。例如,定期对员工进行访谈,了解他们工作中遇到的困难,尤其是了解为什么现有的制度和管理方式不能解决他们工作中的困难,了解现有政策执行中的缺陷,不过涉及的问题比较敏感,可以通过匿名问卷了解,以期在政策调整中有效解决这些问题。

在实践中,我们必须时刻把握人力资源规划最核心的特性——动态性,企业的人力资源规划不是设计未来的发展趋势,而是顺应与尊重现实以及未来的发展趋势,面对瞬息万变的信息和技术革新,纷繁复杂的市场需求,改变在管理上、经营上有应变和适应上的滞后现象。因此,必须在实际工作中注意跟踪环境和要求的不断变化,灵活调整和完善企业的人力资源规划,这样才能保障人力资源规划的科学性、可行性和动态发展性。

【案例讨论】

五金制品公司的人力资源规划

冯如生几天前才调到五金制品公司的人力资源部当助理，就接受了一项紧迫的任务，要求他在10天内提交一份本公司5年的人力资源规划。虽然老冯从事人力资源管理工作已经多年，但面对桌上那一大堆文件、报表，不免一筹莫展。经过几天的整理和苦思，他觉得要编制好这个规划，必须考虑下列各项关键因素：

首先，是本公司现状。它共有生产与维修工人825人，行政和文秘性白领职员143人，基层与中层管理干部79人，工作技术人员38人，销售员23人。其次，据统计，近5年来职工的平均离职率为4%，预计不会有什么改变。不过，不同类别的职工的离职率并不一样，生产工人离职率高达8%，而技术人员和管理干部则只有3%。再者，按照既定的扩产计划，白领职员和销售员要新增10%~15%，工程技术人员要增5%~6%，中、基层干部不增也不减，而生产与维修的蓝领工人要增加5%。有一点特殊情况要考虑：最近本地政府颁布了一项政策，要求当地企业招收新职工时，要优先照顾妇女和下岗职工。本公司一直未曾有意排斥妇女或下岗职工，只要他们来申请，就会按同一种标准进行选拔，并无歧视，但也未予特殊照顾。如今的事实却是，销售员除1人是女的外全是男的；中、基层管理干部除两人是妇女外，其余也都是男的；工程师里只有3个是妇女；蓝领工人中约有11%妇女或下岗职工，而且都集中在最低层的劳动岗位上。

冯如生还有5天就得交出计划，其中包括各类干部和职工的人数、从外界招收的各类人员的人数以及如何贯彻市政府关于照顾妇女与下岗人员政策的计划。此外，五金制品公司刚开发出几种有吸引力的新产品，所以预计公司销售额五年内会翻一番，冯如生还得提出一项应变计划以备应付这类快速增长。

（资料来源：《五金制品公司的人力资源规划》，道客巴巴.）

思考题：

1.老冯在编制人力资源规划时要考虑哪些情况和因素？

2.他该制订一项什么样的招工方案？

【人力资源管理故事】

少年与老板间的距离

一位成功商人到一个偏僻的山村度假，遇见一个敦厚的少年，决心带他出去闯闯。商人问少年想不想将来当大老板，少年说不想，因为他不知道什么是老板。商人耐心解释什么是老板，并循循善诱，说了许多当老板的好处。少年心动，随商人离开了小山村。过了半年,少年说自己想当老板,商人问他知不知道老板要做什么,少年回答"在大办公室里签字,坐高级轿车去吃饭"。商人觉得很失败,认为是自己教导不够,从此让少年跟随自己,亲眼目睹老板要做些什么。又过半年,少年再次提出想自己当老板,商人又问了同样的问题,少年朗朗而答:"老板就是Boss,要分析信息、进行决策、制订计划、组织资源、领导员工、监督执行、协调内部、联系外界、处理突发事件……"少年足足说上半小时,商人认为少年已很清楚一个老板的工作内容,便将一个子公司交给少年经营管理。然而不到一年,子公司不得不宣布停业整顿。商人质问少年,你不是知道应该做些什么吗?少年怯懦地说,我只知道要做什么,但我并不知道该如何去做呀。商人顿时醒悟,要将一个无知少年变成一个成功的老板,必须让他知道老板是什么,要做什么以及如何去做。

(资料来源:《少年与老板间的距离》,中国管理传播网.)

【课外小组活动】

人力资源规划方案设计

某企业是一家生产制造型企业,主要生产汽车零配件。经过十多年的发展,企业业绩颇佳,但随着市场竞争的日益加剧,企业所面临的内部环境与外部环境与当初企业制定中长期发展规划时已发生了很大变化。

企业为了更好的发展,必须制定一个较完善的人力资源规划,并在此基础上制订职位编制、人员配置、人员培训与开发、薪酬制度和绩效考核等方面的人力资源管理方案的全局性计划,使企业在持续发展中保持较强的竞争力,为企业的发展提供人力资源的保证和服务,为企业的有序运营提供坚实的后盾。请根据企业背景设计一份人力资源规划方案。

第3章 工作分析

【学习要点】

①工作分析的含义及内容；
②工作分析的程序、方法及步骤；
③工作说明书的编制。

【导入案例】

A公司工作分析案例

A公司是我国中部省份的一家房地产开发公司。近年来，随着当地经济的迅速增长，房产需求强劲，因此，公司有了飞速的发展，规模持续扩大，逐步发展为一家中型房地产开发公司。随着公司的发展和壮大，员工人数大量增加，公司的组织和人力资源治理问题逐渐凸显出来。

公司现有的组织机构，是基于创业时的公司规划，随着业务扩张的需要逐渐扩充而形成的，在运行的过程中，组织与业务上的矛盾已经逐渐凸显出来。部门之间、职位之间的职责与权限缺乏明确的界定，扯皮推诿的现象不断发生；有的部门抱怨事情太多，人手不够，任务不能按时、按质、按量完成；有的部门又觉得人员冗杂，人浮于事，效率低下。

在公司的人员招聘方面，用人部门给出的招聘标准往往含糊不清，招聘主管往往无法准确地加以理解，使得招来的人大多差强人意。同时，目前的许多岗位不能做到人员匹配，员工的能力不能得以充分发挥，严重挫伤了士气，并影响了工作的效果。公司员工的晋升，以前由总经理直接做出，现在公司规模大了，总经理几乎已经没有时间来与基层员工和部门主管打交道，基层员工和部门主管的晋升只能根据部门经理的意见来做出决定。而在晋升中，上级和下属之间的私人感情成为了决定性的因素，有才干的人往往并不能获得提升。因此，许多优秀的员工由于看不到自己未来的前途，而另寻高就。在激励机制方面，公司缺乏科学的绩效考核和薪酬制度，考核中的主观性和随意性非常严重，员工的报酬不能体现其能力与价值，人力资源部经常可以听到大家对薪酬的抱怨和不满，这也是人才流失的重要原因。

面对这样严重的形势,人力资源部开始着手进行人力资源治理的改革。改革首先从进行职位分析、确定职位价值开始。职位分析、职位评价究竟如何开展、如何抓住职位分析、职位评价过程中的要害点,为公司本次组织改革提供有效的信息支持和基础保证,是摆在A公司面前的重要课题。

首先,他们开始寻找进行职位分析的工具与技术。在阅读了国内目前流行的基本职位分析书籍之后,他们从其中选取了一份职位分析问卷,来作为收集职位信息的工具。然后,人力资源部将问卷发放到了各个部门经理手中,同时他们还在公司的内部网上也上发了一份关于开展问卷调查的通知,要求各部门配合人力资源部的问卷调查。

据反映,问卷在下发到各部门之后,却一直搁置在各部门经理手中,而没有发下去。很多部门是直到人力部开始催收时才把问卷发放到每个人手中。同时,由于大家都很忙,很多人在拿到问卷之后,都没有时间仔细思考,草草填写完事。还有很多人在外地出差,或者任务缠身,自己无法填写,而由同事代笔。此外,据一些较为重视这次调查的员工反映,大家都不了解这次问卷调查的意图,也不理解问卷中那些生疏的治理术语,何为职责、何为工作目的,许多人对此并不理解。很多人想就疑难问题向人力资源部进行询问,可是也不知道具体该找谁。因此,在回答问卷时只能凭借自己个人的理解来进行填写,无法把握填写的规范和标准。

一个星期之后,人力资源部收回了问卷。但他们发现,问卷填写的效果不太理想,有一部分问卷填写不全,一部分问卷答非所问,还有一部分问卷根本没有收上来。辛劳的调查结果却没有发挥它应有的价值。

与此同时,人力资源部也着手选取一些职位进行访谈。但在试着谈了几个职位之后,发现访谈的效果也不好。因为,在人力资源部,能够对部门经理访谈的人只有人力资源部经理一人,主管和一般员工都无法与其他部门经理进行沟通。同时,由于经理们都很忙,能够把双方凑在一块,实在不容易。因此,两个星期时间过去之后,只访谈了两个部门经理。

人力资源部的几位主管负责对经理级以下的人员进行访谈,但在访谈中,出现的情况却出乎意料。大部分时间都是被访谈的人在发牢骚,指责公司的治理问题,抱怨自己的待遇不公等。而在谈到与职位分析相关的内容时,被访谈人往往又言辞闪烁,顾左右而言他,似乎对人力资源部这次访谈不太信任。访谈结束之后,访谈人都反映对该职位的熟悉还是停留在模糊的阶段。这样持续了两个星期,访谈了大概1/3的职位。王经理认为时间不能拖延下去了,因此决定开始进入项目的下一个阶段——撰写职位说明书。

可这时,各职位的信息收集却还不完全。怎么办呢?人力资源部在无奈之中,不得不另觅他途。于是,他们通过各种途径从其他公司中收集了许多职位说明书,试图以此作为参照,结合问卷和访谈收集到一些信息来撰写职位说明书。

在撰写阶段,人力资源部还成立了几个小组、每个小组专门负责起草某一部门的职位说明,并且还要求各组在两个星期内完成任务。在起草职位说明书的过程中,人力资源部的员工都颇感为难,一方面不了解别的部门的工作,问卷和访谈提供的信息又不准确;另一方面,大家又缺乏写职位说明书的经验,因此,写起来都感觉很费劲。规定的时间快到了,很多人为了交稿,不得不急急忙忙,东拼西凑了一些材料,再结合自己的判定,最后成稿。

最后,职位说明书终于出台了。然后,人力资源部将成稿的职位说明书下发到了各部门,同时,还下发了一份文件,要求各部门按照新的职位说明书来界定工作范围,并按照其中规定的任职条件来进行人员的招聘、选拔和任用。但这却引起了其他部门的强烈反对,很多直线部门的治理人员甚至公开指责人力资源部,说人力资源部的职位说明书是一堆垃圾文件,完全不符合实际情况。

于是,人力资源部专门与相关部门召开了一次会议来推动职位说明书的应用。人力资源部经理本来想通过这次会议来说服各部门支持这个项目,但结果却恰恰相反。在会上,人力资源部遭到了各部门的一致批评。同时,人力资源部由于对其他部门不了解,对其他部门提的很多问题,也无法进行解释和反驳,因此,会议的最终结论是,让人力资源部重新编写职位说明书。后来,经过多次重写与修改,职位说明书始终无法令人满足。最后,职位分析项目不了了之。

人力资源部的员工在经历了这次失败的项目后,对职位分析彻底丧失了信心。他们开始认为,职位分析只不过是"雾里看花,水中望月"的东西,说起来挺好,实际上却没有什么大用,而且认为职位分析只能针对西方国家那些治理先进的大公司,拿到中国的企业来,根本就行不通。原来雄心勃勃的人力资源部经理也变得灰心丧气,但他却一直对这次失败耿耿于怀,对项目失败的原因也是百思不得其解。

其实,该公司进行职位分析的决定是对的。因为该公司在发展中存在的根本问题是部门之间、职位之间的职责与权限缺乏明确的界定,导致组织与业务上的矛盾。人力资源部门选择从职位分析入手是为解决目前人员冗杂,人浮于事,效率低下的问题,而职位分析是解决这样问题的关键途径,职位分析、职位评价的开展、抓住职位分析、职位评价过程中的要害点,可以为公司本次组织改革提供有效的信息支持和基础保证。

(资料来源:《A公司工作分析案例》,百度文库.)

3.1 工作分析的内容

工作改善是人力资源管理及作业管理的一项重要分析方式,主要是先深入了解人员职责或作业流程,将每一个工作步骤及程序进行切割,并记录每一段工作的性质、所需使用的辅助工具、作业动作、花费时间及相关成本,再对各个项目分析有无存在的必要,顺序是否重组,有无改善的新方式,甚至检讨空间配置的安排及规划,经对工作细项分析,并进行后续的工作改善,重新设计出最适合化的工作流程,提高员工绩效及工作满意度,以达成企业管理的各项目标。

3.1.1 工作分析的含义

工作分析(job analysis)又称职位分析、岗位分析或职务分析,工作分析是通过系统全面的情报搜集手段,提供相关工作的全面信息,以便组织进行改善管理效率。工作分析是人力资源管理工作的基础,其分析质量对其他人力资源管理模块具有举足轻重的影响。工作分析在人力资源管理中的位置,通过对工作输入、工作转换过程、工作输出、工作的关联特征、工作资源、工作环境背景等的分析,形成工作分析的结果——职务规范(也称工作说明书)。职务规范包括工作识别信息、工作概要、工作职责和责任,以及任职资格的标准信息,为其他人力资源管理职能的使用提供方便。工作分析在人力资源管理中的位置,如图 3.1 所示:

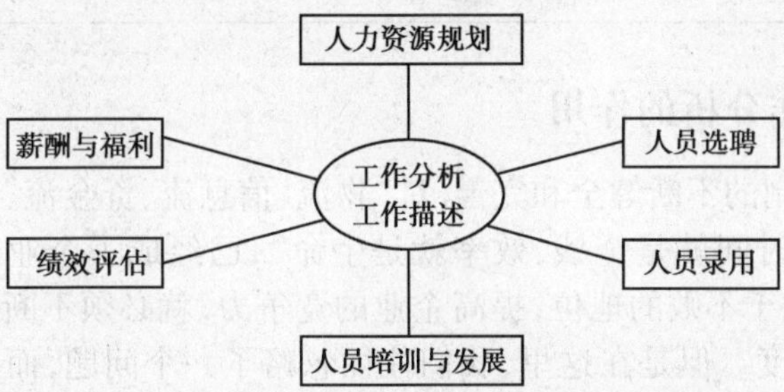

图 3.1 工作分析在人力资源管理中的位置

工作分析是指对工作进行整体分析,以便确定每一项工作的 6w1h:用谁做(who)、做什么(what)、何时做(when)、在哪里做(where)、如何做(how)、为什么做(why)、为谁做(whom)。分析的结果或直接成果是岗位说明书。岗位说明书是记录工作分析结果的文件,它把所分析该岗位的职责、权限、工作内容、任职资格等信息以文字形式记录下来,以便管理人员使用。工作分析是现代人力资源管理的基础,只有在客观、准确的工作分析基础上才能进一步建立科学的招聘、培训、绩效考核及薪酬管理体系。

即时案例

工作职责分歧

一个机修工把大量的机油洒在他修理的机车周围的地面上。车间主任叫机修工把洒掉的机油清扫干净,机修工拒绝执行,理由是工作说明书里并没有包括清扫的条文。车间主任顾不上去查工作说明书上的原文,就找来一名后勤服务工来做清扫。但后勤服务工同样拒绝,他的理由是工作说明书里也没有包括这一类工作。车间主任威胁说要把他解雇,因为这种后勤服务工是分配到车间来做杂务的临时工。后勤服务工勉强同意,但是干完之后立即向公司投诉。有关人员看了投诉后,审阅了三类人员的工作说明书:机修工、后勤服务工和清洁工。机修工的工作说明书规定:机修工有责任保持机车的清洁,使之处于可操作状态,但并未提及清扫地面。后勤服务工的工作说明书规定:后勤服务工有责任以各种方式协助操作工,如领取原材料和工具,随叫随到,即时服务,但也没有明确写明包括清扫工作。清洁工的工作说明书中确实包含了各种形式的清扫,但是他的工作时间是从正常工人上班前和下班后开始。

这是一个典型的因工作职责不清引发的分歧,而工作职责的确定不是好说话的多干活,不好说话的少干活,或者是看到哪位就叫哪位干活。而是采取一系列科学的工作分析的手段和方法,并结合本单位的实际,进行分析研究得出的。

(资料来源:中华文本库.)

3.1.2 工作分析的作用

随着企业体制的不断健全和完善,对"物流、信息流、资金流"这三流的认识得到了不断加强,"时间就是金钱,效率就是生命",已经成了企业经营运作的座右铭,要在竞争中居于不败的地位,提高企业的竞争力,就必须不断地提高企业中这"三流"的流转速度。但是在这里,我们往往忽略了一个问题,而这个问题正是上述"三流"正常运转的保证,为它们提供最基本的智力和人力支持,这就是"工作流"。"工作流"的问题涉及企业内部的所有部门、岗位的设置和人员分工,也就是工作流程及部门、岗位设计的问题,它直接影响到企业内部的组织绩效的高低。

要解决上述问题,只有一个办法那就是"工作分析",工作分析是一项巨大而复杂的基础性工作,是在对企业一切问题进行深刻了解的基础上进行的,它所产生的结果可以在企业人力资源管理的组织设计、招聘录用、绩效管理、人力资源规划、员工培训、薪酬设计等多个领域应用。其具体作用如下:

1)工作分析为人力资源开发与管理活动提供依据

(1)人力资源规划

工作分析能提高人力资源规划的有效性。无论什么组织,在其发展过程中必然因为组织战略的调整,外部环境与内部条件的变化而引起相应的业务、组织结构的变化。为了应对这些挑战,必须通过有效的人力资源规划来满足组织在适当的时候有足够而且合适的员工来完成组织的目标和任务。人力资源规划需要获得有关各类工作对人员数量和质量的要求,这类工作的实现必须通过工作分析来完成。

(2)员工招聘

工作分析对员工的招聘与配置具有指导作用。如果企业没有工作说明和工作规范对招聘员工工作进行指导,那将很难选拔和任用符合工作要求的合格人员。通过工作分析可以确定组织空缺职位所需承担的任务,确定招聘员工的选拔标准和方法,为组织招聘和配置员工提供客观依据。只有工作要求明确,才能保证工作安排准确。

(3)员工培训

工作分析使员工培训更为有效。工作分析可以明确从事某项工作应具备的身体素质、知识技能和心理条件。这些要求并非所有员工都可以满足的,需要不断对员工进行培训。通过工作分析,根据实际工作要求和员工的不同情况,有区别、有针对性地进行培训。通过工作分析,根据实际工作要求和员工的不同情况,有区别、有针对性地安排培训内容和方案,可以有效促进员工改善工作技能,提高工作效率。

(4)绩效管理

工作分析为绩效管理提供客观的参照标准。工作分析通过对组织在不同时期、不同背景下的情况进行分析,确定了各个工作岗位应该达到的标准,该标准可成为绩效管理的评定标准,有利于绩效管理的公平、公正、公开的开展和进行;否则,这种评价在很大程度上就会带有不公正性,进而影响到员工的工作积极性。

(5)薪酬管理

工作分析有助于构建合理的薪酬体系。工作分析可以明确各个工作岗位的职责要求以及了解任职者的知识技能、身体素质以及相应学历等,为构建合理的薪酬体系提供了重要的依据。工作的职责、所要求的技能、教育水平、工作环境等因素将影响到该工作在组织中的相对重要程度以及组织对该项工作的评价。工作分析可以建立组织中各种工作的相对重要性的排序,并通过量化的形式来确定每个职位的报酬水平。

(6)职业生涯管理

工作分析能够促进员工的职业生涯发展。员工的职业生涯设计是把个人的能力和愿望与组织内已经存在的或将会出现的机会匹配起来。该过程要求负责职业生涯规划的人了解每一种工作的技能要求,这样才能保证去帮助员工从事他们能够获得成功,得到满足的工作,工作分析可以提供所需要的这类信息。同时,工作分析及工作设计为员工在组织内的发展指明了合适的职业发展路径,以使员工在工作中的成就感得到满足,并且使员工获得知识、技能和能力的提升。

2)工作分析为组织职能的实现奠定基础

①通过工作分析,有助于员工本人反省和审查自己的工作内容和工作行为,以帮助员工自觉主动地寻找工作中存在的问题,圆满实现职位对于组织的贡献。

②在工作分析过程中,人力资源管理人员能够充分地了解组织经营的各个重要业务环节和业务流程,从而有助于人力资源管理职能真正上升到战略地位。

③借助于工作分析，组织的最高经营管理层能够充分了解每一个工作岗位上的人目前所做的工作，可以发现职位之间的职责交叉和职责空缺现象，并通过职位及时调整，提高组织的协同效应。

3.1.3 工作分析的成果

1）工作描述

工作描述又称工作说明，使之书面形式对组织中每种职位的工作性质、工作任务、工作职责与工作环境所做的描述。

工作描述主要功能是让员工了解工作概要，监理工作程序与工作标准，阐明工作任务、责任与职权，有助于员工的招聘、考核和培训等。

工作描述的主要内容包括：

①工作识别。即职位的基本信息，是一个职位区别于其他职位的标志（包括工作名称、工作身份）。

②工作概要。又称工作目的，该职位存在的价值和理由。

③工作关系。任职者与组织内外其他人之间的工作关系以及该职位在组织中的位置。

④工作职责。工作的主要内容，工作的目标和期望。

⑤工作权限。根据该职位的工作目标与工作职责，组织赋予该职位的职权。

⑥工作条件与工作环境。

2）工作规范

工作规范，又称任职资格，是指任职者要胜任该项工作必须要具备的资格与条件。主要包括任职者的知识水平、工作技能、工作能力、工作经验以及个人特征。

①一般要求。主要包括年龄、性别、学历、工作经验等。

②生理要求。主要包括健康状况、力量和体力、运动的灵活性、感觉器官的灵敏度等。

③心理要求。主要包括观察能力、集中能力、记忆能力、理解能力、学习能力、解决问题的能力、创造性、数学计算能力、语言表达能力、决策能力、特殊能力、性格、气质、兴趣爱好、态度、事业心、合作性、领导能力等。

3）工作说明书

将工作描述与工作规范结合在一起，即工作说明书。工作说明书作为组织重要的文件之一，是指用书面形式对组织中各类岗位（职位）的工作性质、工作任务、责任、权限、工作内容和方法、工作环境和条件，以及本职务任职人资格条件所作的统一要求（书面记录）。它应该说明任职者应做些什么、如何去做和在什么样的条件下履行其职责。一个名副其实的工作说明书必须包括该项工作区别于其他工作的信息，提供有关工作是什么，为什么做，怎样做以及在哪里做的清晰描述。

3.2　工作分析的程序和方法

工作分析是一项技术性很强的工作，需要做周密的准备。同时还需具有与组织人事管理活动相匹配的科学的、合理的操作程序。下面是工作分析的程序模型，工作分析通常依照该程序进行。

3.2.1　工作分析的程序

工作分析是对工作做一个全面的评价过程，这个过程可以分为准备阶段、调查阶段、分析阶段和总结及完成阶段4个阶段。

(1)准备阶段

准备阶段的任务是了解有关情况，建立与各种信息渠道的联系，设计全盘的调查方案，确定调查的范围，对象与方法。

①确定工作分析的意义、目的、方法与步骤。

②组成由工作分析专家、岗位在职人员、上级主管参加的工作小组，以精简、高效为原则。

③确定调查和分析对象的样本，同时考虑样本的代表性。

④根据工作分析的任务、程序，将工作分析分解成若干工作单元和环节，以便逐项完成。

⑤做好其他必要的准备工作。在进行工作分析之前，应由管理者向有关人员介绍并解释，使有关人员对分析人员消除不必要的误解和恐惧心理，帮助两者建立起相互信任的关系。

(2)调查阶段

调查阶段是工作分析的第二阶段。主要工作是对整个工作过程、工作环境，工作内容和工作人员等主要方面作一个全面的调查。具体工作如下：

①编制各种调查问卷和提纲。

②在调查中，灵活运用面谈法、问卷法、观察法、参与法、实验法、关键事件法等不同的调查方法。

③根据工作分析的目的，有针对性地搜集有关工作的特征及所需要的各种数据。

④重点收集工作人员必要的特征信息。

⑤要求被调查人员对各种工作特征和人员特征的问题发生频率和重要性做出等级评定。

(3)分析阶段

分析阶段是对调查阶段所获得的信息进行分类、分析、整理和综合的过程，也是整个分析活动的核心阶段。具体工作如下：

①整理分析资料。将有关工作性质与功能调查所得资料，进行加工整理分析，分门别类，编入工作说明书与工作规范的项目内。

②创造性地分析、揭示各职位的主要成分和关键因素。

③归纳、总结出工作分析的必需材料和要素等工作。

(4)总结及完成阶段

总结及完成阶段是工作分析的最后阶段。这一阶段的主要任务是：在深入分析和总结的基础上，编制工作说明书。

①将信息处理结果写成职务说明书，并对其内容进行检验。

②召开工作说明书检验会时，将工作说明书和工作规范初稿复印，分发给到会的每位人员。

③将草拟的"工作说明书"与实际工作对比，以决定是否需要进行再次调查。

④修正"工作说明书"，对特别重要的岗位，还应按前面的要求进行再修订。

⑤将"工作说明书"应用于实际工作中，并注意收集应用的反馈信息，不断完善这两份文件。

⑥对工作分析工作进行总结评估，并以文件形式将"工作说明书"确定下来并归档保存，为今后的工作分析提供经验与信息基础。

工作说明书要定期进行评审，看看是否符合实际的工作变化，同时要让员工参与到工作分析的每个过程。一起探讨每个阶段的结果，共同分析原因，遇到需要调整时，也要员工加入调整工作。只有亲身体验才能加强员工对工作分析的充分认识和认同，从而在实践中被有效实施。

3.2.2 工作分析的方法

工作分析方法就是收集与职务分析有关的信息资料的方法，最常用的是面谈法、观察法和结构问卷调查法。近年来工作分析中较多利用各种职务分析调查表，在职人员根据表格或问卷描述职务。下面主要讨论观察法、面谈法、问卷调查法3种重要的职务调查法。

(1)观察法

观察法是指分析人员借用人的感觉器官、观察仪器或计算机辅助系统实地观察、描述员工的实际工作活动过程，并用文字、图表和流程图等形式记录、分析和表现有关数据。目前，常用的观察方法有流程图法、运动研究法、工作样本分析法。

①类型。从观察方法来划分，有流程图法、运动研究法、工作样本分析法。从观察者是否兼具工作者双重身份来划分，有参与性观察与非参与性观察两种形式：前者是指观察者本人兼具工作者和观察者的双重身份，这时观察者的身份通常是保密的；后者是指观察者不兼具工作者和观察者的双重身份，而只有观察者一个身份。职务分析中通常用非参与性观察。

②观察法的使用原则。在运用常用的非参与性观察法时,应坚持以下原则:

a.观察员的工作应相对稳定,即在一定时间内,其工作内容、程序、对工作人员的要求没有明显的变化;

b.适用于大量标准化的、周期较短的以体力活动为主的工作,不适用于脑力活动为主的工作;

c.要注意工作行为本身的代表性;

d.观察人员尽可能不要引起被观察者的注意和干扰他们的工作;

e.观察前要有详细的观察提纲和行为标准。

表 3.1 即是工作分析观察法提纲的部分内容。

表 3.1　工作分析观察法提纲(部分)

被观察者姓名	日期:
观察者姓名	观察时间:
工作类型	工作部分:
观察内容:	
1.什么时候开始正式工作?______	
2.上午工作多少小时?______	
3.上午休息几次?______	
4.第一次休息时间从______到______?	
5.第二次休息时间从______到______?	
6.上午完成产品多少件?______	
7.平均多长时间完成一件产品?______	
8.与同事交谈几次?______	
9.每次交谈约多长时间?______	
10.室内温度______度?	
11.上午抽了几支香烟?______	
12.上午喝了几次水?______	
13.什么时候开始午休?______	
14.出了多少次品?______	
15.搬了多少次原材料?______	
16.工作地噪声分贝是多少?______	

③观察法的适用范围。观察法特别适用于分析那些在一段时间内，工作内容、工作程序、对工作人员的要求不会发生明显变化的职务，是搜集非语言行为资料的初步方法。它在搜集非语言行为资料方面明显优于问卷调查法，观察人员通过直接观察工作所获得的资料比通过工作人员自己描述工作更能深入和全面地了解职务工作信息。此外，它还能观察自然环境或工作场合中工人做什么及如何做等情况。

④观察法的缺点。首先，分析人员难以控制可能影响职务活动的外部变量，造成观察的结果不准确；第二，适用对象有局限，它容易观察以体力为主的工作特征，对以智力活动为主的工作特点难以观察；第三，观察的结果难于用数量表示，大部分以文字形式表示，不利于统计分析；第四，观察的样本数通常较少，观察研究的样本比问卷的样本少，而且观察所需要的时间较长，因此影响所收集信息资料的全面性和时效性。

(2)面谈法

面谈法是由职务分析人员通过与有关人员或小组进行面对面的交谈，获取与职务有关的信息。包括个人访谈法和小组访谈法。这种方法能提供标准与非标准工作信息，也能提供身体和精神方面的信息。

①面谈法原则：a.面谈者掌握谈话的主动权，但不能强迫被面谈者说话；b.面谈者的行为和态度应当诚恳，表现出对被面谈者的真正关心；c.面谈者应当引导谈话内容，取得所需信息。

②面谈的一般过程。面谈分准备、开局、过程控制和结束 4 个阶段。

a.准备阶段：将面谈安排通知到每一位被面谈者，选定能保证面谈私密性的合适场所，不使用表示面谈者与被面谈者的身份标志。

b.开局阶段：面谈者先作自我介绍，建立和睦气氛，使双方都处于自然轻松的气氛之中；然后讲清楚面谈的目的、面谈内容、被面谈者合作的重要性；引导并鼓励对方谈话。

c.过程控制：控制面谈内容——面谈者应按照工作逻辑顺序提问并鼓励被面谈者说话，而不应探讨如抱怨不满、劳动关系、工资等方面的内容；控制面谈的针对性和时间——若被面谈者离题太远，无针对性时，则面谈者及时把话题拉回。

d.结束阶段：面谈者用一定的方式表明面谈趋于尾声如概括从被面谈者那儿获得的资料、已完成的主要面谈内容，本次面谈所获信息的价值作用。

(3)问卷调查法

问卷调查法是以问卷形式调查工作的任务和职责。

①调查问卷类型。分为结构性问卷和非结构性问卷。前者是对某工作任务与职责的大量描述，由员工选择与判断哪些是本工作的任务与职责；后者是事先不提供任何有关某工作的任务与职责的描述，而是由接受问卷调查的员工结合平时工作体会来说明填写。一般调查问卷介于两者之间，既有结构性问题，也有非结构性问题。

表 3.2 是简单的调查问卷。

表 3.2 调查问卷

姓名____________ 工作名称____________
部门____________ 工作编号____________
主管姓名____________ 主管职位____________

1.任务综述(请简单说明你的主要工作)

2.特定资格要求(说明完成由你承担的职务需要什么学历、证书或许可)

3.设备(列举为完成本职工作,需要使用的设备或工具等)

设备名称 平均每周使用小时数

4.日常工作任务(请你尽可能多地描述日常工作,并根据工作的重要性和每项工作所花费的时间由高到低排列)

5.工作接触(请你列出在公司或公司外所有因工作而发生联系的部门和人员,并依接触频率由高到低排列)

6.决策(请说明你的日常工作中包含哪些决策)

7.文件记录责任(请列出需要由你准备的报告或保存的文件,并说明文件交给谁)

8.工作条件(请描述你的工作环境与条件)

9.资历要求(请描述胜任本工作的人最低应达到什么要求)

最低教育程度____________
专业或专长____________
工作经历____________
工作年限____________
特殊培训与资格____________
特殊技能____________

续表

10.其他信息(请写出前面各项中没有涉及的,但你认为对本职务很重要的其他信息) ______________________________	
填表人:	日期:

②问卷调查法的优、缺点。a.优点:获得信息速度快,能在短时间内同时调查许多员工;结构性问卷所获取的信息比较规范化、数据化,因而便于统计分析。b.缺点:问卷结构及事先应提出什么问题难度较大,比较费工;由于是"背靠背"的一种方法,因而不易了解接受问卷调查者的工作态度与工作动机等较深层次的内容。

(4)其他分析工具

①关键事件记录法。关键事件记录法是通过管理人员、员工,记录工作行为中的关键事件(指使工作成功或失败的行为特征或事件),然后对它们进行分类,总结出工作中的关键特征和行为要求。

具体来说,关键事件记录包括以下几个方面的内容:

一是记录导致事件发生的原因和背景;二是记录员工特别有效或多余的行为;三是记录关键行为的后果;四是记录员工自己能否支配或控制上述后果。

下面是一项有关销售的关键事件记录,通过记录分类,总结出销售工作中的12种行为:a.对用户、订货和市场信息善于探索、追求;b.善于提前作出工作计划;c.善于与销售部门的管理人员交流信息;d.对用户和上级都忠诚,讲信用;e.能够说到做到;f.坚持为用户服务,了解和满足用户的要求;g.向用户宣传企业的其他产品;h.不断掌握新的销售技术和方法;i.在新的销售途径方面有创新精神;j.保护公司的形象;k.能熟练地结算账目;l.工作态度积极主动。

②实验法。实验法是指主动控制一些变量,来引起其他变量的变化来收集工作信息的一种方法。

实验法分为实验室实验法和现场实验法。企业常用的是现场实验法。

实验法中要坚持以下原则:尽可能获得被试验者的配合;严格控制各种变量;设计要严密;变量变化要符合实际情况;不能伤害被试验者。

比如装卸工装卸车上的货物,一般是4人合作,30分钟可以装满一辆10吨的货车。在实验中,可先由两人合作,再由3人合作,最后由5人合作,任务都是装满一辆10吨的货车,看结果各用了多少分钟,其中哪一组合效率最高。其中,合作的人数是自变量,而装货所需的时间是因变量,最后,通过实验,即可知道合作者人数与装货效率间的关系。

③工作日志法。工作日志法是指任职者按照时间顺序详细记录下来自己的工作内容和工作过程,然后经过工作分析人员的归纳、提炼,获取所需工作信息的一

种工作分析方法，又称工作活动记录表。根据不同的工作分析目的，需要设计不同的“工作日志”格式，这种格式常常以特定的表格体现。通过填写表格，提供有关工作的内容、程序和方法，工作的职责和权限，工作关系以及所需时间等信息。

表3.3列出了各种方法之间的优点与缺点。

表3.3 常用工作分析方法比较

方法	优点	缺点
观察法	能较多、较全面地了解工作要求	不适用于包含思维性较多的复杂活动及不确定性、变化较多的工作
访谈法	能控制访谈的内容，深入了解信息，效率较高	面谈对象可能会夸大其词，易失真；对提问要求高
问卷调查法	费用低；速度快，调查面广，可在业余进行；易于量化；可对调查结果进行多方式、多用途的分析	对问卷设计要求高；问题固定，收集的信息有一定限制
工作日志法	经济、方便分析复杂工作经济有效	适用任务周期短，工作状态稳定的工作。获得的记录和信息比较凌乱，难以组织

3.2.3 工作分析的步骤

在做工作分析时，应当按照以下6个步骤来进行。

1）确定工作分析信息的用途

首先，在一开始要明确工作分析所获得的信息将用于何种目的。其理由是：工作分析所获得信息的用途直接决定了需要搜集何种类型的信息，以及使用何种技术来搜集这些信息。

有些技术对于编写工作说明书和为空缺的工作岗位甄选员工是极为有用的，例如，同在工作岗位上的员工进行面谈，让他们自己说出自己所从事的工作的任务是什么，以及他们自己所负有的责任有哪些？而另一些工作分析技术，则不能提供上面所需要的那种描述性信息，因而无法满足编写工作描述这一任务的需要。但它所提供的信息却有助于对每一种工作进行量化排序，可以使得我们对各种工作进行对比，因此，在确定工作报酬时，这种工作分析技术就十分有用了。由于以上这些原因，你在工作分析开始的第一步，就必须首先确定工作分析所得出的信息将被用于何种目的，只有这样你才能确定采用何种相关技术去搜集这些信息。

2）搜集与工作有关的背景信息

接下来，可以先看看那些可得到的与工作有关的背景信息，如组织图、工作流程图和工作说明书等。组织图显示出了当前工作与组织中的其他工作是一种什么样的关系，以及它在整个组织中处于一种怎样的地位。组织图不仅确定了每一职位的名称，而且用相互连接的直线明确表明了谁应当向谁汇报工作，以及工作的承担者将同谁进行信息交流等。

在组织图中只能简单地获知工作流动的方向，而工作流程图则提供了与工作有关的更为详细的信息。如果有现成的工作说明书的话，它将是你审查并重新编写工作说明书的一个很好的起点。

3）选择有代表性的工作进行分析

当需要分析的工作有很多但它们彼此又比较相似的时候，例如，对流水线上的工人所做的工作进行分析，如果我们对他们所做的工作一个一个地进行分析，必然非常耗费时间。在这种情况下，选择典型工作进行分析显然是十分必要同时也是比较合适的。

4）搜集工作分析的信息

在这一步，就是要通过搜集有关工作活动、工作对员工行为的要求、工作条件、工作对人员自身条件（如个人特点与执行工作的能力等）的要求等方面的信息，来进行实际的工作分析。

5）同承担工作的人共同审查所搜集到的工作信息

工作分析提供了与工作的性质和功能有关的信息。而通过工作分析所得到的这些信息只有与从事这些工作的人员，以及他们的直接主管人员进行核对才有可能不出现偏差。这一核对工作有助于确定工作分析所获得的信息是否正确、完整，同时也有助于确定这些信息能否被所有与被分析工作相关的人所理解。此外，由于工作描述是反映工作承担者的工作活动的，所以这一审查步骤实际上还为这些工作的承担者提供了一个审查和修改工作描述的机会，而这无疑会有助于赢得大家对所搜集到的工作分析资料的认可。

6）编写工作说明书

大多数情况下，在完成了工作分析之后都要编写工作说明书。工作说明书就是对有关工作职责、工作活动、工作条件以及工作对人身安全危害程度、从业人员的品质、特点、技能以及工作背景或经历等方面要求的信息所进行的书面描述。

3.3 工作说明书的编写

工作分析是一种系统地收集与职位有关信息的过程，包括任职条件、工作职责、工作环境、工作强度以及工作的其他特征。工作分析的一个结果是工作说明书。工作分析就像体检，而工作说明书就像体检报告，是体检结果的一种反映。

工作说明书作为工作分析的最终结果，它包含了工作分析所获得的所有信息。

并把它们以标准化的形式编制成人事文件。

工作说明书的编写也并没有一个标准化的模式,它的编制可以根据不同的目的和用途,以及适用的对象不同而选取不同的内容和形式。大多数的工作说明书都包含工作描述与工作规范两部分内容。

3.3.1 工作描述

1) 工作描述的含义

作为工作说明书的重要组成部分,工作描述是对各岗位的工作任务、工作职责和工作义务进行说明的文件。它确定了该工作岗位需要完成的任务,这样做的原因,完成任务的地点以及方式。通常说来,工作描述的主要内容包含了 5 个方面:工作识别、工作概要、工作职责、工作关系以及工作环境。

2) 工作描述的内容

(1) 工作识别

工作识别是将该工作与组织中其他工作相区分的显著标志,包括工作名称、工作地点以及其他识别标志。

①工作名称。工作名称是指一组在重要职责上相同的职位总称,是区分不同岗位的主要标志。在确定工作名称时,需要注意以下几点:第一,工作名称应该较准确地反映职位的主要职责。第二,工作名称应该指明任职者在组织等级中的相关位置。第三,工作名称会影响任职者的心理状态,一个合适的、经过美化的名称不仅会增加工作的社会声望,而且可以提高员工对工作的满意度,如"环卫保洁员"就优于"清洁工"。

②工作地点。工作地点是指工作时所在的实际位置。对一般的公司来说,可以用工作所在的部门、分部门、工作小组的名称来定义,但对于一些特定的职位,如地区销售专员、快递公司服务派送员,以及不同路线的巡逻警察则需要找出其在组织中的工作地点标志。任职者往往会把工作地点作为与待遇或工作满意度相关的重要因素考虑。

③其他识别标志。例如,工作在组织中的编码、编制日期、撰写人、审核人、薪资等级。这类标志主要是为了便于管理和提供特殊的类属信息。

(2) 工作概要

工作概要是对工作内容的简单概括,通常是用很简练的语句对工作内容和工作目的进行归纳。工作概要一般用动词开头描述工作任务,并且只需包括最关键的工作任务即可。例如,某公司"数据处理操作监督员"的工作概要可以写为:指导所有的数据处理,进行数据控制及按要求准备数据。

(3) 工作职责

工作职责的描述明确地界定了每个工作岗位应该做哪些工作?拥有哪些相应的权限?是员工工作的基础指导手册,工作职责是工作描述的一个重要方面。

对工作职责描述的基本内容一般应包含以下几个方面的因素：

①对日常工作和例行工作进行描述。

②对上级分配任务的执行责任进行描述。

③对于组织内外人员的职责关系进行描述。

④对经营记录、利润等的责任进行描述。

⑤对工作中所使用的工具与设备等进行描述。

(4)工作关系

工作关系是指任职者与组织内外其他人员之间的关系，包括所属工作部门、直接上级职位、直接下级职位、可晋升和平调的职位等。工作关系不仅表示了权力关系，而且也是员工职业发展的重要指示器，其中暗含着员工可能的职位晋升路线。

(5)工作环境

工作环境描述主要包括了对工作的物理环境和心理环境的描述，一般应包括工作场所、工作时间、工作环境的危险性、职业病、工作均衡度、员工的舒适度等内容。对工作环境进行测定有时需要借助一些外部机构进行(如 ISO 14001 认证)。工作分析者需要以测点的结果为基础，对相应的人力资源管理的政策进行制定或调整，如高温津贴、健康补助等。

3.3.2 工作规范

1) 工作规范的含义

工作规范，也叫任职资格说明书，是指任职者在相应工作岗位上所应该具有的个人特质方面的要求。工作规范是为了完成岗位工作，并且保证良好的工作绩效而对任职者提出的一系列特征要求。它主要说明从事某项特定工作的人员所需要具备的基本素质和条件，它规定了完成工作所需要的最低要求。工作规范应涵盖工作要求的多个方面，并且从所获取的信息中提取出更多的有关工作行为的要求。

在工作规范的确定中，有两个方面是需要注意的：

①工作规范所关注的应该是工作岗位，而非任职者本身。

②工作规范所确定的是从事该岗位工作的最低要求，而非理想要求。

2) 工作规范的内容

工作规范的内容主要包括：

①教育程度或学历。

②必备的工作经验。

③必备的职业培训及资格证书等。

④必备的职业能力。

⑤职业能力倾向。

⑥知识与技能要求。

⑦个性特征。

3.3.3 工作说明书的编写

1) 工作说明书的编写准则

(1) 逻辑性

以符合逻辑的顺序来组织工作职责。一般说来,一个职位通常有多项工作职责,在工作说明书中列出这些工作职责的时候并非是杂乱无章的、随机的,而是要按照一定的逻辑顺序来编排,这样才有助于理解和使用工作说明书。较常见的组织工作职责的次序是按照各项职位的重要程度和所花费任职者的时间多少进行排列,将最重要的职责、花费任职者较多时间的职责放在前面,将次要的职责、花费任职者较少时间的职责放在后面。

(2) 准确性

工作说明书应当清楚地说明职位的上作情况,描述要准确,语言要精练,一岗一书,不能雷同。尽量避免选用最专门化的词汇来表示,所写的职位说明书要让大家能够理解,而不仅仅是少数的技术专家能够理解,因此,当遇到技术性的问题时,应尽量转化成较为通俗的语言,避免用词含糊。

(3) 实用性

任务明确好上岗,职责明确易考核,资格明确好培训,层次清楚能评价。与此同时,还应该表明各项职责所出现的频率,表示各项职责出现的频率高低可以通过完成各项职责的时间所占的比重来表示,因此,可以在各项工作职责旁边加上一列,表明各项职责在总的职责中所占的百分比。

(4) 完整性

完整性是指在编写工作说明书的程序上要保证其全面性。

(5) 统一性

文件格式统一,可参照典型工作说明书编写样本。

2) 工作说明书的编写步骤

(1) 工作信息的获取

①分析组织现有的资料。

②实施工作调查。

(2) 综合处理工作信息

①对根据文件查阅、现场观察、访谈及关键事件分析得到的信息,进行分类整理,得到每一职位所需要的各种信息。

②针对某一职位,根据工作规范所要搜集的 7 点信息要求,逐条列出这一工作的相关内容,即为初步的工作说明书。

③工作分析者在遇到问题时,还需随时与公司的管理人员和某一职位的工作人员进行沟通。

(3)完成工作说明书的撰写

①收集整个工作分析中所涉及的人员,并给每位分发一份说明书初稿,讨论根据以上步骤所制定的工作说明书是否完整、准确。

②根据讨论的结果,最后确定一份详细的、准确的工作说明书。

③最终形成的工作说明书应清晰、具体、简短扼要。

3)工作说明书编写注意事项(误区)

(1)职责界定不明确,任务交叉没有理顺

我国企业目前普遍存在着岗位职责不清、任务指派随意性较大、能者多劳、出现问题互相推诿等管理混乱的现象,因此,岗位说明书不应是简单的对目前岗位工作任务的要求和描述,而应该通过岗位说明书的撰写达到明确各岗位的职责权限,规范工作流程,实现科学管理的目的。在编制岗位说明书之前,必须进行认真的工作分析和调查,了解每一个岗位的工作任务、工作目标、工作条件、上下级的关系、任职资格等因素。

(2)描述不规范,用语不准确

岗位职责的描述应能准确、清晰、真实的界定岗位承担的责任、所具有的权限和岗位工作必须达到的目标、规范性责利关系。可是很多企业的岗位说明书没有注意到描述用语的选择,笼统地使用"负责、管理"等词语,导致岗位职责的描述流于一般化、普遍化,出现"千岗一面"现象,或者使岗位职责描述过小或者过大,根据岗位说明书的描述方式和用语显得尤为重要。

(3)宣传不到位,员工不理解

岗位说明书涉及对各岗位的描述与规范,目的是使员工明确了解自己的工作责任、本岗位在企业的作用以及企业的要求,因此,在编制过程中必须得到全体员工的支持和参与。此外,对任职资格的界定,会使一部分员工感到恐慌或者失望。企业在编写岗位说明书时,应由各部门的主管负责,人力资源部门为其提供格式和方法,并予以及时的指导和审核。而且应做好充分的准备工作,给员工宣讲制定岗位说明书的意义和说明书中各项内容的含义。对现行人员配置达不到或者远超出企业要求现象,企业应向员工解释其原因,打消他们的思想疑虑,保证企业的稳定发展。

(4)定位不明晰,高层不认同

HR 经理在编写岗位说明书时,如果原有的岗位职责界定不清,那么就要对原有的岗位职责进行一次大盘点,编写的工作量将会很大。这时人力资源管理就面临着两种选择:对现状的描述和对未来的描述,即岗位职责"是什么"和"应是什么"的问题。若编写岗位说明书是解决岗位职责"应是什么",则在界定岗位职责时必须对现存的职责交叉、职权不明的现象进行调整,这将导致一部分员工的工作职责和权限的变动,可能招致员工的抵制和反对。

因此,在编写之前,HR 经理应和相关的高层领导进行讨论,认清规范岗位职责的意义,明确岗位说明书的定位,并取得领导对职责改革的理解和支持。在岗位说明书实施过程中高层领导应率先树立岗位责任意识,对各项工作实行归口管理。

(5)管理不及时

随着时代的进步和企业的发展,企业中部门的职责及岗位的工作内容也会不断地发生变化,尤其是网络时代的新兴行业更是如此。一般而言,岗位说明书每1~2年应修改一次,根据行业的发展和职责的变化情况灵活进行选择。但是当企业发生重大组织变革和战略调整时,应及时修订岗位说明书。我国很多企业都注重岗位说明书的更新和发展。如联想集团甚至规定每半年对岗位说明书修正一次。

因此,岗位说明书的格式要求简洁实用,重点突出,项目不宜过多。而且制定动态管理制度,由专人负责管理更新。

3.3.4 工作说明书的范例

××有限公司岗位工作说明书

一、岗位标识信息	
岗位名称:QA 主管 岗位编码: 工资等级: 可轮换岗位:QC 主管	隶属部门:品质保证部 直接上级:品质保证部经理 直接下级:资料管理工程师 分析日期:
二、岗位工作概述	
负责处理客户反馈,建立标准管理体系,保证出货产品质量。	
三、工作职责与任务	
(一)处理客户反馈 1.接受客户反馈,分析具体问题所在,协调问题处理及缺陷产品处理; 2.对客户反馈意见进行汇总,进行数据分析,提出整改建议; 3.协调特定产品的质量控制,跟踪实际生产情况。 (二)标准管理 1.设计资料、标准管理体系; 2.审核市场部对有关标准的翻译,确认是否能满足标准的要求,对暂时无法满足的标准及时与客户进行协商; 3.翻译通用标准的有关资料; 4.保证标准的落实情况。 (三)保证出货产品质量达到客户要求 1.根据标准判断出货产品质量; 2.对于特定产品提出处理方案并提交、跟踪解决; 3.根据出货产品质量,提出过程产品问题及控制点。 (四)执行公司 5S 规定 (五)完成上级委派的其他任务	

续表

四、工作绩效标准	
1.24 小时内处理客户反馈，在合理范围内满足客户要求； 2.准确理解通用标准以及客户的指定标准，保证标准 100%落实； 3.资料、标准管理体系健全完善，应用方便； 4.出货拒收符合公司指标； 5.持续提高产品质量，符合公司质量指标。	
五、岗位工作关系	
(一)内部关系 1.所受监督：在产品质量控制和 QS 9000 体系管理方面，接受品质保证部经理和生产副总的指示和监督； 2.所施监督：在资料管理和体系标准方面，对资料管理工程师实施监督；在质量体系维护方面，对各个职能的监督权； 3.合作关系：在产品质量控制方面，与制造部发生协作关系，在产品质量控制方面，与制造部、市场部发生协作关系。 (二)外部关系 在产品质量控制方面，通过市场部与客户发生间接联系。	
六、岗位工作权限	
1.对所属人员工作的指导权； 2.对所属人员工作的分配权； 3.对所属人员的工作监督、考核权； 4.对所属人员的违纪、违规事实处理权或处理申报权； 5.对产品质量的判定权； 6.对工艺文件的制订权、审核权； 7.对相关职能的工作分配权、考核权。	
七、岗位工作时间	
在公司制度规定的正常班时间内工作，有时需要加班加点。	
八、岗位工作环境	
在办公室与现场工作的时间各占 50%，环境良好。	
九、知识及教育水平要求	
1.PCB 制程； 2.公司产品及生产工艺技术应用方面的知识； 3.一定的化工、机械、统计、电子知识； 4.计算机基础知识及常用软件知识； 5.四级以上英语水平。	

续表

十、岗位技能要求	
1.良好的数据综合分析能力； 2.熟悉标准的分类方法； 3.掌握资料管理体系的设计方法； 4.良好的英文读写能力及翻译技巧； 5.文字处理熟练； 6.良好的沟通能力和协调能力。	
十一、工作经验要求	
大专以上学历，理工专业为佳，3年以上的工作经验。	

【案例讨论】

HI信息服务公司的工作分析

赵珍大学刚毕业就顺利进入了HI信息服务公司（以下简称HI）。赵珍学的是国际企业管理专业，因此公司将她安排在人力资源部工作。在应聘和面谈过程中，她了解到这是一家中外合资企业，主要的经营业务是为企业和个人提供软件和硬件。公司自1994年创办以来，发展迅速，通过灵活的经营手段、高质量的产品、优良的售后服务，在信息激烈的竞争中保持了领先地位。HI管理层深知，作为一个知识密集型的企业，公司的发展将主要依赖于它所拥有的人力资源，企业间的竞争实质是对于高质量人力资源的竞争。因此，HI非常注重通过提高员工的工作满意度来留住他们。至今为止，它的人员流动率接近于行业的平均水平。赵珍为自己能进入这样一个充满活力的公司暗自高兴。

但是在听了人力资源部张经理的一番谈话后，赵珍原来乐观的想法改变了。张经理告诉她，尽管从表面上看，HI有骄人的经营业绩和良好的发展势头，但是事实上公司内部的管理制度有很多不完善的地方，这些方面将严重阻碍HI的进一步发展。张经理举例说，作为人力资源管理基础工作之一的工作分析，在HI就没有得到很好的贯彻落实，随着公司规模的扩大，新的工作不断增加，但是相应的工作描述和工作说明书却没有制定，原有的一些工作描述和工作说明书的内容也与实际情况不完全匹配了。张经理交给赵珍一份旧的工作说明书（见表3.4所示）。造成这种状况的原因在于，初创时期HI的员工较少，公司内部的局域网可以使上下级之间和同事之间非常顺畅地沟通，相对平坦的组织结构也使公司各个层次的员工很容易接近。同部门的工作经常由员工们共同协力完成，职位在HI被定义成是员工之间关于特定技术、专业能力和兴趣的竞赛。有超常能力和成就的员工常被录用,接着很快获得晋升。正因为如此,HI 并不注重为每个工作制定、工作描述和工作说明书,因为从某种意义上来说,这只是一纸空文。

表 3.4 工作说明书

职 位	助理程序员
基本目的	在项目经理的监督下进行编码、测试、调试程序。
具体任务	根据总体的程序设计,编码、测试、调试程序,开发程序的文件资料。 在使用系统时培训用户,为用户提供帮助,按要求向管理者汇报服务管理信息。
任职资格	至少: 在相关领域里具有 BA/BC 学位或相关的经验和知识; 具备 FORTRAN 语言编码知识; 在经营和财务应用方面具有较好的工作知识。 希望: 具有在分时环境下计算机编程经验; 在 COBOL、PLI 或者装配语言方面受到培训或者教育。

这种忽视工作分析的做法,随着 HI 的规模日益扩大,显示出越来越多的对人力资源管理工作的负面影响。张经理坦率地告诉赵珍,在 HI,人力资源部被认为是一个低效率的团队。比如说本来通过绩效评估,发现员工绩效不符合标准的原因,并安排各种培训和锻炼机会以提高这部分员工的技能,增强他们的信心,这应该是人力资源部门的职责。但是由于缺乏准确的工作描述和工作说明书,人力资源部门就没有确切的标准来衡量员工的工作绩效,因而也无从发现员工究竟哪些地方需要改进和提高,更别提为员工制定适宜的培训计划了。因此,在 HI 没有部门认为人力资源部的员工有这方面的能力和经验。另外,公司主要的奖励系统也和人力资源部没有太大关系。甚至公司的年度职工表彰会也被认为是来自外方总经理的奖赏而与人力资源部无关。而按惯例,员工的薪酬奖励计划应该是由人力资源部根据工作描述和工作说明书,判断每个工作岗位的相对价值以后,再以此为依据制定的。

正是由于缺乏细致的工作分析,HI 的人力资源部在开展工作时显得力不从心。近期,HI 又将大规模招聘新员工,张经理决定先从工作分析这一环节抓起,彻底改变人力资源部以往在人们心中的形象。他将此重任交给赵珍,要求她在 6 个月的时间内修正所有的职位说明书。

(资料来源:《HI 信息服务公司的工作分析》,百度文库.)

讨论问题:

1.如果你是赵珍,你如何看待工作分析在人力资源管理职能中的作用?

2.为了修改旧的工作说明书,制订新的工作说明书,你将通过哪些具体步骤开展这一工作?

3.你将采用哪些方法收集必要的工作分析信息?

4.请尝试修改助理程序员的工作说明书?

【人力资源管理故事】

赛舟小故事

有两支龙舟队,我们暂且他们叫作龙队和虎队,两支队伍进行了很长时间的训练后,开始了正式的比赛,比赛结果龙队获胜,虎队落后于龙队1千米。

看到这个结果,虎队的领导很不服气,召集大家开会分析原因,经过研究后发现,龙队成员的组成是8个划桨员,1个掌舵员,而虎队恰恰相反,虎队的成员组成是8个掌舵员,1个划桨员,不过虎队领导并未看重这一点,而是聪明地认为,是8个掌舵员当中没有中心,没有层次。

于是,虎队领导调整了掌舵员的组织结果,其中4个掌舵经理,全面负责掌握航向,3个区域掌舵经理,分工负责自己的区域,剩下的1个为行政后勤人员,为掌舵经理提供后勤服务,同时监督督促划船员的行为。仍然只有1个划桨员。

于是两队又进行了很长的训练后再次进行比赛,这次比赛的结果,不用说大家已经知道了,这次比赛结果还是龙队赢,虎队落后2千米。

虎队领导很恼火,比赛结束后马上召集大家开会,经过讨论,大家一直认为是划船员工作不力,予以开除,行政后勤员工作监督不力,予以处分,但是考虑他为领导服务细心周到,功过相抵,不予追究,而领导班子成员每人发一个红包,以奖励他们共同发现了根本问题。

到这里,这个故事就讲完了,这个故事说明了什么问题?

说明3个问题:

①做一件事情,就会有一个组织,比如说划船。

②每一个组织里都会有一个结构,比如说龙队的8个划船员、1个掌舵员,是一种结构,而虎队的舵手经理、区域舵手经理、行政后勤和划船员也是一种结构。

③不同的结构带来不同的运营成本,另外,不同的结构带来的行为结果也不同,虎队多次输给龙队,就是一个经典的例子。

这就要求我们做工作分析,通过工作分析,发现组织管理中存在的结构问题,职责问题,岗位设置问题,为企业管理打下基础。

(资料来源:《小故事看工作分析的必要性》,世界经理人.)

【课外小组活动】

工作分析演练

1.编制“计算机技术服务人员”工作说明书演练。

某学院因为工作的需要,需要增加“计算机技术维护员”一名。该技术维护员的基本职责是在实训室机房和老师办公室为机房和教师提供技术支持。

具体任务包括:配置计算机硬件系统;硬件维护;安装软件;为教学现场的突发硬件、软件故障提供技术支持。

根据给定的情境资料,参照工作说明书的编制要求及格式,自行编制工作说明书。

2.你能确定接待员的任职资格要求吗?

下面是有关旅馆、饭店接待员分析的示例。

(1)工作任务:处理客人到达时的问题。

(2)任务要素:①开、关车门;②帮助旅客上下车;③问候客人;④开、关旅馆门;⑤把行李运到前厅;⑥随客人到服务台;⑦标明行李运到的房间号;⑧储存较贵重的物品或行李。

3.素质要求:①理解、读写、计算和表达的能力;②快而有效地搬运能力;③处理较大的旅游团体的能力;④表示敬意的问候态度与常识;⑤旅馆及其环境分布与功能知识;⑥旅馆及房间设备的知识;⑦登记的程序知识;⑧团体到达的步骤;(电话,有旅游公司介绍);⑨敏捷;⑩热情。

请根据上述任务要素与工作行为要素的分析,确定接待员的任职资格要求。

第 4 章　员工招聘

【学习要点】

①员工招聘的一般程序；
②员工内部招聘和外部招聘的主要方式；
③员工招聘面试和招聘测试的主要方式及其特点；
④员工招聘的评估指标体系。

【导入案例】

耐顿公司的招聘

耐顿公司是 NLC 化学有限公司在中国的子公司，主要生产、销售医疗药品。随着生产业务的扩大，为了对生产部门的人力资源进行更为有效的管理开发，2000 年初始，分公司决定在生产部门设立一个新的职位，主要工作是负责生产部与人力资源部的协调工作。部门经理希望从外部招聘合适的人员。

根据公司的安排，人力资源部设计了两个方案：一是通过在本行业专业媒体中做招聘广告，费用为 3 500 元；优点是：对口的应聘人员的比例会高些，招聘成本低；缺点是企业宣传力度小。另一个方案为在大众媒体上做招聘广告，费用为8 500元；优点是：企业影响很大；缺点是不合格的应聘人员的比例很高，前期筛选工作量大，招聘成本高。人力资源部的初步意见是选用第一种方案。人力资源部把两种方案向上级主管汇报，反馈回来的意见是，考虑到公司在大陆地区处于初期发展阶段，市场的知名度不高，公司应该抓住每一个宣传企业的机会，而第二种方案显然有利于宣传企业，所以人力资源部最后选择了第二种方案。

在接下来的一周里，人力资源部收到了 800 多份简历，人力资源部的人员首先从 800 多份简历中选出 70 份候选简历，然后经再次筛选，最后确定 5 名候选的应聘人员，并将这 5 个候选人名单交给了生产部的负责人。经过与人力资源部协商，生产部经理于欣最后决定选出两人进行面试。这两位候选人是李楚和王智勇，人力资源部获得的他们的资料如下：李楚，男，企业管理学士学位，32 岁，有 8 年一般人事管理及生产经验，在此之前的两份工作均有良好的表现，可录用。王智勇，男，企业管理学士学位，32 岁，7 年人事管理和生产经验，以前曾在两个单位工作过，第一位主管评价很好，没有第二位主管的评价资料，可录用。

从以上的资料可以看出，李楚和王智勇的基本资料相当。但值得注意的是：王智勇在招聘过程中，没有上一个公司主管的评价。公司告知两人一周后等待通知。在此期间，李楚在静待佳音；而王智勇打过几次电话给人力资源部经理，第一次表示感谢，第二次表示非常想得到这份工作。

人力资源部和生产部门的负责人对两位候选人的情况都比较满意，虽然第二位候选人的简历中没有在前一个公司工作的主管的评价，但是生产部负责人认为并不能说明其一定有什么不好的背景。生产部的负责人虽然感觉王智勇有些圆滑，但还是相信可以管理好他，再加上王智勇在面试后主动与该公司联系，生产部主管认为其工作比较积极主动，所以最后决定录用王智勇。

王智勇来到公司工作了 6 个月，公司经观察发现：王智勇的工作不如预期的那样好，指定的工作经常不能按时完成，有时甚至觉得他不胜任其工作。

王智勇也觉得很委屈：工作一段时间之后，他发现招聘时所描述的公司环境及其他方面情况与实际情况并不一样；原来谈好的薪酬待遇在进入公司后有所减少；工作的性质和面试时所描述的也有所不同；没有正规的工作说明书作为岗位工作的基本依据。

（资料来源：《耐顿公司的招聘》，中国人力资源管理网.）

4.1 员工招聘概述

4.1.1 招聘的含义

招聘(recruitment)是指企业依据岗位需求，为了生存和发展的需要，依照一定的程序，运用先进的手段，通过科学的测评与选拔方法，向组织内外吸收，挑选，安置岗位所需人才的过程。招聘一般分为招募、选拔和录用 3 个环节。招募是聘用的基础与前提，是指企业通过适当的方式和渠道发布空缺职位的信息，通过宣传来扩大影响，树立企业形象，尽可能地吸引潜在胜任者来应聘岗位的过程。选拔是运用人才甄选的技术方法，对所有的应聘者进行识别与比较，挑选出与企业需求相匹配的人员。录用包括与企业选中的人才协商用工条件、签订劳动合同、安排入职培训以及正式安排工作岗位等工作。

4.1.2 招聘的意义

1) 企业获取人力资源的主要途径

企业从创建到发展,人力资源的状况都处于不断变化之中,企业对人力资源的需求也会发生变化。企业需要在不同时期获取不同的人力资源。无论是从外部补充新的员工,还是在内部进行人力资源的再配置,都需要通过规范的招聘程序来更好地满足企业对人力资源的需求。因此,人员招聘是企业一项经常性的工作,是获取人力资源的主要途径。

2) 提高企业核心竞争力的重要途径

现代企业竞争的实质是人力资源竞争,有效的招聘才能确保录用人员的质量。一方面直接关系到高质量的人力资源的形成;另一方面直接影响企业人力资源管理其他环节工作的开展。高素质的员工才能保证提供高质量的产品和服务,有竞争力的产品必然是有创造力的员工或团队开发的,企业的核心竞争力归根结底是人力资源的竞争力。

3) 促进人力资源的合理流动

招聘是促进企业人力资源流动的一个重要因素。有效的招聘系统能促进员工通过合理流动找到适合的岗位,更好的调动员工的积极性、主动性和创造性,使员工的能力得以充分的发挥。有效的招聘系统是企业人力资源的动态调节机制,能在企业内部形成良性竞争和人员的"优胜劣汰",在一定程度上促使在岗员工主动适应岗位需求的变化。

4) 宣传企业形象的有效途径

在招聘过程中,企业利用各种渠道和各种形式发布招聘信息,除了吸引更多的求职者,还能让外界更好地了解企业。有些企业以高薪、优厚的待遇和精心设计的招聘过程来表明企业对人才的渴求和重视,显示企业的实力。招聘对于企业而言,在招收到所需的各种人才的同时,也是企业通过招聘工作的运作和招聘人员的素质向外界展现企业良好形象的重要途径。

4.1.3 招聘的原则

1) 人岗匹配原则

招聘工作常见的误区就是盲目追求高学历、高素质的"优秀"人才。所谓"优秀"应该是能力和素质与应聘岗位的任职要求匹配,才是企业的最佳选择,因此人岗匹配是招聘工作中遵循的最为重要的原则。人岗匹配具有两层含义:一是岗位要求与任职者的知识、技能、能力等素质相匹配;二是工作报酬与工作动机相匹配。

2) 信息公开原则

需要公开的招聘信息通常包括:空缺职位名称、入职要求、选拔程序、薪酬待遇等。招聘信息公开有利于求职者全面了解应聘职位的情况，做出理性选择。特别是当企业进行内部招聘时，公开招聘信息能更好地对招聘的过程进行监督，防止不公正的现象发生，提高员工的信任感和公平竞争的意识。

3）平等竞争原则

对所有应聘者应一视同仁，刻意制造各种不平等的限制，或在招聘过程中徇私舞弊，既影响企业形象，又影响录用员工的质量，直接损害企业利益。科学而客观的考核方法是平等竞争的保证。只有遵循平等竞争的原则，以严格的标准，科学的考核方法对候选人进行测评，根据测评结果确定人选，才可以创造一个公平竞争的环境，选出真正适合企业的人才。

4）双向选择原则

招聘是一个双向选择的过程。企业要选择能够胜任某岗位工作，为企业创造价值的员工，而个人则是在寻找一份报酬公平，能够体现其个人价值的工作。双向选择能够实现人力资源的最优配置。在招聘工作中，有些企业为了吸引人才，不是事实求是的介绍企业情况，而是刻意美化或夸大其辞，承诺一些无法兑现的待遇，在这种情况下，求职者一旦到工作岗位正式任职，容易产生较大的心理落差，反而会消极怠工，甚至离职，导致招聘工作的失败。

5）效益最佳原则

招聘的效益是指投入与产出的关系。投入是指招聘成本，包括发布招聘信息的广告费用，对应聘者进行审查、甄选的费用，录用安置候选人的费用。产出是指通过招聘工作，最终录用员工的数量、质量及新员工在工作岗位创造的工作业绩。所谓效益最佳原则是指投入最少的招聘成本获取适合职位的最佳人选。在实际工作中，没有绝对的最佳，但以效益最佳原则来管理招聘工作，对企业获得竞争优势具有重要意义。

即时案例

应聘故事

日本的一家公司要招聘10名职员，经过一段时间严格的面试笔试，公司从300多名应聘这中选出10位佼佼者。

发榜这天，一个叫水原的年轻人见榜上没有自己的名字，悲痛欲绝，回到家中便要悬梁自尽，幸好亲人及时发现，水原没有死成。正当水原悲伤之时，从公司却传来好消息：水原的成绩原是名列前茅的，只是计算机的错误，导致了水原的落选。正当水原一家大喜过望之时，从公司却又传来消息：水原被公司除了名，原因很简单，公司的老板认为："如此的挫折都经受不了，这样的人是干不成什么大事的。"

美国的一家公司要招聘10名职员，经过一段时间严格的面试笔试，公司从300

多名应聘这中选出10位佼佼者。

发榜这天,一个叫汤姆的年轻人见榜上没有自己的名字,悲痛欲绝,回到家中便要悬梁自尽,幸好亲人及时发现,汤姆没有死成。正当汤姆悲伤之时,从公司却传来好消息:汤姆的成绩原是名列前茅的,只是计算机的错误,导致了汤姆的落选。正当汤姆一家大喜过望之时,美国各大州的知名律师纷纷来到汤姆的家中,他们千方百计地鼓动汤姆到法院告这家公司,让公司支付巨额的“精神赔偿金”,并都自告奋勇地充当汤姆的辩护律师。

德国的一家公司要招聘10名职员,经过一段时间严格的面试笔试,公司从300多名应聘这中选出10位佼佼者。

发榜这天,一个叫肖恩的年轻人见榜上没有自己的名字,悲痛欲绝,回到家中便要悬梁自尽,幸好亲人及时发现,肖恩没有死成。正当肖恩悲伤之时,从公司却传来好消息:肖恩的成绩原是名列前茅的,只是计算机的错误,导致了肖恩的落选。正当肖恩大喜过望之时,肖恩的父母却坚持反对自己的儿子进入这家公司。他们的理由毋庸置疑:这家公司工作作风如此差劲,进入这家公司对儿子的成长毫无益处。

中国的一家公司要招聘10名职员,经过一段时间严格的面试笔试,公司从300多名应聘这中选出10位佼佼者。

发榜这天,一个叫晓东的年轻人见榜上没有自己的名字,悲痛欲绝,回到家中便要悬梁自尽,幸好亲人及时发现,晓东没有死成。正当晓东悲伤之时,从公司却传来好消息:晓东的成绩原是名列前茅的,只是计算机的错误,导致了晓东的落选。正当晓东大喜过望之时,晓东的父母从商店买来锦旗和奖状。他们来到公司,远远地望见公司老板便跪了下来,他们满含热泪地说:“多亏你们救了我儿子,我们家世世代代铭记你们的大恩大德啊!”

(资料来源:小故事大智慧,百度文库.)

4.1.4 招聘的影响因素

1)外部影响因素

(1)国家的法律法规

国家的法律法规对企业的招聘活动与对象选择进行了限制和约束。我国《劳动法》规定了所有劳动者都享有平等就业和选择就业的权利。企业在招聘过程中,如因应聘者的民族、性别、宗教信仰等原因而给予其不平等的对待,都属于就业歧视,是违法行为。我国2008年开始实施的《劳动合同法》规定了个人与组织必须通过签订劳动合同来确立劳动关系。如果企业未按规定与招聘的员工签订劳动合同也是违法行为。

(2)宏观经济形势

一般而言,宏观经济形势良好,就业率高,招聘岗位较多,招聘活动较频繁。反之,宏观经济出现危机,企业对经济形势不乐观,投资信心不足,会减少招聘岗位,甚至停止招聘。政府对宏观经济的调控,也会在很多方面影响企业的招聘活动。

(3)劳动力市场的供求状况

当企业通过外部招聘来获取人才,劳动力市场的供求状况会直接影响招聘的效果。如企业所需人才在劳动力市场供小于求时,企业吸引求职者会比较困难,应加大宣传或通过提高待遇来吸引更多的人才。相反,劳动力市场供大于求时,企业招聘会相对容易,可选择的范围更大。

(4)竞争对手

一方面,同为某一行业的竞争企业,对人才需求的相似度较高,容易形成争夺人才的局面;另一方面,应聘者往往也会在同类企业中进行比较后作出选择。因此,企业在招聘过程中,取得与竞争对手的比较优势非常重要。

2)内部影响因素

(1)企业形象和自身条件

影响企业形象的因素有:企业的发展前景、行业的竞争地位、企业文化、薪酬待遇等。企业的形象越好,越能吸引应聘者,有利于招聘工作的进行。另外企业的规模、地理位置、管理水平、发展阶段、能支付的待遇水平等自身条件也在一定程度上影响着招聘活动的开展。

(2)职位的性质

拟招聘职位的性质直接决定了招聘什么样的人,通过何种渠道进行招聘等招聘工作中最重要、最基础的要求,该职位的基本情况和任职资格条件也是求职者最为关注的信息。

(3)招聘的成本预算

企业往往会根据招聘职位的重要性、招聘的数量以及自身的经济实力制定招聘的成本预算。企业的招聘预算会影响招聘信息发布的渠道、招聘的方式、选拔流程的设计、招聘工作人员的数量和职位的高低等。企业的招聘活动必须考虑成本和效益,在成本约束的条件下,招聘到最合适的人才,就是实现了招聘效益的最大化。

(4)企业用人政策

企业的用人政策不同,对员工的素质要求不同,相应的招聘方式也会有差异。如有的公司认为素质比专业知识更重要,因此,在选择应届毕业生时,更倾向于学生干部;有的公司则认为学习成绩更优秀的毕业生更具有学习能力和敬业精神;而有的公司却认为非常优秀的人员眼高手低,难以管理,或者跳槽率高,70分的求职者是被认为是最“适合”的人才。

4.1.5　招聘的程序

招聘大致可分为招募、选拔、录用、评估4个阶段，详见图4.1。

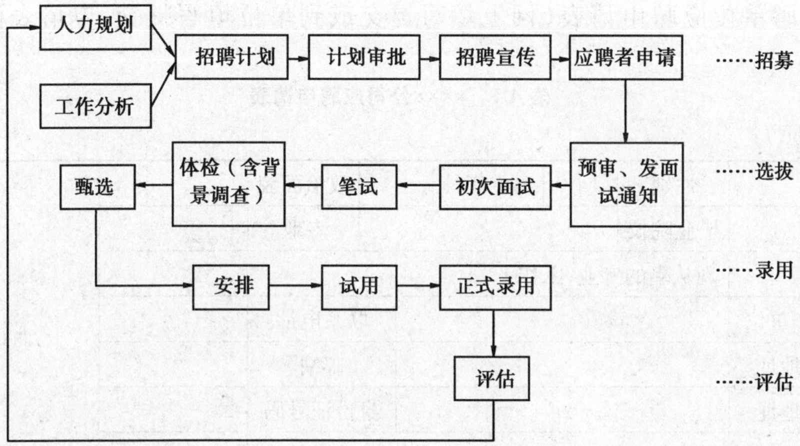

图4.1　招聘的程序

1) 制订招聘计划

招聘计划(recruitment planning)是根据企业的人力资源规划，在工作分析的基础上，通过分析与预测组织岗位空缺及合格员工获得的可能性，所制订的实现员工补充的一系列工作安排。一份完整的招聘计划通常包括如下内容：①人员需求。即确定招聘的职位、人数和基本要求；②信息发布时间和渠道；③招聘经费预算；④招聘工作小组成员；⑤招聘工作时间表等。

2) 发布招聘信息

发布招聘信息是指利用各种传播工具发布岗位信息，鼓励和吸引人员参加应聘。在发布招聘信息时应注意以下几点：

(1)信息发布的范围

信息发布的范围取决于招聘对象的范围，发布信息的面越广，接受到该信息的人就越多，应聘者就越多，组织招聘到合适人选的概率就大，但费用支出相应也会增加。

(2)信息发布的时间

在条件允许、时间允许的情况下，招聘信息应尽早发布，以缩短招聘进程，同时也有利于使更多的人获取信息，从而增加应聘者。

(3)招聘对象的层次性

组织要招聘的特定对象往往集中于社会的某个层次，因而要根据应聘职务的要求和特点，向特定层次的人员发布招聘信息，比如招聘计算机方面的专业人才，则可以在有关计算机专业杂志上发布招聘信息。

3)应聘者提出申请

此阶段是从应聘者角度来谈的。应聘者在获取招聘信息后,向招聘单位提出应聘申请。应聘申请常有两种方式:一是通过信函向招聘单位提出申请;二是直接填写招聘单位应聘申请表(网上填写提交或到单位填写提交,申请表样式见表4.1)。

表4.1　××××公司应聘申请表

应聘职位:

姓名		性别		出生年月		政治面貌		照片
学历		毕业院校				专业		
职称		现从事的专业/工作						
现工作单位						联系电话		
通信地址						邮编		
家庭地址						身份证号码		
掌握何种外语						程度如何、有无证书		
技能与特长						技能等级		
个人兴趣		身高	米	体重	公斤	健康状况		
个人简历								
欲离开原单位的主要原因						现在的工资		
欲加入本单位的主要原因								
收入期望	元/年	可开始的工作日期						
晋升期望(职位、时间)								
培训期望(内容、日期、时间)								
其他期望								
家庭成员情况								
备　注								
自愿保证:本人保证表内所填写内容真实,如有虚假,愿受解职处分。 申请人签名:　　日期:								

无论哪种方式,应聘者应提供以下个人资料:

①应聘申请表,且必须说明应聘的职位;

②个人简历,着重说明学历、工作经验、技能、成果、个人品格等信息;

③各种学历的证明包括获得的奖励、证明(复印件);

④身份证(复印件)。

4)接待和甄别应聘人员(也叫员工选拔过程)

此阶段实质是在招聘当中对职务申请人的选拔过程,具体又包括如下环节:审查申请表—初筛—与初筛者面谈、测验—第二次筛选—选中者与主管经理或高级行政管理人员面谈—确定最后合格人选—通知合格人选者作健康检查。

此阶段一定要客观与公正,尽量减少面谈中各种主观因素的干扰。

5)发出录用通知书

这是招聘单位与入选者正式签订劳动合同并向其发出上班试用通知的过程。通知中通常应写明入选者开始上班的时间、地点与向谁报到。

6)对招聘活动的评估

这是招聘活动的最后阶段。对本次招聘活动作总结和评价,并将有关资料整理归档。评价指标包括招聘成本的核算和对录用人员评估;这两类指标分别从招聘的成本和质量来衡量,若在招聘费用支出低的情况下,能招聘到高质量的人才,则表明本次招聘效果好。

4.1.6　招聘的渠道与方法

1)招聘的渠道

企业进行员工招聘的渠道一般有两种:即内部招聘和外部招聘。

内部招聘(internal recruitment)是指在企业内部通过晋升、竞聘或人员调配等方式,由企业内部的人员来弥补空缺职位。企业内部招聘和人才选拔机制的确立,有利于员工的职业生涯发展,留住核心人才,形成人力资源内部的优化配置,内部招聘是企业人才招聘的一个重要渠道。

外部招聘(external recruitment)是指从企业外部获取符合空缺职位工作要求的人员来弥补企业的人力资源短缺,或为企业储备人才。当企业内部的人力资源不能满足企业发展的需要时,应选择通过外部渠道进行招聘。

这两种招聘的渠道各有其优点和缺点,具体如表4.2所示。

内部招聘和外部招聘都是企业行之有效的招聘渠道,具体如何选择并无定论,应根据组织战略、职位类别、外部环境变化以及组织在劳动力市场上的相对位置等因素综合权衡。

表 4.2　内部招聘和外部招聘的优缺点比较

内部招聘	外部招聘
优点： 组织对候选人的能力有清晰的认识 候选人了解工作要求和组织 鼓励高绩效、有利于鼓舞员工士气 更低的成本	优点： 更大的候选人选择空间 会把新的技能和想法带入组织 比培训内部员工成本低 降低徇私的可能性 激励老员工保持竞争力，发展技能
缺点： 会导致“近亲繁殖”状态 会导致为了提升的“政治性行为” 需要有效的培训和评估系统 可能会因操作不公或心理因素导致内部矛盾	缺点： 增加与招聘和甄选相关的难度和风险 需要更长的培训和适应阶段 内部员工可能感到自己被忽略 新的候选人可能并不适应企业文化 增加搜寻成本

2）内部招聘的方法

（1）工作布告（job posting）

工作布告是组织内部招聘比较常见的方法。最初的做法是在企业布告栏发布有人员空缺的工作岗位的信息，符合条件的员工都可以“投标”，再在竞标者中进行挑选。工作布告给员工提供一个公平选择工作岗位的机会，能使企业内最合适的员工有机会从事该工作，有利于调动员工的积极性，更符合“人性化管理”理念。但这种方法若采用不当，会使企业内部缺乏稳定，影响落选员工的工作积极性和工作表现。

（2）主管推荐

主管对本部门员工的工作能力有较为全面的了解，只要主管人员客观、公正地评价并推荐员工，而不是为了提拔他们的“亲信”而错过了优秀的候选人，这种方法不失为一种好的招聘方式。由于主管推荐很难不受主观因素的影响，多数员工会质疑这种方式的公平性，他们会认为，正是这种不公平的对待，使他们丧失了可能的晋升机会，影响其工作积极性。部门主管会比较认同这种方法，当他们有权挑选或决定晋升人选时，他们会更关注员工的工作细节和潜在能力，会在人员培养方面投入更多的精力，同时也会促使那些正在寻求晋升机会的员工努力地争取更好的工作表现。

（3）人才库

建立电子化的“员工人才库”，实现员工职业信息的计算机管理，员工信息包括工作经历、教育程度、优点和缺点、特殊才能、参加过的培训、计划参加的培训、人才培养的方向、可能晋升的职位等与职业发展相关的信息，当出现职位空缺时，计算机系统能够迅速搜索到符合条件的候选人。

(4)竞聘上岗

竞聘上岗是内部招聘的常见方法,原理是:通过公开竞聘的方式,挑选出最适合、最匹配的人,使职得其才,才得其用。

竞聘上岗的主要操作步骤:①发布竞聘公告,内容包括竞聘岗位、职务、岗位说明书、竞聘条件、报名时间、地点、方式等。②对申请者进行初步筛选,剔除明显不符合要求的应聘者。③组织与竞聘岗位需要相关的测试,包括知识测试、技能测试、心理测试等。还可组织竞聘上岗演说和民意测试。④组织专业的"考官小组"进行综合全面的面试。⑤辅以一定的组织考核,对应聘者以往的工作业绩、实际的工作能力、群众对其的认可度等进行考核,按一定的比例(如1∶3)推荐给决策者。⑥按德、才、能、识、体进行全面衡量,作出录用决策。⑦公布决定,宣布任命。

即时案例

宝洁公司的内部招聘

John Pepper,迪斯尼董事会主席;Steven Ballmer,微软公司总裁兼CEO,这些公司界响当当的人物都有在宝洁常年服务的经历。看上去,在宝洁公司工作过的人,可以领导任何行业的任何公司。

作为宝洁培养人才发展的密码之一,"内部提升制度"是宝洁用人制度的核心。1937年到1967年的30年时间里,宝洁花费了大量的时间去思考和研究,用什么办法才可以让员工一直留下来?他们的答案是:关键在于使员工对公司产生较强的归属感,使员工的价值观与公司的价值观相吻合。而内部选拔制度非常有利于实现这两个目标,除了极个别特殊岗位,宝洁用人只从应届大学生中招聘。如今,当其他公司把内部选拔作为公司用人方式的一个自然选择时,在宝洁,这种自然已经超越一般,成为宝洁公司文化的一个显著表现形式,也是宝洁取得竞争优势的一个重要源泉。

(资料来源:《宝洁公司的内部招聘》,人力资源总监.)

---

3)外部招聘的方法

(1)发布招聘广告

通过媒体广告向社会公开招聘人才,是应用最为广泛的招聘方法。广告招聘可以迅速地传达企业的招聘信息,还可以帮助企业建立良好的企业形象。招聘广告的内容一般包括:①广告标题。如"××公司招聘""高薪诚聘"等。②公司简介。包括公司的全称、性质、主营业务等,需简明扼要。③招聘岗位。包括岗位名称、任职资格、工作职责、工作地点等。④人事政策。包括公司的薪酬、社会保障、福利待遇、培训等有关政策。⑤联系方式。包括公司地址、电话、传真、网址、电子邮箱地址、联系人等。⑥其他注意事项。

可选择的广告媒体主要有广播电视、报纸、杂志和互联网等。在选择媒体时应考虑各种媒体的优缺点及媒体本身承载信息的传播能力、受众群体等因素。

①报纸。报纸的优点在于它的发行量大,广告的大小可以灵活选择,发行范围集中在一个特定的区域。由于报纸将栏目分类编排,有专门的求职类型的报纸或版面,不容易被积极的求职者忽视,利于他们查找。但是由于发行对象无特定性,会带来大量水平参差不齐的应聘者或应聘者资料,增加人力资源部门的工作负担。而报纸保留的时间较短,很多报纸只能在某一天内被人看到,又导致潜在的候选人可能会错过这个时间没有看到。并且报纸的纸质和印刷质量会对广告的设计造成限制。

②杂志。杂志的优点在于接触目标群体的概率比较大,便于保存,能够在较长时间内被看到。并且纸质和印刷质量好,可以产生较强的视觉冲击力。杂志的缺点是,每期的发行时间间隔较长,地域范围较分散,广告的预约期较长。针对杂志的特点,企业可以在空缺职位非迫切补充,职位候选人集中在某专业领域时使用,这时选择该专业领域较广泛阅读的杂志会比较适用。

③广播电视。广播电视最不容易被人忽视,能够更好地让那些不是很积极的求职者了解到招聘信息。而且,广播电视较强的视听感觉比印刷广告更能有效地渲染雇用气氛。如果选择在黄金时段则受众人数众多,容易给人留下深刻印象。但广播电视的成本较高,并且持续时间短,不能查阅。但是当招聘处于竞争的情况下,急需扩大影响,将企业形象的宣传与人员招聘同时进行的时候,广播电视很容易达到这种效果。

④其他印刷品。海报、广告、招贴、传单、宣传旗帜、小册子、直接邮寄、随信附寄等都是在特殊的场合,例如展示会、招聘会或校园等有特别效果的方法。这些方法与其他招聘方法结合使用能够产生更高的效果。值得注意的是,要充分考虑印刷品发放的场合以免街头发放带来的环境污染和损害企业形象。

(2)人才招聘会

人才招聘会可以分为两大类:一类是专场招聘会,即只有一家公司举行的招聘会。专场招聘会是公司欲招聘大量人才或面向特定群体(如校园招聘会)时举行。另一类是非专场招聘会,即由某些人才中介机构组织的有多家单位参加的招聘会。

(3)员工推荐

员工推荐是指员工从他们的朋友或相关的人中引荐求职者。这种招聘技术可以使企业和应聘者双方能迅速了解,又节省招聘费用。推荐者通常会认为被推荐者的素质与他们自己有关,只有在保证其不会给自己带来坏的影响时才会主动推荐。但是如果推荐过程受到“徇私”“任人唯亲”等不良因素的干扰,会影响招聘的公平性。特别是人才录用以后,因工作推荐的关系在公司内部形成一些非正式群体而影响工作的正常开展,对企业管理产生不利影响。

(4)就业服务机构

社会上有各种就业服务机构,其中有人事部门开办的人才交流中心、劳动部门开办的职业介绍机构,还有一些私营的职业介绍机构等。企业要借助就业服务机构,首先要选择一家好的就业机构,目前市场上的就业机构良莠不齐,选择一家正规合法、声望好、有实力的就业机构是重要的;其次,必须向他们提供一份精确而完整的工作说明,这有利于就业机构找到合适的人员;再次,要参与监督就业机构的工作。比如限定他们使用的甄选技术和方法,定期检查那些被就业机构接受或拒绝的候选人资料,以及时地发现他们工作不合意的地方。

(5)校园招聘

校园招聘的优点是:企业可以找到足够数量的高素质人才,而且新毕业学生的学习愿望和学习能力较强,可塑性很强;另外,与具有多年工作经验的人比起来新毕业学生薪酬较低。但校园招聘也存在不足:学生没有工作经验,需要进行一定的培训;并且往往有过于理想化的期待,对于自身能力也有不现实的估计,容易对工作和企业产生不满;在毕业后的前几年一般有较高的更换工作率。在校园招聘需要经过系统的策划,在组织方面也需要付出较大的努力。

指点迷津

校园兵法:如何掌握求职“破墙术”

“工作经验2年,大学英语六级,××专业本科以上学历,……”如今这样的招聘要求在招聘会上比比皆是,让很多应届毕业生望而却步。

应届生真的无法逾越工作经验、专业背景等“高墙”吗?为此多位资深HR为大学生出谋划策,提出了许多“破墙”思路。

1.不要被“2年相关工作经验”吓倒

“2年相关工作经验”,目前已成为许多企业招聘的必要条件。这堵“墙”真的无法跨越吗?有着10年HR经历的郑爱华给出的答案是:2年工作经验不等于2年工作年限,所谓“经验”涉及的是工作技能的问题。

企业招聘有经验的人,是希望找到能够马上胜任工作岗位的人选。只要求职者能够证明自己对工作岗位很熟悉,具备这方面的工作素质,就可以应聘这样的职位,因为很多经验是可以通过理论来学习的。

专家建议:求职者在制作简历以及和人事经理面谈的时候,要将重点放在对工作相关内容的了解、自身所具备的胜任工作的条件上,这样才能在众多的求职者中胜出。你能从事的岗位其实很多,求职过程也是一个“销售”过程,每个毕业生都要将自己推销出去。一名称职的销售人员,首先应该做的就是了解市场,了解企业有哪些部门。一般很难想象,一个商务英语专业毕业的学生,在一家制造企业内不能做的工作只有3个——设施部(负责工厂初期的建筑工程)、技术部以及财务部。一家制造企业内基础部门有12个,一个学商务英语的学生真的能应聘其中9个岗位吗?郑爱华说,一般的工作基本两年就能完全熟悉,对于人事来说一个月就可以进入角色。在我国,没有哪个大学设有专门的"采购"专业、"检验"专业,更没有专门的"仓库"专业。因此,对一个专业背景不算强(也常被称做无专业的英语、中文系)的毕业生来说,在一家企业内可求职的岗位很多,根本不必被表面的专业性所迷惑。

当然,对于财务、建筑工程、研发等技术含量很高的部门,求职者只能凭专业说话。

专家忠告:面对求职机会。不要故步自封,要在充分了解的情况下大胆出击。

2.用"SWOT分析"为自己定位

尽管有众多的岗位可以应聘,但人事经理们还是提醒大学生,必须明白自身的优势在哪里,自己的职业目标是什么,这些最终决定了你的求职方向。

专家建议:每个毕业生在求职之前要做个"SWOT分析",了解自身的优势和劣势。

所谓SWOT分析,也称自我诊断法,最初是用在市场营销上的分析工具:S代表strength(优势),W代表weakness(弱势),O代表opportunity(机会),T代表threat(威胁)。其中,S和W是内部因素,对求职者来说也是评估自身能力的最重要的因素;O和T是外部因素,它们能帮助求职者评估自己所感兴趣的不同职业道路的机会和威胁所在。一般来说,求职者在进行SWOT分析时,应遵循以下4个步骤:

①我的长处和短处。

②找出职业机会和威胁。

③提纲式地列出今后5年内的职业目标。这些目标可以包括:想从事哪种职业,将管理多少人,希望拿到的薪水属哪一级别。前提是,竭尽所能发挥自己的优势,使之与行业提供的工作机会圆满匹配。

④提纲式地列出今后5年的职业行动计划。这是对第③步的细化,应该列出每个目标实现的时间节点,应该采取哪些行动.个人是否需要参加再培训、再学习。

这样一个SWOT分析,会使求职者花相当长的时间来考虑,但从负责任的角度来说,详尽的个人SWOT分析将为求职者提供一个连贯的、实际可行的个人职业策略,在求职时能够做到有的放矢。

专家忠告:如果连你都不知道自己能做什么,那么HR就更不知道你能做什么。

3.注意事项

(1)关于简历

①一页纸足够。毕业生在制作简历时,一定要遵守 one page 的原则。厚厚一沓的简历,会让 HR 无从下手,也难以让简历重点突出。

②重金打造简历实属浪费。令 HR 很头痛的就是收到厚厚一份简历,制作精美,放进碎纸机实在可惜,留着又很占用空间。除了最初的新鲜外,重金打造的简历对找工作的作用并不大。

(2)关于面试

①电话通知的时候面试就已经开始了。通常人事经理会问:你还记得应聘的是哪个岗位吗?你还记得我们公司的地址吗?如果连应聘的岗位都忘记的话,那么 HR 会认为你对这份工作并不在意,相应的分数会大打折扣。

②自我介绍点出胜任力。面试的时候,通常 HR 会要求求职者做一个自我介绍,这主要是为了让求职者放松,以便更好地进入下面的谈话。求职者切不可海阔天空随意去讲,应该条理清晰地针对所应聘岗位说明自身如何胜任这份工作。

(资料来源:北极星电力招聘网.)

---

(6)猎头公司

猎头公司是指专门为企业招聘中级或高级管理人员或重要的专门人员的私人就业机构。由于人才的短缺,主动求职的愿望相对较低,并且他们已经有很好的工作,因此运用公开的招聘方法难以吸引他们。而猎头公司拥有自己的人才数据库,并经常主动去发现和寻找人才,还能够在整个搜寻和甄选过程中为企业保守秘密。所以,如果企业要征召一些核心员工,猎头公司的帮助是必不可少的。猎头公司服务费相对较高,一般是招聘职位年薪的1/3。

(7)在线招聘(On-line Recruiting)

在线招聘也称网络招聘。随着互联网的普及,在线招聘因其不受地域和时间的限制,且高效、快捷、费用低,信息传播范围广等优势,成为目前企业普遍采用的招聘方式。在线招聘的方式主要有两种。第一种方式是在公司的主页设置专门的栏目发表招聘信息。有些企业的网页还提供在线申请功能,求职者可以直接在网页上填写职位申请表,并可以通过电子邮件获得回复。还有些企业利用网络的视频功能,进行在线面试,减少企业和求职者双方的招聘支出。第二种方式是通过专业的人才招聘网站。专业的网站信息集中,访问量大,一般是由专业的就业服务公司举办,除发布招聘信息外,还可提供人才测评,代理招聘等其他服务。

表4.3列出了各种主要招聘方法的优、缺点。

表 4.3　招聘主要方法比较

招聘方法	适用类型	速度	成本
员工推荐	所有	快	低
自我推荐	所有	快	低
广告	所有	中	中
私人代理	中低职员	中	中
公共代理	白领/蓝领	中	低
猎头	高级职员	慢	高
校园招聘	不要求工作经验的低级职员	慢	中

即时案例

挖人才的局限

著名管理学者、原北京大学光华管理学院院长张维迎认为："很多企业倒闭就是因为企业人才的供给速度跟不上企业扩张的速度。所以不少外国企业是依据人才的供给速度来确定企业发展速度的，任何企业寻找人才不外乎两种途径：外面'挖'或内部培养。而如何协调好两者的关系就非常重要。"

"从外面'挖'的风险很大。对于一个跳槽的人，我们就要好好想想他为什么跳槽，并不是这种人都可以拿过来用。此外，企业的人才有两类：一般性人才，就是哪个企业都要有的；还有特殊性人才，就是只有这个企业需要的人。后面这种人才往往需要在特定企业的不断实践中涌现出来，如果直接从外面找一个，他很可能无法适应。一个企业如果一直靠'挖'，那它随时都面临倒闭的危险。所以外资企业进入中国，开始都是'挖'，但很快就会转为以内部培养为主。甚至我们看一个企业机制的成熟程度，一个标准就是看它能不能不断从内部培养和提拔人才。"

"在内部培养时，企业要明白知识是消耗品，不同于买台电视看一辈子，教育将是终身的，如果企业只想到了工资而不能为员工提供不断受教育的机会，那么它未来对人才的吸引力也将是非常低的。"

（资料来源：《人力资源开发与管理》，深圳大学.）

4.2 人员甄选

4.2.1 人员甄选的含义

人员甄选指综合利用心理学、管理学和人才学等人员测评的技术和方法，根据特定岗位的胜任能力素质要求，对应聘者的综合素质进行系统的、客观的测量和评价，最终选择适合企业所需的应聘者的过程。

4.2.2 人员甄选的步骤

一般按以下步骤进行：

①初步筛选——是甄选工作的首要和关键环节，主要通过查看应聘者的基本条件，包括应聘者的个人基本信息、教育背景、工作经历、学习成绩以及求职动机等与招聘要求间的匹配程度，初步选出基本合乎要求的合格应聘人选，淘汰求职材料不实者和明显不合格者，从而提高下一步甄选工作的有效性。初步筛选主要包括筛选简历和求职申请表两个环节。

②初步面试、笔试——淘汰知识素质达不到要求和基本素质明显不合格者。

③心理和能力测试——设定一定的淘汰比例，淘汰测试低分者，或按面试名额限制择优进入下一阶段的选拔。

④面试——是整个选拔过程的关键步骤，在前三个步骤的基础上，进行综合素质的考察，选定最优候选人。

⑤背景调查——核实候选人的背景资料，淘汰资料不实者。

⑥体检——淘汰身体状况不符合要求者。

⑦录用——根据招聘岗位的性质在不同的决策层进行录用决策。

4.2.3 人员甄选的标准

岗位任职资格是人员选拔的基本标准，在具体实施招聘时，需要细化这些标准，建立完整的人员选拔的评价标准体系。素质模型被认为是能够体现组织、工作任务或具体工作岗位对人员素质要求标准的有效工具。

素质模型（competency model），又称胜任力模型，是指为了完成某项工作，达成某一绩效目标，要求任职者具备的一系列不同素质要求的组合，其中包括不同的动机表现、个性与品质要求、自我形象与社会角色特征以及知识与技能水平等。素质模型通常由4~6项素质要素构成，应选取与工作绩效最密切相关的内容，以此作为人员选拔的标准，意味着通过人员素质与岗位要求的最佳匹配来实现岗位绩效的最大化。图 4.2 为麦克利兰公司通用的能力素质模型。

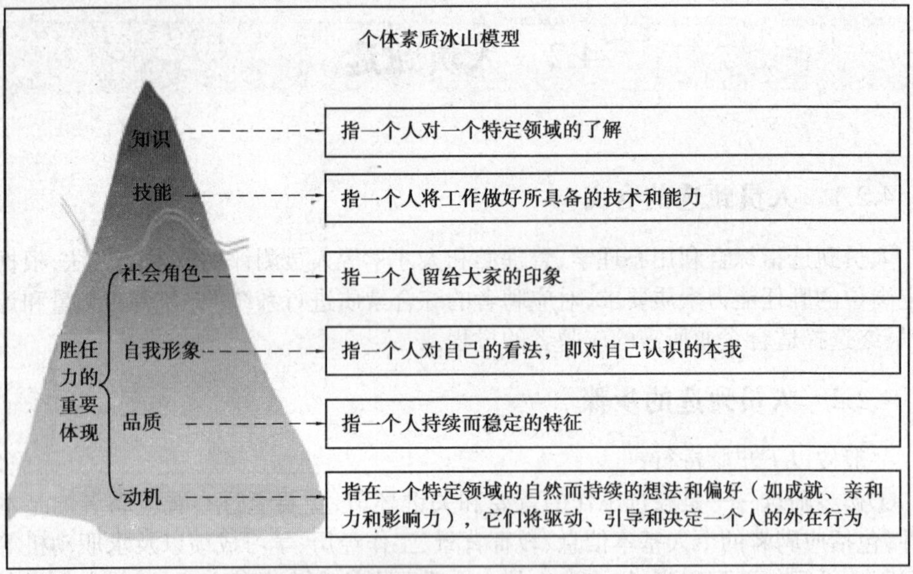

图 4.2　麦克利兰企业通用能力素质模型

素质的构成要素对于决定绩效的好坏有着不可或缺的作用。事实上，素质构成要素中的潜能部分对于企业能否有效利用知识与技能是非常关键的，甚至起着决定性的作用。同样道理，企业如果能够依据潜能和知识、技能来挑选员工，再施以相应的培训与开发手段，那么对于提升员工的素质、改善企业的人力资源管理效率就能起很大的促进作用，才能真正做到有的放矢，事半功倍。

即时案例

吴士宏故事

著名成功人士吴士宏已成为现代人耳熟能详的名人。在吴士宏努力向上的过程中，以她初次到 IBM 面试那段最为精彩。

当时还是个小护士的吴士宏，抱着个半导体学了一年半许国璋英语，就壮起胆子到 IBM 来应聘了。

那是 1985 年，站在长城饭店的玻璃转门外，吴士宏足足用了 5 分钟的时间来观察别人怎么从容地步入这扇神奇的大门。

两轮的笔试和一次口试，吴士宏都顺利通过了。面试进行得也很顺利。最后，主考官问她："你会不会打字？""会！"吴士宏条件反射般地说。"那么你一分钟能打多少？""您的要求是多少？"

主考官说了一个数字，吴士宏马上承诺说可以。她环顾了四周，发现现场并没有打字机,果然考官说下次再考打字。

实际上,吴士宏从未摸过打字机。面试结束,她飞也似的跑了出去,找亲友借了170元买了一台打字机,没日没夜地敲打了一星期,双手疲乏得连吃饭都拿不住筷子了,但她竟奇迹般达到了考官说的那个专业水准。过了好几个月她才还清了那笔债务,但公司也一直没有考过她的打字功夫。吴士宏的传奇从此开始。

(资料来源:《人力资源小故事》,道客巴巴.)

4.2.4 人员甄选的方法

1)笔试

笔试是用人单位根据用人要求事先拟订好试题,让应试者笔答试题,根据应试者作答的正确程度评定成绩,以此作为选拔依据的一种人才测评的方法。这种方法成本相对较低,效率高。但笔试也有局限性,无法考察应试者的品德修养、工作态度、口头表达、实际操作等多方面的能力,可能会出现高分低能的情况。

2)心理测试

心理测试是根据已标准化的实验工具如量表,引发和刺激被试者的反应,所引发的反应结果由被试者自己或他人记录,然后依据事先确定的原则进行推论和数量化分析。主要包括智力测试、人格测试、职业倾向测试、职业能力测试。

(1)职业能力倾向测试

职业能力倾向测试是指测定从事某项特殊工作所应具备的某种潜在能力的一种心理测试。它能预测应聘者在某职业领域中成功和适应的可能性,或判断哪项工作适合他。

职业能力倾向测试内容一般可分为:

①普通能力倾向测试——包括思维、想象、记忆、推理、分析、空间关系判断和语言等方面能力的测试;

②特殊职业能力测试——是测试特殊职业需要特殊能力的一种职业能力测试,如出纳员、打字员等;

③心理运动机能测试——包括心理运动能力如选择反应时间、肢体运动速度、四肢协调、速度控制等;身体能力如动态强度、爆发力、广度灵活性、动态灵活性和身体协调性等。这些可借助于体检、各种测试仪器或工具进行。

由于不同职业对能力的要求不同,人们设计了针对不同职业领域的能力倾向测试,用于针对性地选拔人员和职业设计。我国已在公务员考试中设立了行政职业能力测试,它专门用来测量与行政职业有关的一系列心理潜能(如知觉速度与准确性、判断推理能力、语言理解能力、数量关系与资料分析能力)的考试,通过这一系列的考试,即可预测考生在行政职业领域多种职位上成功的可能性。行政职业能力测试已在全国许多省市的公务员招聘中得到运用。

(2)人格测验

广义的人格是指一个人的整体精神面貌,即个体具有的所有品质、特征和行为等个体素质的总和。它包括个人所具有的能力、智力、兴趣、气质、思维和情感及其他行为差异的混合体。狭义的人格是指人的兴趣态度、价值观、情绪、气质、性格等内容。人格反映了一个人的行为方式和思维特点,因此和人的某些方面的工作绩效有关。近年来,越来越多的研究表明,个性和管理者的领导风格、工作绩效有关。从业界的实际作业情况来看,许多发达工业国家在人事招聘、管理者选拔中都采用人格测验,也表明人们普遍认为个性对于人事任用有特殊意义。人格测验也因心理学家对人格的不同定义而有不同的测量。心理学家及测验专家所设计的人格测验方法很多,主要可分为三大类型,即自陈式量表法、投射法、情境评定法。

①卡特尔16因素人格测验(16PF)。16种人格因素测验是美国心理学家卡特尔(R.B.Cater)于20世纪50年代编制的。卡特尔数学功底很深,在人格结构研究中,广泛地采用了因素分析的方法。卡特尔从搜集字典和心理学文献中描述人格特质的词汇开始,针对生活中的各种行为,采用系统观察、科学实验和因素分析法,经过几十年的研究确定了16种人格特质,并以此为根据,编制了著名的16种人格因素量表(16PF)。

16PF这一人格自陈量表具有高度结构化,实施简便,计分、解释都比较客观、容易的特点,广泛适用于各类人员,对被测者的职业、级别、年龄、性别、文化等方面均无限制。但有以下缺点:被测者常因情境的改变而作出不同的反应,测验的信度不如智力测验等认知测验;人格特质难以定义,个体行为总是受到情境与人格的交互作用的影响;被测者对问卷的回答不一定能反映其真实情况;反应定势和反应风格影响测验结果。反应定势是指被测者有意或无意地改变其在测验上的反应,而塑造出一种内心希望出现的形象,这种形象并不能代表被测者的真实情况。如"社会赞许性"的表现,即被测者在测验上有依社会所期望、赞许的行为方式作答的倾向。反应风格则是指当测验的刺激或意义并不明显,或当被测者不知如何反应时所使用的某种特别的反应方式。如在一项要求以"是"或"否"回答的问卷上,被测者常常会有以"是"作答的默认倾向。

②DISC个性测验。人格与管理活动的关系十分重要,在西方发达国家,几乎所有的企业都使用人格测验作为管理者甄选、录用、安置的依据。人格特性在一定程度上决定了个体适合什么样的工作及可能取得的绩效,因此,可以通过诊断一个人的人格特征来部分地确定其管理成功的可能性。研究证明,人格会影响到职业选择、工作满意度、压力感、领导行为和工作绩效的某些方面。DISC个性测验就是一种常应用于人力资源管理领域的人格测验,它包括24组描述个性特质的形容词,被测者要根据自己的第一感觉,从每组4个形容词中选出最适合自己和最不适合自己的形容词。研究表明,这个测验所考察的维度与管理绩效高度相关。从企

业用人角度来说，对管理人员进行DISC个性测验，目的就在于在工作情境中了解其优势以及在工作中应注意的事项等，从而选择一些更易与企业形象、企业文化相融合的个体，形成企业独特的个性和氛围。

③投射测验。投射测验是指个人把自己的思想、态度、愿望、情绪、性格等心理特征无意识地反映在对事物的解释之中的心理倾向。人们对外部事物的解释性反应都有其心理原因，同时也是可以给予说明和预测的，人们对外部刺激的反应虽然决定于所呈现的刺激特征，但反应者的心理因素也会渗透在他对刺激的反应过程及结果中，正因为人格会无意识地渗透到刺激反应中，所以，通过受测者的情境解释，就可能获得其人格的认识。测验材料没有明确的结构和意义，为受测者提供了广阔的联想机会和空间。

即时案例

外企面试奇招

分拣跳棋子：有的外企在招聘员工时，为测试应聘者的手脚灵活程度，给每个应聘者放一堆跳棋子，要求其在1分钟内挑出混杂在一起的多种跳棋子，并按各色分别排列好，如在规定的时间内没有按要求完成，即被淘汰。

看图说话：外企招聘员工，需测试应聘者的反应能力，有的外企在转动的机器上装上彩色图画，画面上有动物、植物、建筑物、交通工具、家用电器，有山、有水等，在应聘者面前按一定的速度移动，要求应聘者在规定的时间内说出自己所看到的内容。

顶着烈日长跑：考察应聘者意志、吃苦耐劳精神，常是外企招聘面试要出的题。有一家外企从应届技校毕业生中招一批员工，面试时，要求应聘者顶着烈日，跑到近郊的一座山再返回。测试结果，有的应聘者投机取巧，未跑到目的地就返回；有的应聘者虽跑到目的地，但在返回途中搭乘出租车；也有的应聘者按规定跑到目的地后再跑回。外企公布录取名单时，前两种人榜上无名，后一种人被录用为员工。

雨中打伞：一家外企招聘员工时，要求应聘者冒雨到附近指定地点然后返回，但只有一半的应聘者发到伞。应聘者在这场面试中出现这样的情况：有的发到伞的应聘者主动与无伞的应聘者搭档，风雨同伞；有的无伞的应聘者则与有伞的应聘者协商合用一把伞；还有的有伞的应聘者只顾自己不顾别人，独自撑一把伞。结果，独自撑一把伞者被淘汰，而风雨同伞者被录用。

（资料来源：《外企面试的奇招》，中国经济日报.）

3）面试

面试是一种运用范围广泛、方法灵活、收集信息量大、简便且技巧性很强的人才测评技术。在实际运用中,有时又被叫作口试、面审、面谈等。

(1)面试的特点

与其他人才测评的方法相比,面试有它自己的独特之处。首先,面试是以谈话和观察为主的测评手段。我们知道,一个人的气质、性格、能力往往是通过他的外部行为特征表现出来的。言语行为主要是指一个人的言辞表达行为,它包括言辞运用的逻辑结构,语言表达的影响力和感染力,语言表达的清晰度和准确性,以及和动作的配合的合理性等。非言语行为主要是指一个人在表达情感、交流思想时的身体动作及表情,包括衣着、仪表、风度、手势、眼神等。在面试中,考官就可以有目的地通过谈话考察其语言特征,通过观察了解其非言语特征,并将结果作系统的记录和分析,从而推测其深层的心理特征。其次,面试的内容具有灵活性,这是笔试所不具备的。考官可以根据不同的情况,问不同的问题;也可以多问或者少问;同一问题也可深可浅。另外,面试的互动沟通性强。面试中应聘者与主试人直接面对面的交流,中间没有任何的中介转换形式,面试中主试人与被测者的信息交流和反馈非常的畅通,基本没有任何的阻碍,主试人可以对被测者有最直接的接触,被测者也可以直接地了解到用人单位的很多信息。

虽然面试具有适应性强、双向沟通、有人情味以及信息获取直接的优点,但缺点也在所难免。首先,面试需要的时间较长,就算是小组面试,每次也只能进行10多人,而笔试则可以同时对几十上百人进行评价;其次,由于较费时且需要很多专业主考官,所以费用也比较高;第三,不容易数量化,面试结果很多是由主考官主观评定,所以可能存在各种偏见,结果的有效性和可靠性就存在一定问题。尽管面试有这些缺点,但是它比笔试或查看个人资料更为直观、灵活、深入,可以判断出这些方法无法看出的全面深层次的个体素质信息,它不仅可以评价出被测者的学识水平,还能评价出被测者的能力、才智及个性心理特征等。所以,在人员的招聘与录用中,面试是很重要的测评手段。

(2)面试的方法

面试的分类方法有很多,通常可以将面试划分成以下几种类型:

①结构化面试。所谓结构化面试指的是在面试中,使用结构化的面试指导表对所有面试者提一样的问题,问题有标准答案。这样的面试不利于被测对象的发挥,对测试管理类等个性化色彩较强的岗位的应聘者不适合。这种面试方法对面试结果的横向比较、统计比较方便。需要注意的问题是,面试指导表的设计质量对面试结果的信度、效度影响很大。

②非结构化面试。面试考官所提出的问题并不是固定不变的,可以根据个人的关注点和求职者的回答不断提出纵深的问题。答案是开放的,没有唯一的标准。

即时案例

面试实例

某独资企业欲招聘若干管理人员,通知所有应聘者在某月某日某时整在位于某某大厦公司总部同一时间面试。结果等到面试那天,公司派人提前在该大厦大厅内接待前来应聘的人员,并请大家在大厅内恭候,等到所有应聘人员到齐后,接待人员告诉大家一个不幸的消息:电梯坏了,需要大家由接待人员带领,爬几十层楼梯到公司的办公室参加面试。有些人听后则立即就走了,有些人爬到一半后也放弃了,只有少数几个人坚持到最后。结果,就是这些坚持到最后的应聘者被录用了。这就是一个典型的非结构性面试的例子。事实上,读者可悟出电梯根本就没有坏,主考官就是想借此考一考应聘者的吃苦耐劳和坚忍不拔的意志。然而,许多应聘者却由于不具备"磨难精神"而失去了此次机会。

(资料来源:《招聘案例》,豆丁网.)

③情境面试。将被面试者置于应聘岗位的实际情境(或者模拟情境)之中,观测被面试者的反应、表现,分析其对问题的回答,甚至要求被面试者指出面试情境中暴露出企业有哪些问题以及产生问题的原因和解决方案。这种面试能反映出求职者的真实情况,效果较好。

④系列面试。将面试的问题分成若干方面,分别由该方面的专家面试。每个求职者分别单独由各个考官面试。要点是,各个方面专家的看法要独立,不能相互打听。

⑤小组面试。若干人员组成一个面试小组,小组中的每一个成员测试一个方面;被面试对象可以是一个或多个;可以对一个人发问,也可以要求几个人回答同一个问题。这种面试会较快达成一致意见,效率较高。但是,这种方法有一个问题要注意,如果面试小组中有一个权威人物(公司老总或者人力资源专家等),往往这个人的意见会左右他人的意见。为了使面试结果更全面、客观,权威人物最好最后发言。

⑥压力面试。压力面试通常用于对谋求需承受较高心理压力的岗位的人员的测试。测试时,面试考官可能会突然问一些不礼貌、冒犯的问题,让被面试人员感到很不适应,同时承受较大的心理压力。这种情况下,心理承受能力较弱的求职者的反应可能会较异常,甚者不能承受。而心理承受能力强的人员则表现较正常,能较好地应对。这样就可以判别出求职者的心理承受能力。另外,该方法也可以用来证实对一些信息的怀疑。因为,人在一些突发问题上的反应更真实、更客观,而在准备个人求职资料时不自觉地、不同程度上会美化自己,甚至造假。

一般来说,面试时要重点关注被测者的以下几方面的素质:

①仪表风度。这是指被测者的体格外貌、穿着举止以及精神状态等。

②求职动机与工作期望。了解求职者为何希望来本单位工作，对哪种职位最感兴趣，在工作中追求什么，判断本单位所能提供的职位或工作条件能否满足其工作要求和期望。

③专业知识与特长。了解被测者掌握专业知识的深度和广度，其专业知识与特长是否符合应聘职位的专业要求，作为对专业知识笔试的补充。

④工作经验。这是面试过程中所要考察的重点内容。此项内容，是通过了解被测者的工作经历，来查询其过去工作的有关情况，以考察其所具有的实践经验和程度。通过考察工作经验，主试者还可考察出被测者的责任感、主动精神、思维能力以及遇到紧急情况的理智状况。

⑤工作态度。这里面有两层含义：一是了解被测者过去对工作、学习的态度；二是了解其对要应聘的职位的态度。

⑥事业进取心。事业心、进取心强烈的人，一般都确立有事业上的奋斗目标，并为之而积极努力。表现在工作上兢兢业业，刻意追求，不安于现状，努力把工作做好，工作中常有创新；进取心不强或没有什么进取心的人，必然是无所事事，安于现状，不求有功，但求能敷衍了事，因此对事不热心。这样的人是难以做好本职工作的。

⑦语言表达力。面试中被测者是否能流利地表达自己的观点，语言表达是否得体、合乎逻辑。

⑧综合分析能力。面试中被测者是否能对主试人所提的问题通过分析抓住事物本质，并且说理透彻，分析全面，条理清晰。

⑨反应能力。反应能力，即头脑的机敏程度。面试时，被测者对主试者所提问题能否迅速、准确地理解并尽快作出相应的回答而且答案简练、贴切。

⑩自我控制能力。在面试中，对管理阶层人才的测评，自我控制能力的考察也是一项重要内容，一方面，在遇到上级批评指责、工作有压力或是个人利益受到冲击时，能否克制、容忍、理智地对待，不因情绪的波动而影响工作；另一方面干工作是否有耐心和韧劲。

⑪人际交往倾向及与人相处的技巧。在面试中，通过询问被测者经常参与哪些社团活动，喜欢和什么样类型的人打交道，在各种社交场所扮演的角色，可以了解其人际倾向及与人相处的技巧。

⑫精力和活力。在面试中，通过了解被测者喜欢什么运动，每天的运动量等，可以考察其精力和活力。

即时案例

古人识人术

例 1：魏征的六观法："贵则观其所举，富则观其所好，习则观其所言，穷则观其所不受,贱则观其所不为。”

例 2:诸葛亮《心书·知人性》提出知人 7 法:“问之以是非而观其志;穷之以词辩而观其变;咨之以计谋而观其识;告之以祸难而观其勇;醉之以酒而观其性;临之以利而观其廉;期之以事而观其信。”都是为后人津津乐道的识人经典。

例 3:曾国藩的《冰鉴》更是广为流传,但是诸葛亮也有误用马谡,曾国藩也有被人欺蒙之时。其实,古人的识人参照系在其心上,质量高低可靠与否取决于识人者的经验、智慧,甚至当时的心境,其信度和效度肯定有问题,即便是几个大人物积累了有效的经验也无法传播成为大众技术。

(资料来源:《人力资源小故事》,道客巴巴.)

---

(3)设计面试问话提纲和评价量表

面试过程是对每位参加面试的应聘者的评价,因此,应根据岗位要求和每位应聘者的实际情况,设计有针对性的面试问话提纲和评价量表,并根据应聘者的回答情况进行计分。面试问话提纲的具体设计步骤如下:

①工作分析。即对应聘岗位的工作内容进行详细的分析,该工作具体做什么事情,需要什么人员和相应的何种素质能够胜任这项工作。

②确定目标。每次面试都应该有明确的目标,清楚这次面试必须了解何种信息,达到何种目的。

③在工作分析的基础上编制各种问题。这些问题可以包括工作环境方面的问题,工作经验方面的问题,工作技巧方面的问题,以及工作要求和被测者本身要求的问题等。

④决定如何评价面试的结果。即要制定若干标准以判断何种问题及回答是正确的或有效的。

⑤要有面试的控制。即要将面试的目的、面试的问题事先记录下来,在面试中可以经常提醒主试者始终围绕目标进行面试。

招聘中的面试是指用人单位为了解应聘者的学识水平、求职动机、工作经验等相关求职信息以评价其是否具备职位任职资格而与应聘者进行面对面的交流沟通。

(4)面试程序

①准备阶段。a.选择面试考官。b.准备面试资料。c.布置面试场地。

②面试开始阶段。面试开始,考官可以通过寒暄、问候、微笑来营造轻松的面谈氛围,解除应聘者的紧张和顾虑。还可让应聘者做简短的自我介绍,自然地进入面试的程序。

③正式面试阶段。面试考官根据事先准备的面试提纲向应聘者逐一提问,并记录相关信息。面试的目的是全面客观地了解应聘者的信息,作为选拔的依据,因此面试考官应尽可能地引导应聘者发言,以达到预期的目的。

④面试结束阶段。询问应试者是否有需要补充的信息,并允许应试者提问,并

告知其面试结果通知的时间和方式,不论应聘者表现如何,面试均应在友好的气氛中结束。

(5)面试中的提问技巧

在各类面试中,主考官常常要向应聘者提问,若提问颇有技巧,则主考官能获取更多信息,提高面试质量。下面一些面试技巧可供面试时参考。

①合理安排提问内容。提问内容应是重要的、与拟聘职务有关的、并且是应聘者书面材料之外的东西,以便于更全面、真实地了解应聘者适应拟聘职务方面的情况。

②合理运用简单提问。一般在面试刚开始时,采用简单提问来缓解面试的紧张气氛,消除应聘者的心理压力,使应聘者能轻松进入角色,充分发挥自己的水平和潜力。简单提问常以问候性语言开始如"你一路上辛苦吗?""你乘什么车来的?"

③合理运用递进提问。在开始简单提问后,谈话气氛趋于轻松,此时可采用递进提问将问题引向深一层次,如引导应聘者详细描述自己的工作经历、技能、成果、工作动机、个人兴趣等。递进提问常采用诱导式提问如"你为什么要离职?""你为什么要到本公司来工作?""你如何处理这件事情?"等,给应聘者更多的发挥余地,以便更深入地了解应聘者的能力;而避免使用肯定/否定提问如"你认为某事情这样处理对吗?""你有管理方面的经验吗?"

④合理运用比较式提问。是指主考官要求应聘者对两个或更多事物进行比较分析,以了解应聘者的个人品格、工作动机、工作能力与潜力的目的。如"若现在同时有一个晋升机会与培训机会,你将如何选择?""你在以往的工作经历中,你认为你最成功的地方是什么?"等。

⑤合理运用举例提问。这是面试的一项核心技巧。是指主考官要求应聘者举例回答问题,引导应聘者回答解决某一问题或完成某项任务所采取的方法和措施,以此鉴别应聘者解决问题的实际能力,如"请你举例说明你对员工管理的成功之处"。

⑥客观评价提问。是指主考官有意让应聘者介绍自己的情况,客观地对自己的优缺点或曾发生在主考官身上的某些事情进行评价,以使应聘者毫无戒备地回答有关敏感性问题,进而从侧面进一步了解,如"世上没有十全十美的人,比如说,我在处理突发事件时就易冲动,今后有待于进一步改善。你觉得你在哪些方面需要改进?"

⑦面试评价。面试结束后,应对应试者的表现给予客观、公正的评价并通过书面形式呈现,见表4.4。评价项目应与面试目的密切相关,尽量明确、数量化、可操作性强。

表4.4 列出了面试评价量表的细节。

表 4.4 面试评价量表

姓名:	性别:		年龄:	编号:	
应聘职位:			所属部门:		
评价要素	评价等级				
	1 差	2 较差	3 一般	4 较好	5 好
个人修养					
求职动机					
语言表达能力					
应变能力					
社交能力					
自我认知能力					
性格内外向					
精神面貌					
进取心					
相关专业知识					
总体评价					
评价:	○建议录用		○有条件录用	○建议不录用	
用人部门意见: 签字:	人力资源部门意见: 签字:			总经理意见: 签字:	

资料来源:王丽娟.员工招聘与配置[M].上海:复旦大学出版社,2006.

(6)主考官应具备的素质

主考官除具备上述面试询问技巧的业务素质外,还要具备以下素质:

①能客观公正地对待所有应聘者。不应以个人主观因素评价应聘者,而应以录用标准加以衡量。

②良好的语言表达能力。在提问中语音表达清楚准确,不引起应聘者的歧义和误解,并善于引导应聘者回答问题。

③善于倾听应聘者的陈述。对应聘者的陈述始终集中注意力和保持极大的兴

趣，能准确理解对方的陈述。

④敏锐的观察力。对应聘者面试中表现出的如身体姿态、语言表达、面部表情、精神面貌等要善于观察。

⑤善于控制面试进程，使面试始终处于一个良好、轻松愉快的气氛之中。

4）评价中心技术

“评价中心”是以测评管理素质为中心的标准化的一组评价活动。它不是一种具体的方法而是多种方法的组合，是一种程序。第28届评价中心国际会议给出的定义是：“评价中心是由对多次行为的标准化评估构成的，由许多受过专门训练的观察者运用多种技术手段对被评价者在专门设计的模拟情境中表露出的行为作出判断，这些判断被提交到评委会议上或经过统计方法加以分析整合。”评价中心的目的是评价被测者是否适合担任某项工作，预测被测者的能力、潜力与工作绩效的前景，同时察觉被测者的欠缺之处，从而可以用于人力资源的培训与开发、职业能力测评、职业规划、人事研究以及组织的绩效评估等方面。随着实践的深入，评价中心的应用范围也必将日益扩大。

（1）特点

评价中心主要的特点是情景模拟性，除此之外以下几个突出特点：

①综合性。与其他素质测评相比，评价中心最突出的特点之一是对多种测评技术手段的综合运用。如对于问卷、量表、测验、投射、面试、小组讨论、公文处理、角色扮演等测评技术，它往往选择其中多种综合实施而不是选择其中之一，从而取各种测评技术之长，而补它们独立使用之短。同时，行为取样的多样性和广泛性极大地提高了评价中心的有效性。

②动态性。与问卷测验、观察评定、面试投射相比，评价中心使被测者处于最兴奋状态。评价中心通过一系列的活动安排、环境布置与压力刺激来激发被测者的潜在能力，使其得到充分发挥，从而使测评者有可能对个体动态条件下的素质特征有一个真实、全面的把握。事物只有在运动中才能暴露其本质特征，被测者只有在活动中才能充分表现其内在素质。动态性的另一表现是评价中心的操作不像其他测评方法那样要求有一个统一的规定，它操作的具体内容、时间与程序可以灵活变动，没有固定的模式。

③标准化。与行为观察和面试相比，评价中心更具有标准化的特点。评价中心虽然活动频繁，形式多样，时间持续从几个月到一周到几小时不等，但每个活动都是按统一的测评需要设计的，测评内容和整个的测评活动安排都是通过客观的工作分析来确定的，测评目标十分明确。标准化的特点还体现在对被测者的刺激与反应条件的同一性上。在评价中心的活动中，每个被测者都处于机会均等的情境中，并可以获得表现自身品质的同等条件，在练习指导、期限、测评者对候选人的沟通交流等方面都是等同的。当然，这种标准化的程度介于心理测验与实际观察评定之间。

④整体互动性。与其他测评形式相比,评价中心的测评体现了整体互动的特点。测评者对被测者的测评大多是置于群体互动之中进行比较性的整体测评。对于每项素质的测评,不是进行抽象的分析,而是将对象置于动态的观察之中,联系生活上的行为举动作出评定。人的素质测评非常复杂,要对其作出准确、真实的测评,静止、分解与孤立的分析,往往难以把握,常常需要在相互比较的实际活动中作整体的测评。

⑤全面性。与其他测评方法相比,它既不是以个别人的评定说了算,也不像面试那样仅仅以谈话方式进行,而是综合多种测评活动,由多个测评人员共同测评。测评方式上突破前述各种形式的限制,测评内容涉及监督、管理与决策等方向的技能。一方面,给测评双方提供了多种表现或观察的机会,另一方面又增强了测评的公正性与客观性。就测评者来说,人员组成具有全面代表性,评委由直接主管与测评专家多方组成,人员比例为1∶1和1∶3不等,个别人的主观偏向可以通过其他测评者的整体平衡来控制;测评者的多向结构也保证了观察视角的广阔性。

⑥针对性。通常的智力测验或个性测验的内容与实际工作情况关系不大,而评价中心强调具体情境,寓一般于特殊之中,它如实地模拟特定的工作条件和环境,并在特定的工作情境和压力下实施测评。测得的不仅有一般的心理素质,而且有管理人员解决问题的实际动手能力。评价中心根据不同层次管理人员的岗位要求和必备能力,设计不同方面的模拟情境,适应不同岗位的需要,具有很强的针对性,因而较好地避免了那种在一般的职业测验中得分高,但在实际工作中能力差的高分低能的倾向,增加了测评的可靠性。

(2)存在的问题

任何一种方法都有利有弊,评价中心也不例外。就一般调查来看,人们发现评价中心存在以下一些问题:①花费大,代价高。与其他素质测评相比,在所需人力、物力、财力与时间上,评价中心都高于其他方法。②应用范围较小。这主要体现在测评的素质与人数上。评价中心主要是用于中高层管理者的测评。③操作难度较大。评价中心对评价者的要求很高,一般人操作不了。如果不是由专家或经过严格培训的人员进行评价中心的评分工作,草率地运用会带来很大危害。④评价中心的质量很难鉴定。虽然评价中心结果可以用来作为鉴定其他测评方法或培训计划的效标,但其自身的质量好坏却很难找到参照效标。⑤还存在一些不可克服的误差。

即使评价中心有这样或那样的缺点,但仍然不失为一种有针对性的、高效的素质测评方法。而且随着对评价中心研究的深入,评价中心将不断得到改进并越来越完善。

(3)举例

①文件筐测验(in basket)。文件筐测验又称公文筐测验,它是对实际工作中

管理人员掌握和分析资料、处理各种信息以及作出决策的工作活动能力的综合测评。

文件筐测验根据不同的测试目的可分为3种模拟形式:背景模拟、公文类别处理模拟和处理过程模拟。该测验在假定情境下实施,测评者模拟一个公司所发生的实际业务、管理环境等,提供给被测者的信息涉及财务、人事备忘录、市场信息、政府的法令公文、客户关系等十几份甚至更多的材料。测验要求被测人员以管理者的身份,在规定条件下(通常是较紧迫或困难的条件,如时间与信息有限,孤立无援,初次新任等)对各类公文材料进行处理,形成公文处理报告。测评者通过观察被测者在规定条件下的处理过程中的行为表现和书面作答情况,评估其他方面的管理能力。

文件筐测验所要测评的能力定位于管理者从事管理活动时正确处理普遍性的管理问题,有效履行主要管理职能所需具备的能力。考察管理者对多方面管理业务的整体运作能力,包括对人、财、物、信息等多方面的控制把握。

②无领导小组讨论。无领导小组讨论(leaderless group discussion)是指一组被测者组成一个临时的工作组,讨论给定的题目,并作出决策的测评活动。由于这个小组是临时拼凑的,并不指定谁是负责人,目的就在于考察应聘者的表现,尤其是看谁能从中脱颖而出,成为自发的领导者。在这类测评活动中,通过交给一定数目的应聘者(一般5~7人为宜)一个与工作相关的问题,让他们进行一定时间的讨论,来检测应聘者的组织协调能力、口头表达能力、洞察力、说服能力、感染力、处理人际关系的技巧、非言语沟通能力及自信程度、进取心、责任心、灵活性、情绪控制等个性特点和行为风格,以此评价应聘者之间的优劣。

在无领导小组讨论中,或者不给应聘者指定特别的角色(不定角色的无领导小组讨论),或者只是给每个应聘者指定一个彼此平等的角色(定角色无领导小组讨论),但这两种类型都不指定谁是领导,也并不指定每个应聘者应该坐在哪个位置,而是让应聘者自行安排,自行组织,评价者只是通过安排应聘者的讨论题目,观察每个应聘者的表现,给应聘者的各个要素评分,从而对应聘者的相关素质水平作出判断。

③管理游戏(management game)。管理游戏是一种以完成某项"实际工作任务"为基础的标准化模拟活动,通过活动观察检测者实际的管理能力。在这种活动中,被测者也会被分成若干小组,一般3人一组,小组成员各被分配一定的任务,必须相互合作才能较好完成,如要他们共同讨论有关生产、市场、销售以及财务等方面的问题。管理游戏能突破实际工作情境的时间和空间,将许多重要的工作集中到一起进行能力考察和素质测评,使测评被测者的实际管理能力变得简单易行,同时任务也更有挑战性和趣味性。

④角色扮演(individual presentation)。角色扮演是一种主要用以测评人际关系处理能力的情景模拟活动。在这种活动中,主试人设置了一系列尖锐的人际矛盾

与人际冲突,要求被测者扮演某一角色并进入角色情境去处理各种问题和矛盾。角色扮演的时间一般较短,10~30 分钟不等。主试人通过对被测者在不同角色情境中表现出的行为进行观察和记录,测评其素质潜能。

⑤其他评价中心技术。

a.案例分析。在这种测评方式中,主试人提供给被测者一些在实际工作中常常发生问题的有关书面案例材料,要求他们解答案例中的问题并写出案例分析报告,或者要求他们准备在小组讨论会上作口头发言。主试人根据被测者分析问题解决问题的能力、观点的组织表达能力、语言和书面传递信息的技巧等给予评价。这种测评方式的优点是操作相对方便易行,不但可以用于测评一般能力,如组织一个生产活动和特殊技能(如计算投资效益),而且通过精心设计加上组合案例,还能够多层次、多角度地深入测评被测者某一方面的才能,还能够测评被测者多方面的甚至是全面的才能。

b.演讲。演讲既可以是即兴的,也可以是有准备的。即兴的演讲可以在被测者抽签以后稍做准备,5 分钟左右即可上台演讲;有准备的演讲可以给被测者 1 个小时的时间进行准备,正式演讲的时间大约为 10 分钟,另外还留 5 分钟左右的时间给在座的 6~8 位评价者对被测者提问,由被测者作出回答。着重从思维的敏捷性、系统性、条理性、创造性、说服能力以及自信心等方面来考察演讲者。

c.模拟面谈。模拟面谈是角色扮演的一种形式。一般是由评价者的一名助手扮演与被测者谈话的人,这个人是经过培训了的,他的行为将遵循一种标准化的模式。这个与被测者谈话的人可以充当各种与被测者有关的角色,例如被测者拟任职位的下属、客户或其他可能与被测者在工作当中发生关系的角色,其间可以充当对被测者进行采访的电视台记者。按照具体情境的要求,这个人可以向被测者提出问题、建议,或反驳被测者的意见,拒绝被测者的要求等。被测者必须与这个人进行交谈以解决他所要解决的问题,由评价者对面谈的过程进行观察和评价。这个项目主要考察被测者的说服能力、表达能力和处理冲突的能力以及其思维的灵活性和敏捷性等。

4.3 人员录用与招聘评估

4.3.1 人员录用

经过对应聘者进行选拔测试之后,招聘进入录用工作阶段。录用是指综合应聘者在招聘过程中的表现及所有相关的求职资料,根据组织需求,挑选出最适合的人选,并办理入职手续的过程。本阶段的工作主要有录用决策、通知应聘者和录用面谈。

1)录用决策

录用决策主要是对选拔过程中产生的信息进行综合评价与分析,确定每一个候选人的素质和能力特点,根据预先设计的人员录用标准进行挑选,选择出最合适的人员的过程。具体的工作程序一般按以下4个步骤进行:

①总结应聘者的信息。评价小组综合考虑应聘者现有的知识、技能、对工作的胜任程度、工作动机、兴趣、个性特征、工作主动性等。

②分析录用决策的影响因素。人员素质与岗位要求是否匹配是录用决策首先考虑的核心因素,除此之外,还应考虑其他影响因素。如,是侧重于应聘者的潜能,还是根据组织的现有需要;企业现有的薪酬水平与应聘者的要求之间有无差距;高于合格标准的人员是否在考虑范围之列;没有合适的人选是降低要求还是重新招聘等问题,应根据组织的实际情况作出适当的决策。

③体检。在作出最终录用决策之前,还应对待录者进行必要的身体检查,淘汰身体状况不符合要求的人员,以确保身体条件符合所从事工作的要求。

④背景调查。背景调查就是对应聘者与工作有关的一些背景信息如学历、学位、工作经历等进行查证核实,以确定其任职资格。通过背景调查,一方面可以发现应聘者过去是否有不良记录;另一方面,也可以对应聘者的诚实性进行考察。在进行背景调查时要注意从各个不同的信息渠道验证信息,不要听信一个被调查者或者一个渠道来源的信息,必要时可以委托专业的调查机构进行调查。

⑤作出录用决策。在分析候选人所有信息资料的基础上,根据招聘要求,作出最终的录用决定,并反馈给人力资源管理部门,通知应聘者录用决定并办理各种录用手续。

2)通知应聘者

①录用通知。为了不失去合格的录用者,录用通知要及时送出。有些官僚作风严重的企业,因通知不及时而损失了重要的人力资源,并影响企业形象。录用通知书除了将有关事项说明清楚,还表明了企业对人才的尊重,对招聘工作的重视。

②辞谢通知。企业也应该用礼貌的方式通知未被录用的应聘者,可以通过电话用委婉的语言通知,但用正式的信函告知更能树立良好的企业形象,可能对今后的招聘产生有利的影响。

3)员工入职

当一名职位候选人经过层层选拔被录用后,在正式进入该单位工作前,还要经过以下一些入职程序。

①与录用员工签订《聘用意向书》,双方签字后生效,人力资源部保存原件,录

用员工留存复印件。

②新员工的人事档案转入公司统一的档案管理机构。

③人力资源部门把将要正式入职的员工信息录入员工信息管理系统,与新员工预先约定时间到公司正式入职。

④让新员工填写档案登记表,并与新员工签订劳动合同,办理各种福利转移手续。

⑤进行入职面谈。根据录用岗位的职级高低选择录用面谈的执行者。通常录用经营管理层的高级管理人员,由董事长、总经理或人力资源专家执行;如果是中层管理人员,由分管的公司领导(副职)来执行;如果是基层管理人员,由部门主管或分管领导来执行;普通员工的录用面谈则由人力资源部主管来执行。面谈的内容主要就企业目标、企业文化、薪酬待遇、工作职责、工作思维和方法等方面的内容展开。录用面谈的目的是加强录用人员与企业相互了解与沟通,解答录用人员关于企业的所有问题,为今后的工作开展打下一个良好的基础。

4.3.2 招聘评估

招聘评估是在完成招聘流程中各阶段工作的基础上,对整个招聘活动的过程及结果进行评价并总结,检查是否达到预期的招聘目的,以求不断改进的工作过程。招聘评估是整个招聘工作的最后一个步骤,也是十分必要的一个环节,通过对招聘的评估,可以帮助企业发现招聘过程中存在的问题,对招聘计划制订以及人才选拔方法运用等各项工作进行优化,提高以后招聘的效果。

1)成本效益评估

成本效益评估主要是对招聘成本、成本效用,以及招聘收益成本比进行计算和评价。

(1)招聘成本评估

招聘成本由以下几个方面构成:

①招募成本。为吸引和招聘到企业所需的人力资源而发生的费用。主要有:a.招募人员的直接劳务费用;b.直接业务费用,包括参加招聘会、差旅费、招聘代理费、专家咨询费、广告宣传费等;c.间接管理费用,包括行政管理费、场地及设备使用等;d.预付费用,如人才的委托培养费等。

②选拔成本。对应聘人员进行鉴别甄选,作出录用决策过程中所支付的费用。包括面试考官及工作人员的报酬、印发申请表、考试费用、心理测验费用、体检费用等。

③录用成本。办理录用手续费用、调动补偿费、搬迁费、路途补助费、向原单位交纳的违约补偿金、培训或教育补偿费用等。

④安置成本。为安置录用员工到具体的工作岗位所发生的费用。如安排新员工的各项行政管理费用、购置办公设备、安排办公场地、提供住房等。

招聘总成本等于招聘过程中,各项成本的总和。招聘成本评估通常计算招聘的单位成本:

招聘单位成本 = 招聘总成本 ÷ 录用人数

如果招聘成本低,录用人员质量高,录用人数多,则招聘效率高,反之,则招聘效率低。

(2)成本效用评估

对招聘成本所产生的效果进行分析,主要包括:招聘总成本效用分析、招募成本效用分析、人员选拔成本效用分析、人员录用成本效用分析等。

招聘总成本效用 = 录用人数 ÷ 招聘总成本

招募成本效用 = 应聘人数 ÷ 招募成本

选拔成本效用 = 被选中人数 ÷ 选拔期间的费用

人员录用效用 = 正式录用的人数 ÷ 录用期间的费用

(3)招聘收益成本比

既是一项经济评价指标,又是对招聘工作的有效性进行考核的一项指标。招聘收益成本比越高,说明招聘工作越有效。

招聘收益成本比=所有新员工为组织创造的总价值/招聘总成本

2)录用人员评估

录用人员评估是指根据招聘计划对录用人员的质量和数量进行评估的过程。

(1)录用人员数量评估

录用人员数量评估主要从录用比、招聘完成比和应聘比 3 个方面进行评价:

录用比 =(录用人数 ÷ 应聘人数)× 100%

招聘完成比 =(录用人数 ÷ 计划招聘人数)× 100%

应聘比 =(应聘人数 ÷ 计划招聘人数)× 100%

如果录用比越小,则说明录用者的素质越高;反之,则可能录用者的素质较低。如果招聘完成比大于 100%,则说明在数量上超额完成招聘计划。应聘比越大,说明发布招聘信息效果越好,录用人员素质可能较高。

(2)录用人员质量评估

录用人员质量评估可以通过对录用者在工作岗位上的工作表现、实际工作业绩以及发展潜力进一步评估其与工作岗位的匹配程度。

3)招聘工作总结

招聘评估工作完成以后,应对整个招聘工作进行书面总结,对招聘的实施、招聘工作中的优缺点等进行仔细回顾分析,撰写招聘总结,作为一项资料存档,为以后的招聘工作和人力资源管理其他工作提供信息。

【案例讨论】

你将如何用人?

1.蒙哥马利的用人思想

第二次世界大战期间的英军统帅蒙哥马利有其独特的用人之道。有一次,他对人讲,士兵有聪明的,有愚笨的,有勤快的,有懒惰的。聪明而勤快的,可以让他当个参谋;愚笨而懒惰的可以指使他去干事;聪颖而又懒惰,可以当统帅;愚笨而又勤快的,你要尽快地赶他走。

2.诸葛亮的用人之术

诸葛亮的用人管理原则:对关羽可以恭维,对张飞不能恭维,对赵云要经常表扬。对人的管理不作统一的标准,这是诸葛亮的用人智慧。

诸葛亮以一名躬耕垄亩的“村夫”参与无权、无势、无钱、无地盘而且缺兵少将的以刘备为首的政治集团,一下子因为占得天时从而势不可挡的曹操手里虎口拔牙夺取荆州、益州、汉中,在三分天下的角逐中占得一席之地,凭借的完全是刘备自己的那一点人马。这一发展过程好比在企业经营中用很少的一点本钱赚了大钱,又好像一个临时成立的个体户同仁组织和财大气粗国家中央企业、地方企业平起平坐,共同瓜分市场。这样总结诸葛亮的成功经验,对于企业家来说,实在是很有现实意义。

刘备在这个政治集团中相当于公司董事长的身份地位,他既然肯三顾茅庐请诸葛亮出山做军师,相当于聘请诸葛亮做公司的总经理,自然对诸葛亮的经营方针和措施全力支持。诸葛亮于是发挥刘备的两个作用,一是作为战时合法经营人的招牌作用,二是作为这个组织的领导,也就是这个集团的家长作用。所以诸葛亮发布一切命令总是在刘备身边进行,从不自作主张。

关羽是刘备桃园结义的兄弟,他有极高的武艺,有温酒斩华雄、斩颜良、诛文丑等战绩,有挂印封金、过五关斩六将辞曹归汉的名气,在任何情况下都有独当一面的能力。不过他又过于骄傲,对诸葛亮这样的少年书生更是不大看得起。诸葛亮不得不一方面作出点实际成绩让关羽承认,一方面尽量说些恭维话助长关羽为刘备出力的雄心,同时注意让关羽在华容道拦截这样的难题前丢点小丑,以提醒他不敢过于自负。

张飞的地位虽然次于关羽,但本领却与关羽相差不多。他快人快语的性格和暴露出怀疑诸葛亮能力的心态。诸葛亮认为这是需要挖掘人力资源,先在博望坡用兵使他折服,再屡次激励他动脑筋解决难题,因为被人认为头脑简单的张飞一旦用计,就会使对手防不胜防。

赵云没有参加桃园结义,为了争取个人的发展前途,只能是忠诚的为刘备效力。诸葛亮看准了赵云这一忠厚背景,总是把最关键的任务交给赵云来完成,而且一有机会，就要当众肯定赵云的功劳和贡献，使得赵云在诸葛亮经营蜀汉事业过程中起着重要作用。

诸葛亮以调动、发挥刘备政治集团各成员人力资源为基础，抓住曹操占领荆州后想一举夺取江东的急躁心理，说服孙权与刘备共同抗击曹操，并且利用曹操赤壁兵败的时机，夺取荆州，实现了事业经营从无到有的第一步，这里充分揭示出"经营就是人的管理问题"这一深刻命题的意义。

（资料来源：何国玉.人力资源管理精选案例[M].北京：中国人民大学出版社，2004.）

要求：

1.分析蒙哥马利的用人思想。

2.分析诸葛亮的用人之术及其现实意义。

【人力资源管理故事】

招聘捕鼠科科长

有一个农场，因捕鼠科科长离职而造成场内鼠患成灾，农场总经理命令人力资源部经理，5天之内要给我招一个捕鼠科科长回来，否则你也给我走人。

人力资源部经理接到这个指示后，回去赶紧就写了一张小红纸条，贴在农场的大门口，上面这样写道："本农场欲招捕鼠科科长一位，待遇优，福利好，有意者请来面试。"

第二天，农场门口来了这么7位应聘者——鸡、鸭、羊、狗、猪、猫、猫头鹰。好，现在开始筛选。

第一轮筛选是学历筛选。鸡、鸭都是北京大学的优秀毕业生，当然过关；羊和狗是大专毕业，也过关；猫和猫头鹰是高中毕业，人力资源部经理皱了皱眉头，也过关了，结果，第一关淘汰下来的只有一位，那就是只读到小学二年级的猪先生。

第二轮是笔试。这当然难不倒大学本科毕业的鸡和鸭；羊因为平时勤勉，也勉强过关了；狗呢，上学的时候不太认真，碰到这些题目有些为难，可是它在这么短短的一会儿时间内，已经给主考官鞠了六个躬，点了九次头，所以也过关了；猫头鹰本来是不会做的，可是它眼力好，偷看到了，所以也就抄过了关。只有猫因为坚持原则，不会做就是不会做，所以，这一轮被淘汰的只有猫一个人。

第三轮是答辩，总经理、农场场主和人力资源部经理三个人坐在那里，应聘者一个接一个的进来。第一个是鸡，它一进来就说："我在学校时是学捕鼠专业的，曾经以如何掌握鼠的习性与行动方式写过一篇著作。"三个人一碰头，这个好，留下了。第二个进来的是鸭，它说："我没有发表过什么著作，但是在大学期间，我一共发表了18篇有关鼠的论文，对于鼠的各个种类，我是了如指掌。"这个也不错，也留下了。第三个进来的是羊，羊说："我没有那么高的学历，也没有发表过什么论文、著作。但是我有一颗持之以恒的心和坚硬的蹄子。你们只要帮我找到老鼠洞口，然后我就站在那里，高举着我的前蹄，看到有老鼠出来我就踩下去，十次当中应该会有两三次可以踩死，只要我坚持下去，相信有一天我会消灭老鼠的！”三个主考官被羊的这种精神感动了，于是也录取了。

第四个进来的是狗，狗一进来就点头哈腰地说：“瞧三位慈眉善目的，一定都是十分优秀的成功人士……”一顿马屁狂拍，三个人被拍得晕晕乎乎的，最终也录用了。

最后一个是猫头鹰，没有高学历，没有什么论文著作，唯一的成绩就是从事捕鼠一年多来抓了五六百只的田鼠，但是又不会拍马屁，又长得恶形恶脸的，一点都不讨人喜欢，所以就被淘汰了。

至此，整个招聘活动结束了，大家可以看到的是，真正会捕鼠的——像猫、猫头鹰，都被淘汰了。这个招聘是结束了，但是结果呢？当然是失败的……

（资料来源：何国玉.人力资源管理精选案例[M].北京：中国人民大学出版社，2004.）

【课外小组活动】

模拟面试

1.学生成立模拟公司，自行搜集企业的招聘信息，其他同学作为应聘者提供3~5份应聘者材料。

2.由3~5位学生扮演企业面试考官，3~5位学生扮演应聘者，2位学生担任“考察者”。

3.考官小组负责设计面试问题、选择面试类型、组织面试过程，并实施面试。

4.应聘者根据给出的材料内容扮演自己的角色。

5.“考察者”观察面试的全过程，并对考官和应聘者进行点评。

第5章 员工培训

【学习要点】

①员工培训的定义、实质和在企业发展中的作用；
②员工培训的目标和原则；
③员工培训的需求分析；
④员工培训的内容和培训效果测定；
⑤企业培训常用的方法。

【导入案例】

IBM的培训

国际商用机器公司(International Business Machines Corporation,IBM)是一家拥有40万中层干部、520亿美元资产的大型企业,其年销售额达到500亿美元,利润为70多亿美元。它是世界上经营最好、管理最成功的公司之一。在计算机这个发展最迅速、经营最活跃的行业里,其销量居世界之首,多年来,在《幸福》杂志评选出的美国前500家公司中一直名列榜首。

IBM公司追求卓越,特别是在人才培训、造就销售人才方面取得了成功的经验。具体地说,IBM公司决不让一名未经培训或者未经全面培训的人到销售第一线去。销售人员们说些什么、做些什么,以及怎样说和怎样做,都对公司的形象和信用影响极大。如果准备不足就仓促上阵,会使一个很有潜力的销售人员夭折。因此该公司用于培训的资金充足,计划严密,结构合理,一到培训结束,学员就可以有足够的技能,满怀信心地同用户打交道,不合格的培训几乎总是导致频繁地更换销售人员,其费用远远超过了高质量培训过程所需要的费用。

这种人员的频繁更换将会使公司的信誉蒙受损失,同时,也会使依靠这些销售人员提供服务和咨询的用户受到损害。近年来,该公司更换的第一线销售人员低于3%。所以从公司的角度看,招工和培训工作是成功的。

IBM公司的销售人员和系统工程师要接受为期12个月的初步培训,主要采用现场实习和课堂讲授相结合的教学方法。其中75%的时间是在各地分公司中度过的;20%的时间在公司的教育中心学习。分公司负责培训工作的中层干部将检查该公司学员的教学大纲。这个大纲包括从公司中学员的素养、价值观念、信念原则到整个生产过程的基本知识等方面的内容。学员们利用一定时间与市场营销人员一起访问用户,从实际工作中得到体会。

此外,还经常让新学员在分公司的会议上,在经验丰富的市场营销代表面前,进行他们的第一次成果演习,有时,有些批评可能十分尖锐,但学员们却因此增强了信心,并赢得同事们的尊敬。

该公司从来不会派一名不合格的代表会见用户,也不会送一名不合格的代表去接受培训,因为这不符合优秀企业的概念。销售培训的第一期课程包括IBM公司经营方针的很多内容,如销售政策、市场营销实践以及计算机概念和IBM公司的产品介绍,第二期课程主要是学习如何销售。在课堂上,该公司的学员了解了公司有关后勤系统以及怎样应用这个系统。他们研究竞争和发展一般业务的技能。学员们在逐渐成为一个合格的销售代表或系统工程师的过程中,始终坚持理论联系实际的学习方法。学员们到分公司可以看到他们在课堂上学到的知识的实际部分。

现场实习之后,再进行一段长时间的理论学习,这是一段令人“心力交瘁”的课程:紧张的学习每天从早上8点到晚上6点,而附加的课外作业常常要使学生们熬到半夜。在商业界中,人们必须学会合理安排自己的时间,他们必须明白:“充分努力意味着什么?整个通宵是否比只学习到晚上10点好?”课程开始之前,像在学校那样,要对学员分班,分班时的考试是根据他们的知识水平决定的。经过一段时间的学习之后,考试便增加了主观因素,学员们还要进行销售演习,这是一项具有很高的价值和收益的活动。一个用户判断一个销售人员的能力时,只能从他如何表达自己的知识来鉴别其能力的高低,商业界就是一个自我表现的世界,销售人员必须做好准备去适应这个世界。

有时,学员们的所作所为还保留着某些学生气,他们对培训课程的某些方面感到不满,遇到这类情况,公司就会告诉他们:“去学校上学,你们每年大约要付15 000美元的学费。所以应当让我们决定什么是最好的。这就是经济规律,同时,也是你们学习经营的第一件事。”一般情况下,学员们在艰苦的培训过程中,在长时间的激烈竞争中迅速成长。每天长达14~15个小时的紧张学习压得人喘不过气来,然而,却很少有人抱怨,几乎每个人都能完成学业。

IBM公司市场营销培训的一个基本组成部分是模拟销售角色。在公司第一年的全部培训课程中,没有一天不涉及这个问题,并始终强调要保证演习或介绍的客观性,包括为什么要到某处推销和希望达到的目的。

同时,对产品的特点、性能以及可能带来的效益要进行清楚的说明和演习。学员们要学习问和听的技巧,以及如何达到目标和寻求订货等。假若用户认为产品的价钱太高的话,就必须先看看是否是一个有意义的项目,如果其他因素并不适合这个项目的话,单靠合理价格的建议并不能使你得到订货。

该公司采取的模拟销售角色的方法是,学员们在课堂上经常扮演销售角色,教员扮演用户,向学员提出各种问题,以检查他们接受问题的能力。这种上课接近于一种测验,可以对每个学员的优点和缺点两方面进行评判。

另外,还在一些关键的领域内对学员进行评价和衡量,如联络技巧,介绍与演习技能,与用户的交流能力以及一般企业经营知识等。对于学员们扮演的每一个销售角色和介绍产品的演习,教员们都给出评判。特别应提出的是IBM公司为销售培训所发展的具有代表性、最复杂的技巧之一就是阿姆斯特朗案例练习,它集中考虑一种假设的、由饭店网络、海洋运输、零售批发、制造业和体育用品等部门组成的、具有复杂的国际间业务联系。通过这种练习可以对工程师、财务经理、市场营销人员、主要的经营管理人员、总部执行人员等的形象进行详尽的分析。这种分析使个人的特点、工作态度,甚至决策能力等都清楚地表现出来。

由教员扮演阿姆斯特朗案例人员,从而创造出了一个非常逼真的环境。在这个组织中,学员们需要对各种人员完成一系列错综复杂的拜访,面对众多的问题,他们必须接触这个组织中几乎所有的人员,从普通接待人员到董事会成员。

由于这种学习方法非常逼真,每个“演员”的“表演”都十分令人信服。所以,每一个参加者都能像IBM公司所期望的那样认真地对待这次学习机会。这种练习的机会就是组织一次向用户介绍发现的问题,提出该公司的解决方案和争取订货的模拟用户会议。

(资料来源:《IBM的培训》,百度文库.)

5.1 员工培训概述

5.1.1 员工培训的含义

1)定义

培训的英文名称为training,意味着训练,培训是指组织通过学习和训导来提高员工的工作能力和知识水平,最大限度地使员工的个人素质与工作需求相匹配以提高员工现在和将来的工作绩效。

培训的概念可以从狭义和广义两方面来定义。从狭义来讲,培训就是通过一定的手段(如课堂授课、案例研讨、游戏分享、角色扮演使员工在知识、技能和态度方面达到改进并取得绩效提升的过程。从广义上讲,培训则是达到绩效提升的一个过程,不仅包括课堂讲授、案例研讨、游戏分享和角色扮演这一系列的活动,而且还包括活动过后的行为改善和绩效提升的过程中的一系列工作。

培训和开发在内涵上略有区别,各有所侧重。培训侧重于近期目标,是让员工满足当前的工作需要,重心放在增加雇员的知识和技能上,弥补员工当前在创造绩效中的缺陷。而开发着眼于未来目标,是让员工达到未来的工作要求,是一个战略性的概念。但是从本质含义上来说,两者却是相同的,都是通过对员工展开一系列活动来满足组织对人力资源的需要,进而提高组织的竞争优势。

2)培训的特点

(1)广泛性

广泛性,即指员工培训的网络涉及面广,不仅决策层管理者需要培训,而且一般员工也需要受训;员工培训的内容涉及企业经营活动或将来需要的知识、技能以及其他问题,而且员工培训的方式与方法也具有更大的广泛性。

(2)层次性

层次性,即指员工培训网络的深度,也是培训网络现实性的具体表现。不仅企业战略不同,培训的内容及重点不同,而且不同知识水平和不同需要的员工,所承担的工作任务不同,知识技能需要也各异。

(3)协调性

协调性,即指员工培训网络是一个系统工程,它要求培训的各环节、培训项目应协调。使培训网络正常运转。首先,要从企业经营战略出发,确定培训的模式、培训内容、培训对象;其次,应适时地根据企业发展的规模、速度和方向,合理确定受训者的总量与结构;最后,还要准确地根据员工的培训人数,合理地设计培训方案、培训的时间、地点等。

(4)实用性

实用性,即指员工的培训投资应产生的一定回报。员工培训系统要发挥其功能,即培训成果转移或转化成生产力,并能迅速促进企业竞争优势的发挥与保持。首先,企业应设计好的培训项目,使员工所掌握的技术、技能,更新的知识结构能适应新的工作;其次,应让受训者获得实践机会,为受训者提供或让其主动抓住机会来应用培训中所学的知识、技能和行为方式;最后,为培训成果转化创造有利的工作环境,构建学习型组织。它是一种具有促进学习能力、适应能力和变革能力的组织。

(5)长期性和速成性

长期性和速成性,即指随着科学技术的日益发展,人们必须不断接受新的知识,不断学习,任何企业对其员工的培训将是长期的,也是永恒的。员工学习的主要目的是为企业工作,所以培训一般针对性较强、周期短,具有速成的特点。许多培训是随经营的变化而设置的,如为改善经济技术指标急需掌握的知识和技能以及为掌握已决定进行的攻关课题、革新项目急需的知识和技能,为强化企业内部管理急需掌握的管理基本技能等。

(6)实践性

实践性,即指培训应根据员工的生理、心理以及工作经验等特点,在教学方法上应注重的实践教学方法。应针对工作实际多采用启发式、讨论式、研究式以及案例式的教学,使员工培训有效果。

5.1.2 员工培训的目标和意义

1)培训的目标

从根本目的来说,培训是满足企业长远的战略发展需求。

从职位要求来说,培训是满足职位要求,改进现有职位的业绩。

从员工角度来说,培训是满足员工职业生涯发展的需要。

从管理变革来说,培训是改变员工对工作与组织态度的重要方式。

从响应环境来说,培训有利于员工更新知识,适应新技术、新工艺的要求。

2)培训的意义

企业在面临全球化、高质量、高效率的工作系统挑战中,培训显得更为重要。培训使员工的知识、技能与态度明显提高与改善,由此提高企业效益,获得竞争优势。因此,员工培训的重要意义具体体现在以下几个方面:

(1)能提高员工的职业能力

员工培训的直接目的就是要发展员工的职业能力,使其更好地胜任现在的日常工作及未来的工作任务。在能力培训方面,传统上的培训重点一般放在基本技能与高级技能两个层次上,但是未来的工作需要员工具有更广博的知识,培训员工学会知识共享,创造性地运用知识来调整产品或服务的能力。同时,培训使员工的工作能力提高,为其取得好的工作绩效提供了可能,也为员工提供了更多晋升和较高收入的机会。

(2)有利于企业获得竞争优势

面对激烈的国际竞争:一方面,企业需要越来越多的跨国经营人才,为进军世界市场做好人才培训工作;另一方面,员工培训可提高企业新产品研究开发能力,员工培训就是要不断培训与开发高素质的人才,以获得竞争优势,这已为人们所认识,尤其是人类社会步入以知识经济资源和信息资源为重要依托的新时代,智力资本已成为获取生产力、竞争力和经济成就的关键因素。企业的竞争不再依靠自然资源、廉价的劳动力、精良的机器和雄厚的财力,而主要依靠知识密集型的人力资本。员工培训是创造智力资本的途径。智力资本包括基本技能(完成本职工作的技术)、高级技能(如怎样运用科技与其他员工共享信息、对客户和生产系统了解)以及自我激发创造力。因此,这要求建立一种新的适合未来发展与竞争的培训观念,提高企业员工的整体素质。

(3)有利于改善企业的工作质量

工作质量包括生产过程质量、产品质量与客户服务质量等。毫无疑问,培训使员工素质、职业能力提高并增强,将直接提高和改善企业工作质量。培训能改进员工的工作表现,降低成本,可增加员工的安全操作知识,提高员工的劳动技能水平,增强员工的岗位意识,增加员工的责任感,规范生产安全规定,增强安全管理意识,提高管理者的管理水平。因此企业应加强对员工敬业精神、安全意识和知识的培训。

(4)有利于高效工作绩效系统的构建

21世纪,科学技术的发展导致员工技能和工作角色的变化,企业需要对组织结构进行重新设计(如工作团队的建立)。今天的员工已不是简单接受工作任务,提供辅助性工作,而是参与提高产品与服务的团队活动。在团队工作系统中,员工扮演许多管理性质的工作角色。他们不仅具备运用新技术获得提高客户服务与产品质量的信息、与其他员工共享信息的能力,还具备人际交往技能和解决问题的能力、集体活动能力、沟通协调能力等。尤其是培训员工学习使用互联网、全球网及其他用于交流和收集信息工具的能力,可使企业工作绩效系统高效运转。

(5)满足员工实现自我价值的需要

在现代企业中,员工的工作目的更重要的是为了"高级"需求——实现自我价值。培训不断教给员工新的知识与技能,使其能适应或能接受具有挑战性的工作与任务,实现自我成长和自我价值,这不仅使员工在物质上得到满足,而且使员工获得精神上的成就感。

5.1.3　员工培训的分类

按照不同的标准,可以将员工培训划分为不同的类型。

①按照培训对象的不同,可以将员工培训划分为新员工培训和在职员工培训两大类。新员工培训指对刚刚进入组织的员工进行培训,在职员工培训指对已经在组织中工作的员工进行培训。由于培训的对象不同,这两类培训之间存在着比较大的差别。

②按照员工所处的层次不同,在职员工培训又可以划分为基层员工培训、中层员工培训和高层员工培训三类。由于这三类员工在组织中所处的层次不同,承担的职责不同,发挥的作用也不同,因此培训的内容和方法上也有较大的差别。

③按照培训形式的不同,可以将员工培训划分为在职培训和脱产培训两大类。在职培训(on-the-job training,ONJT)指员工不离开工作岗位,在实际工作过程中接受培训;脱产培训(off-the-job training,OFFJT)则是指员工离开工作岗位,专门接受培训。这两种培训形式各有利弊,组织在实施过程中需要根据实际情况来选择恰当的形式。

④按照培训性质的不同,可以将员工培训划分为传授性的培训和改变性的培训。传授性的培训指那些使员工掌握自己本来所不具备的内容的培训,例如员工本来不知道如何操作机床,通过培训使他能够进行操作。改变性的培训则是指那

些改变员工本来已具备的内容的培训,例如员工知道如何操作机床,但是操作的方法有误,通过培训使他掌握正确的操作方法。

⑤按照培训内容的不同,可以将员工培训划分为知识性培训、技能性培训和态度性培训。知识性培训是指以业务知识为主要内容的培训,技能性培训是指以工作技术和工作能力为主要内容的培训,态度性培训则是指以工作态度为主要内容的培训。这三类培训对于员工、个人和组织绩效的改善都具有非常重要的意义,因此在培训中应当给予足够的重视。

即时案例

从猴子够香蕉看新员工培训

曾经看过一个有趣的故事:笼子里养着五只猴子,然后在笼子中间挂一个香蕉。猴子因为喜欢吃香蕉,所以就争着去够,但是笼子上安装的喷水器立即喷向所有猴子,如果有哪只猴子试图去够香蕉,则所有的猴子都要遭受被淋湿的痛苦。后来,一旦有猴子蠢蠢欲动想够香蕉,其他猴子便暴打它一顿,到最后几乎所有的猴子都被打过,大家一致认为够香蕉就会带来淋湿的后果。不能试图去碰香蕉成为这个群体中的行为准则,当饲养员用一只新猴子换了一只老猴子之后,新猴子有兴趣地去够香蕉的举动被所有的猴子惩罚了,它莫名其妙地看着这个群体,不知道自己哪里错了,当它有够香蕉的举动时就被暴打惩罚。饲养员逐一换掉了原来所有的猴子,但是新的猴群中每个猴子都因为试图够香蕉而被暴打过,从此,不能试图去够香蕉成为这个群体中的潜规则。

故事分析:第一批的猴子自由而活泼,它们按照自己的喜好来办事,但是制度让他们不得不收敛自己的本性,并且不成文地形成了内部生存规则:不许任何成员去够香蕉。当新的一员加入这个组织中,大家对它肆意破坏这个维持秩序的规则感到异常愤怒,所以这只新猴子挨的打必然要比老的群体要重;当来了第二只新猴子时,第一只新猴子下手要比其他的猴子还要狠,它一方面是盲目地维持秩序,另一方面是为了发泄被打之恨。当笼子里全是新猴子的时候,大家依然墨守这不成文的规则,当有人试图去改变的时候必然遭到报复和惩罚。可是后来的猴子群体都没有被淋湿过,大家也不知道为什么不能去够香蕉,也不知道为什么要维持这个规则,如果没有力量强大、富有说服力的猴群新领导出现并改变规则,那么这个潜规则将永远保持下去。

从心理学的角度看,如果说第一群猴子打第一只新猴子时,诸多猴子是从众心理的缘故,那第一只新猴子殴打第二只新猴子时就是报复和发泄心理了,这和现在工作环境中老员工明知新员工的行为会触犯制度或者规则,但却不愿意提前明示,许多工作技巧和方法要新员工自己去试错才能获得,这和猴子试验中老猴子的心理是一样的,他们曾因为工作失误被惩罚过,也在失误中积累了经验和技巧,但出于报复和发泄的心理,并不情愿把这些经验和技巧顺利地传授给新来者。

许多新的员工,一进单位就会发现很多不合理的规定,他们或者在公开场合,或者在私下场合,抱怨或者抨击单位的规则和制度,他们不清楚为什么不合理就在面前,那些老员工为什么不去改变它并让它存在到现在?他们就像那些新的猴子一样,不知道这些规则产生的历史,却因怕受到惩罚而墨守着,慢慢地,等他们成了老员工,对新员工的疑问也会嗤之以鼻。现在国有企业因为改革的原因不得不走向市场,在市场中依然能够叱咤风云的,必然是出现了新猴子改变老猴子的潜规则,或者是老猴子中的领导在新的环境下改变了规则;而那些走向困境或者倒闭的国有企业,就是因为许多老猴子墨守着过去的规则,即使有充满时代感的新猴子加入,也因老群体的规则压制被同化或者排斥掉了。

上面故事的规则是以惩罚的方式强制形成规则,如果改变了规则,那结果又如何呢?新规则:如果有哪只猴子够到了香蕉,那就再奖励它一个香蕉,并让它吃饱饭,而给其他猴子80%的饭量。这样猴子们就会为了够到香蕉而激烈竞争起来,甚至会大打出手,最后胜出的必然是身强力壮的猴子,而体弱的只能忍受吃个半饱的现状。

(资料来源:《从猴子够香蕉看新员工培训》,人才网联.)

5.1.4 员工培训与其他人力资源管理环节的关系

作为人力资源管理系统的组成部分,培训与人力资源管理的其他各项职能活动之间都存在着密切的关系。

1)工作分析

工作分析是实施员工培训活动的重要基础之一,通过工作分析形成各个职位的工作描述,这是员工培训的重要依据;此外,通过工作分析还可以界定出各个职位的任职资格条件,这是进行培训需求分析时需要考虑的一个重要因素。

2)人力资源规划

在世界经济快速发展的今天,员工的素质和水平直接影响着组织的竞争力。员工培训作为一项人力资本投资,必须和组织的战略联系起来,从人力资源规划和开发的战略出发,充分考虑组织人力资源战略和员工的基础素质,充分考虑规划的超前性和培训效果的不确定性,根据人力资源规划确定培训目的、培训内容、培训方式,满足组织和员工两方面的要求。

3)员工招聘

培训与招聘录用的关系也是相互的。一方面,招聘录用的质量会对员工培训产生影响。招聘录用的质量高,人员与职位的匹配程度高,培训的任务相对就会比较轻;反之,培训的任务就会比较重。另一方面,培训也会影响到招聘录用,尤其是员工招聘,如果组织比较重视培训工作,提供的培训机会比较多,那么对应聘者的吸引力就比较大,招聘的效果就比较好;反之,则会影响到招聘的效果。

4)绩效管理

一方面,绩效管理是确定培训需求的基础,依据绩效管理结果确定培训对象和培训内容,会使培训工作更有针对性;另一方面,培训工作可以改善员工的工作业绩,有助于更好地实现绩效管理的目的。

5)薪酬管理

员工培训往往会提高员工的工作技能,改善员工的工作态度,提高员工的归属感,这些变化会带来员工工作绩效的变化,并间接带来员工薪酬的变化;同时,培训作为员工福利的一种形式,是薪酬的一部分,良好的薪酬管理也会推动员工培训的开展。

5.2 员工培训的实施模型

有效的培训系统是员工培训的重要保障。精心设计员工培训系统是非常重要的。员工的培训系统包括培训需求的确定、培训目标的设置、培训方法、培训的实施、培训成果的转化及培训评价和反馈等几个环节,如图 5.1 所示。

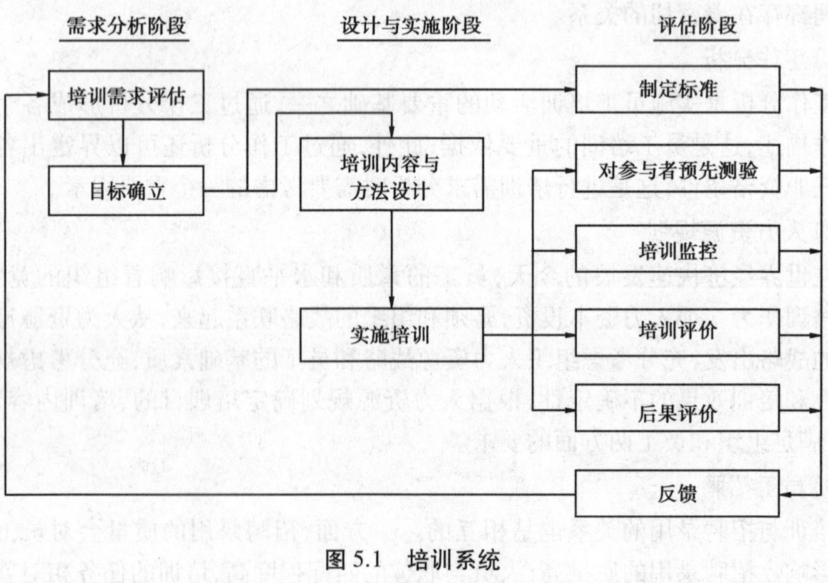

图 5.1　培训系统

5.2.1 培训准备阶段

在员工培训的准备阶段,必须做好两方面的工作:一是培训需求分析;二是培训目标确定。

1)培训需求分析

培训需求分析是指了解员工需要参加何种培训的过程。

培训需求分析对是否需要进行培训来说是非常重要的,它包括企业的需要和员工个人的需要,一般以前者为主,但也要引发后者才能使培训有效。

培训需求分析一般包括组织分析、任务分析与个人分析 3 项内容。培训需求分析是确定是否需要培训的一个过程。即确定有哪些培训需求、谁需要培训,哪些任务需要培训等,分析要从组织、任务和个人 3 个方面进行。

(1)组织分析

①从战略发展高度预测企业未来在技术、销售市场及组织结构上可能发生什么变化,对人力资源的数量和质量的需求状况的分析,确定适应企业发展需要的员工能力。

②分析管理者和员工对培训活动的支持态度。大量研究表明员工与管理者对培训的支持是非常关键的。培训成功的关键要素在于:受训者的上级、同事对其受训活动要持有积极态度、并同意向受训者提供关于如何将培训所学的知识运用于工作实践中去的信息;受训者将培训所学习的知识运用于实际工作之中的概率较高等。如果受训者的上级、同事对其受训不支持,这种概率就不大。

③对企业的培训费用、培训时间及培训相关的专业知识等培训资源的分析。企业可在现有人员技能水平和预算基础上,利用内部咨询人员对相关的员工进行培训。如果企业缺乏必要的时间和专业能力,也可以从咨询公司购买培训服务。目前,已有越来越多的企业通过投标的形式来确定为本企业提供培训服务的供应商或咨询公司。

(2)任务分析

任务分析包括任务确定及对需要在培训中加以强调的知识、技能和行为进行的分析。任务分析用以帮助员工准确、按时地完成任务。任务分析的结果是有关工作活动的详细描述,包括员工执行任务和完成任务所需的知识、技术和能力的描述。这里对工作任务的分析并不同于工作分析,主要研究怎样具体完成各自所承担的职责和任务,即研究具体任职人的工作行为与期望的行为标准,找出其间的差距,从而确定需要接受的培训。

(3)人员分析

人员分析可帮助培训者确定谁需要培训,即通过分析员工目前绩效水平与预期工作绩效水平来判断是否有进行培训的必要。影响员工绩效水平与学习动机包括以下因素:

①分析个体特征,即分析员工是否具有完成工作所应具备的知识、技术、能力和态度。

②分析员工工作输入,即分析员工是否得到一些指导,如应该干些什么,怎样干和什么时候干等,如果员工有工作必备的知识、能力、态度和行为方式,但缺少必要的指导,其绩效水平也不会高。

③分析员工工作输出,即分析员工是否了解工作的目标。有时员工不能达到标准要求的业绩表现,其重要的原因之一是员工不知道他们应该达到什么样的绩效水平。

④分析员工工作结果。如果不了解因为业绩表现好而将受到的各种奖励,或员工认为绩效奖励不具有激励作用的话,那么他们就不愿执行绩效标准,而且团队行为也不会鼓励员工执行绩效标准。

⑤分析员工工作反馈,即分析员工是否能得到执行工作中的有关信息。如果员工在工作中没人定期向其反馈工作表现,或者说员工知道怎样做,但不知道自己做得怎样,其绩效水平也会出现问题。只有在以上分析的基础上才能制订具体的培训项目。

2)培训需求分析的方法

培训需求分析可以通过观察员工工作、阅读技术手册及有关工作记录、访问专门的项目专家以及让员工完成有关工作所需的知识、技术、能力和其他特点的调查问卷等方法。

①观察法是培训者通过对员工工作过程的观察得到有关工作环境的资料,并将需求分析活动对工作的干扰降到最低,它对观察者的水平要求高,员工的工作行为因为被观察而将受到一定的影响。

②调查问卷法的费用低廉,培训者可从大量人员那里搜集到数据,易于对数据进行归纳总结。但它需要的时间长,有时会出现问卷的回收率低或答案不符合要求以及答案不够具体等情况。

③阅读技术手册和记录方法有利于搜集有关工作程序信息,而且目的性强,尤其是有关新职业和在生产过程中新产生任务信息的搜集。但是培训者会因不了解技术术语而难以理解,有些材料也有可能已过时。

④访问专门项目专家有利于培训者发现培训需求的具体问题及问题的原因和解决办法。但是也比较费时,而且分析的难度大,也需要访问者的水平高才有效。因此,培训者应综合运用多种方法进行培训需求分析。

即时案例

高科技企业的培训

D公司是一家专门提供移动通信网络整体解决方案的高科技公司,多年来,其凭借领先的科技实力，取得了良好的效益，目前已是该行业的领导者。公司高层管理者一直认为员工素质的不断提升是公司在未来立于不败之地的决定性因素。因此，近年来该公司与颇具知名度的Z培训公司合作，组织了几次大型培训。可是令公司高层管理者纳闷的是，资金投了不少，效果却不太理想，原因何在？

从以下两个事例中也许能了解一二。

事例1：小李在参加技能培训前向培训负责人反映："新机器比我原来操作的那台复杂多了，并且在操作时总是出错。"负责人说："也许你尚未完全掌握要领，而我们提供的这次培训就是帮助你胜任这项工作的。"然而，培训后的小李却满是疑问："可是在培训中演练的那台机器与我的这台'新家伙'完全不同呀！"另有技术骨干小张反映："直属上司似乎并不支持我来参加培训，在培训期间不断布置新任务，我根本没有精力，也无法静下心上课。"

事例2：除了技术类的培训，公司还为中高层管理人员安排了MBA课程，可培训还没有开始，大批老员工就声明不参加培训，他们觉得自己就这样了，没什么好培训的。于是要么推说工作忙，要么干脆请病假。另有一些员工也只是抱着完成任务的态度，有的甚至认为："无非是走个过场，就当放几天假，休息一下好了。"

（资料来源：《高科技企业：薪酬与培训》，单博人才网.）

3）培训目标的确定

有了培训目标，员工学习才会更加有效。所以，确定培训目标是员工培训必不可少的环节。培训目标是指培训活动的目的和预期成果。目标可以针对每一培训阶段设置，也可以面向整个培训计划来设定。培训是建立在培训需求分析的基础上的。培训目标确定的作用表现在：它能结合受训者、管理者、企业各方面的需要，满足受训者方面的需要；帮助受训者理解其为什么需要培训；协调培训的目标与企业目标的一致，使培训目标服从企业目标；也可使培训结果的评价有一个基准，有助于明确培训成果的类型；还能指导培训政策及其实施过程，为培训的组织者确立了必须完成的任务。

培训目标一般包括3个方面的内容：

①说明员工应该做什么。

②阐明可被接受的绩效水平。

③受训者完成指定学习成果的条件。

培训目标确定应把握以下原则：

①使每项任务均有一项工作表现目标，让受训者了解受训后所达到的要求，具有可操作性。

②目标应针对具体的工作任务，要明确。

③目标应符合企业的发展目标。

5.2.2 培训的实施阶段

在培训的实施阶段，企业要完成两项工作：设计培训方案和培训实施。从培训工作的系统来看，培训的成功与员工培训项目设计有很大关系。

1）培训方案设计

培训方案的设计是培训目标的具体操作化，即告诉人们应该做什么，如何做才能完成任务，达到目的。主要包括以下一些内容：选择设计适当的培训项目；确定培训对象；培训项目的负责人，包含组织的负责人和具体培训的负责人；培训的方式与方法；培训地点的选择；根据既定目标，具体确定培训形式、学制、课程设置方案、课程大纲、教科书与参考教材、培训教师、教学方法、考核方法、辅助器材设施等。制订培训方案必须兼顾企业具体的情况，如行业类型、企业规模、客户要求、技术发展水平与趋势、员工现有水平、政策法规、企业宗旨等，最关键因素之一则是企业领导的管理价值观和对培训重要性的认识。

2）培训的实施

培训实施是员工培训系统关键的环节。在实施员工培训时，培训者要完成许多具体的工作任务。要保证培训的效果与质量，必须把握以下几个方面：

（1）选择和准备培训场所

首先，培训场地应具备交通便利、舒适、安静、独立而不受干扰、为受训者提供足够的自由活动空间等特点。其次，培训场地的布置应注意一些细节，检查空调系统以及临近房间、走廊和建筑物之外的噪声；场地的采光、灯光与培训的气氛协调；培训教室结构选择方形，便于受训者看、听和参与讨论；教室的灯光照明适当；墙壁及地面的颜色要协调，天花板的高度要适当；桌椅高度适当，椅子最好有轮子，可旋转便于移动；教室电源插座设置的数量及距离也要适当，便于受训者使用；墙面、天花板、地面及桌椅反射或引音能保持合适的音响清晰度和音量。最后，注意座位的安排，即应根据学员之间及培训教师与学员之间的预期交流的特点来布置座位。一般地，扇形座位安排对培训十分有效，不仅便于受训者从任何角度进行观看，也便于受训者从倾听讲座转向分组实践，还便于教室里受训者相互交流。当然，也可根据培训目的与方法来布置教室，例如培训主要是获取知识，讲座和视听演示为主要培训方法，那么传统教室的座位安排就比较合适。总之，选择和准备培训场所应以培训效果为目的。

（2）课程描述

课程描述是有关培训项目的总体信息，包括培训课程名称、目标学员、课程目标、地点、时间、培训的方法、预先准备的培训设备、培训教师名单以及教材等。它是从培训需求分析中得到的。

（3）课程计划

详细的课程计划非常重要，包括培训期间的各种活动及其先后顺序和管理环节。它有助于保持培训活动的连贯性而不论培训教师是否发生变化。有助于确保培训教师和受训者了解课程和项目目标。课程计划包括课程名称、学习目的、报告的专题、目标听众,培训时间、培训教师的活动、学员活动和其他必要的活动。

(4)选择培训教师

员工培训的成功与否与任课教师有着很大关系。特别是21世纪的员工培训,教师已不仅仅是传授知识、态度和技能,而且是受训者职业探索的帮助者。企业应选择那些有教学愿望、表达能力强、有广博的理论知识、丰富的实践经验、扎实的培训技能、热情且受人尊敬的人为培训教师。

(5)选择培训教材

培训的教材一般由培训教师确定。教材有公开出版的、企业内部的、培训公司的以及教师自编的4种。培训的教材应该是对教学内容的概括与总结,包括教学目标、练习、图表、数据以及参考书等。

(6)确定培训时间

适应员工培训的特点,应确定合适的培训时间,何时开始、何时结束、每个培训周期培训的时间等。

5.2.3 培训的评价阶段

培训评价是员工培训系统中的重要环节,一般包括5个方面的工作:确定培训项目评价标准、评价方案设计、培训控制、对培训的评价、对培训后果的评价。

1)确定评价标准

评价培训项目,必须明确根据什么来判断项目是否有效,即确立培训的结果或标准。只有目标确定后才能确定评价标准,标准是目标的具体化,又称为目标服务。

(1)培训结果的确定

培训结果可以划分为5种类型:认知结果、技能结果、情感结果、效果以及投资净收益。

①认知结果。它可用来判断受训者对培训中强调的原则、事实、技术、程序等的熟悉程度,也是衡量受训者从培训中掌握了哪些知识的指标。通常可用书面测验的方法来评价。

②技能结果。它是用来评价受训者的技术及行为的一种指标,技能结果包括技能的获得或学习和技能的在职应用(技能转化)两方面,两者都可以通过观察来评价。

③情感结果。它包括受训者的态度和动机两个方面的内容。情感结果的一种类型是受训者对培训项目的反应。反应性结果是指受训者对培训设施、培训者以及培训内容的感知。对反应性结果的评价可通过受训者填写问卷获得,这种信息

对于确定哪些因素有利于学习,哪些因素阻碍学习是很有用的。

④效果。它可用来判断项目给企业所带来的回报,效果性结果表现在企业成本节约、产量增加以及产品或顾客服务质量的改善等。

⑤投资净收益。它是对培训所产生的货币收益与培训的成本进行的比较企业从培训中所获得的价值。

(2)评价标准

评价标准通常由评价内容、指标等构成。制定标准的具体步骤为:

一是对评价目标进行分解;

二是拟订出具体标准;

三是组织有关人员讨论、审议、征求意见、加以确定;

四是试行与修订。

在确定标准时必须把握一定的原则:评价标准的各部分应构成一个完整的整体;各标准之间要相互衔接、协调;各标准之间应有一定的统一性与关联性。

2)评价方案设计

企业可以采用不同的评价设计来对培训项目进行评价。主要有以下几种:

(1)小组培训前和培训后的比较

即将一组受训者与非受训者进行比较。对培训结果的信息要在培训之前和之后有针对性地进行收集。如果受训者的绩效改进大于对比小组,则培训有效。

(2)参训者的预先测验

它是让受训者在接受培训之前先进行一次相关的测试,即实验性测试。一方面使受训人员在接受培训之前受到一次培训,以更好地引导培训的侧重点,同时也可对培训效果进行评价。

(3)培训后测试

它只需收集培训的结果信息。如果评价设计中找到对比小组,操作则更方便。

(4)时间序列分析

即利用时间序列的方法收集培训前、后的信息,以此来判断培训的结果。它经常被用于对评价会随着时间发生变化的一些可观察的结果(如事故率、生产率及缺勤率等)。

3)培训控制

培训控制贯穿于整个培训实施过程之中,即根据培训的目标、员工的特点等调整培训系统中的培训方法、进程等。它要求培训者具有观察力,并经常与培训教师、受训者沟通,以便及时掌握培训过程中所发生的意外情况。

培训控制要注意以下几点:

①要注意观察,要善于观察;

②要与培训师进行沟通;

③要抓住培训目标的大方向;

④与受训者及时交流，了解真实反映；

⑤要运用适当的方式。

4) 培训的评价

进行培训评价时应对培训目标、方案设计、场地设施、教材选择、教学的管理以及培训者的整体素质等各个方面进行评价。因此，评价内容包括：评价培训者、评价受训者、评价培训项目本身 3 个方面。评价的过程一般包括：

首先是收集数据，如进行培训前和培训后的测试、问卷调查、访谈、观察、了解受训者观念或态度的转变等；其次是分析数据，即对收集的数据进行科学的处理、比较和分析、解释数据并得出结论；最后是把结论与培训目标加以比较，提出改进意见。

5.2.4 培训反馈阶段

员工培训的反馈阶段是员工培训系统中的最后环节。通过对培训效果的具体测定与量化，可以了解员工培训所产生的收益，把握企业的投资回报率，也可以对企业的培训决策及培训工作的改善提供依据，以更好地进行员工培训与开发。

5.3 员工培训的方法

企业中，员工的培训与开发的方法与类型是否恰当与最终结果有极大的关系。

培训的方法

尽管培训需求分析、指导性目标、学习原则等都极为重要，但在实施培训课程时，培训方式的选择也尤为重要。正如“轮胎应与路面相适应”一样，要考虑在众多的培训方式中选择合适的知识、技能和能力，这种选择主要基于其是否能符合学习的目的。例如，如果学习材料绝大多数以事实为依据，那么采用讲座、课堂教授或程序化指导是最佳的选择。与之相反，如果培训中包含大量行为表现成分，那么在职培训、情景模拟或电脑化培训可能效果更为理想。

为更好地讨论培训方式，我们将它们分为两类：非管理人员的培训方式和经理人员的培训方式。

1) 非管理人员的培训方式

培训各类层次的员工有多种方式。一些方式已有悠久的历史，全新方式的兴起则建立在研究人类行为学的基础之上，特别是在学习、激励和人际关系领域。近年来，随着科技的进步，特别是随着电脑软硬件的日新月异，在许多场合，这些培训方式与传统的培训方式相比更为行之有效和经济实用。

(1)在职培训(on the job training,OJT)

在职培训,是指新员工或没有经验的员工通过观察并效仿同事及管理人员执行工作时的行为而进行学习。在职培训这种方法是让员工在领班或培训导师的指引下获得第一手经验。与其他方法相比,在职培训在材料、培训人员工资或指导上投入的时间或资金相对较少,因此是一种很受欢迎的方法。

(2)学徒式培训(一对一培训法)

在职培训的一个分支领域是学徒式培训。对那些刚开始工作的员工,特别像一些技能行业如机械师、实验室技术员或电工、管道维修工、砖瓦匠等企业多采用"师带徒"的方法。通过这一方法,可以针对工作从理论和实践两方面给予指导和经验传授。学徒制是一种既有在职培训又有课堂培训,且兼顾工作与学习的培训方法。该方法是选择一名有经验的员工对受训者进行关键行为的示范、实践、反馈和强化,以达到培训的目的。这些受训者被称为"学徒"。

即时案例

某公司的学徒培训

某公司是由通用汽车公司和丰田汽车公司组成的合资企业,这个企业对机械维护师采用学徒培训的方式进行重点培训。机械维护师的职责是维护所有的机械设备,也包括诸如制造机器人等特殊项目。受训者需要花费大约5年的时间学习5种类型的行业技能。学习项目大约包括20%的讲授和80%的演练。另外,还有在职培训作为辅助,合格的受训者可以获得资格证书。

在参加项目之前,参加者都需要接受测验,包括基本技能和他们的个人手艺。

基本技能方面的缺陷可以通过课堂学习得到弥补。课程每天有2小时;在最紧张的培训阶段,每周有4天的课程。每个课程中的实验室分成10~15个项目,受训者必须都能够圆满地完成项目。每个项目有3个步骤:对过程的描述,把材料进行列表,对最终产品的质量和数量进行研究。项目的复杂程度和难度可以从对小部件的故障诊断到制造需要进行焊接的部件。受训者必须能够以80分以上的水平通过,并能够重复操作。培训在生产车间可以得到继续,由某个领域熟悉的技师在任务的执行过程中帮助他们的同事。

在实验室培训上的辅助包括基本的电子设备、机器工具、焊接设备和装置以及其他的对工厂来说常规的设备和工具。维护师认为经过交叉培训后,他们的生产效率得到了很大的提高。

(资料来源:《某公司的学徒培训》,人才网联.)

---

(3)课堂培训

课堂培训由最少的培训者指导最多的受训者。此类培训的主要形式包括讲座、演示、播放录像和影片、电脑化教学。如果没有录像,录音带同样效果良好。例如,培训飞机乘务人员如何应变突发事件时,可以播放一盘正面临厄运的机舱内的录音带。收听录音之后,受训者可就正在经历劫难的乘务人员的行为表现展开讨论。通过聆听他人的声音可以想象因为没有团结一致而导致失败的情景。飞机驾驶员受训者意识到自信应与倾听他人意见相结合。课堂培训的一个重要类型被应用于走廊培训,场地可以设在专门的教室内,当场指导受训者如何操作驾驶舱内的机器设备。

(4)按计划指导

按计划指导指的是个人按照自己的步骤工作。按计划指导包括使用书籍、手册或电脑对主题内容分门别类,使之高度条理化、逻辑化,使受训者对每一部分都得到持续的回馈。在提供一小段信息之后,要求受训者采用书面形式或按动按钮回答问题。如果回答准确,受训者会被告知进入学习的下一个阶段。如果回答错误,会给出解释,并向受训者提供再次尝试的机会。按计划指导显著的优点便是综合了本章已讨论过的各类现存的学习原则。通过按计划指导,培训个人化,受训者积极参与指导过程,获取反馈,所学内容立即加强。然而按计划指导有可能并不是增加了员工的学习数量,而是加快了员工学习的进度。

(5)视听培训

在教授大量生产性工作的技能和程序时,可采用某些视听设备。简而言之,通过录像带可以展现装配电子设备的工作,以及如何与工作表现差的员工一起工作的场景。采用摄像设备,培训者与受训者共同观察现场的情况,并对学习目标的进展予以迅速的反馈。最近被运用于处理管理难题,如领导力、监督,以及人际关系。作为视频科技的延伸,闭路电视将许多培训节目传送到各地。电视会议和交互电视将电视培训带入生活。这些方法成为继续教育和远距离教育的强有力工具。例如,在威斯考通信与决策层教育网络的过程中,宾州首家通过交互电视为管理层人员提供了人力资源管理课程。参加者在美国各地,甚至偏远地区报名上课,同时还可接受讲师 3 小时的面对面指导。通过卫星电视,受训者可以相互交流,讨论各类课题,观看录像,一起使用网络和其他数字工具工作。

(6)电脑化培训

电脑辅助指导系统是通过一个电脑终端在内部联网传送指导性材料的系统。随着科技的日新月异,电脑价格不断下降。高科技的培训方式广泛运用于工业界、学术界和军事界。电脑化培训(CBT)包括:电脑辅助指导(CAI)和电脑管理指导(CMI)。电脑辅助指导系统将培训材料以交互方式直接传输到电脑终端,它提供了以下的功能:操练与实践,解决问题,情景模拟,游戏指导,以及完善的个性化教育指导。电脑管理指导系统,与 CAI 共同适用的系统,它用电脑出考题并打分,以确定培训的水平。电脑管理指导系统与电脑支持指导联合使用。提供了有效的管理与培训方法。电脑管理指导运用电脑设计考题测试受训者的能力水平。这一系统同时可以追踪受训者的工作表现，并指导他们选择合适的学习材料从而满足他们的特殊要求。通过电脑管理指导，电脑承担了一些日常的培训工作。使得培训者可以专心于开发课程或给学员更多指导。

(7)互联网培训

近年来，各机构都在积极探索开发信息高速公路——互联网(Internet)，作为潜在的电脑化培训载体。因为网页可以随时修改更新，在互联网上可以随时更新培训材料，因而修改教材相当简单便利，另外，分析家们认为互联网可以节省差旅和教室费用，不过此类培训的不足之处在于互联网的用户往往迷恋于网上“冲浪”。而且互联网有时无直接的形式，受训者较难相互交流。不过这同时又是一个优点，因为互联网要求使用者熟练搜寻、比较、感知、认同大量信息，这些技能有助于帮助培养其他技能：寻找难点、解决问题以及分析能力等。在与电子邮件结合之后，互联网培训将是极其有用的培训资源。互联网，是一种广泛使用的通信工具，是一种快速廉价收发信息的方法，也是一种获取和分配资源的方式。互联网培训，主要是指通过公共的(因特网)或私有的(内部局域网)计算机网络来传递，并通过浏览器来展示培训内容的一种培训方式。互联网上的培训可以为虚拟现实技术、动感画面、人际互动、员工间的沟通以及实时视听提供支持。

(8)情景模拟

情景模拟法是一种代表现实中真实生活情况的培训方法，受训者的决策结果可反映如果其在被“模拟”的工作岗位上工作会发生的真实情况。该方法常被用来传授生产和加工技能及管理和人际关系技能。模拟环境必须与实际的工作环境有相同的构成要素。模拟的环境可通过模拟器仿真模拟出，模拟器是员工在工作中所使用的实际设备的复制品。该方法培训的有效性关键在于模拟器对受训者在实际工作中使用设备时遇到的情形的仿真程度，即模拟器应与工作环境的因素相同，其反应也要与设备在受训者给定的条件下的反应完全一致。仿真模拟法的优点在于：能成功地使受训者通过模拟器简单练习增强员工的信心，使其能够顺利地在自动化生产环境下工作。不足之处在于；模拟器开发很昂贵，而且工作环境信息的变化也需要经常更新，因此，利用仿真模拟法进行培训的成本较高。有时在真实的设备上培训员工既不切实际又不明智。最典型的实例便是培训员工操作飞机、航空器，或其他高科技的、价格昂贵的设备。情景模拟注重设备的真实性，并以最少的成本且最安全的手段进行操作。例如 CAE 电子公司与波音公司合作，在波音公司开发 777 飞机的同时，设计出飞行模拟设备。

2)经理人员的培训方式

虽然许多培训基层员工的方法同样适用于培训经理和主管们，但仍然有许多方法是专门用于管理层发展的。正如前文所述，培训和发展目的的不同之处在于发展扩大了个人的经验范围，并对个人在机构内的长远角色给予了精心的考虑。组织发展与战略革新均需要天才的领导者、经理和主管。管理发展正是为经理们提供取得成功所需的技能的一项工具。与培训非管理层的员工相比,管理发展的方法在采用的学习原则和传授知识、技能、能力的途径上有所不同。

(1)在职经验积累

某些技能和知识只能通过聆听、观察或阅读取得,而有些知识和技能只能通过实践和经验积累获得。锻炼经理们在压力下工作或从错误经验中学习,在职发展的经验累积可能是最有效、最为广泛使用的方法。

然而正如培训基层员工的在职培训一样,如果不精心计划就会凸显弊端,因此在职的发展计划应该精心组织安排和指导,并且此计划就参加者而言具有挑战性。以下就是一些具体的在职经验积累的方法:

①指导是经理对其下属的持续不断的指示、评价和建议。

②工作任务替代通过代为处理经理的工作而获得该重要功能的经验的积累。

③工作轮换是通过积累在一系列不同的工作岗位的经验,拓宽知识面并加强理解力,从而能更有效地处理更多的工作。

④工作岗位转换包括不同部门之间平行的调动,也包括在机构内的升迁。

⑤特殊项目和初级董事会为个人提供了了解目前机构中所存在问题的机会,同时参加制订计划,作出决策解决问题。

⑥行动学习给予经理们充裕的时间与机构内其他成员一起完成项目。在某些情况下,行动学习与课堂培训、集体讨论和大型会议结合在一起。

⑦员工大会可以使参加者更熟悉他们职责以外领域所发生的问题和事件,由此可以接触到其他经理的思路与想法。

⑧有计划的职业晋升使用上述所有的方法,通过给予一系列知识与技能要求不断提高的工作机会,促进员工的发展。

(2)研讨会和大型会议

如同教室上课一样,研讨会和大型会议为参加者提供了培训和发展的机会。在管理发展领域,研讨会和大型会议不仅用于交流思想、政策和程序,还可以对一些尚无定论或答案的问题展开研讨和辩论(通常会有一名有经验的领导协助)。就此而言,当培训以转变态度为目标时,人们往往采用研讨会和大型会议的方式。外部的研讨会和大型会议一般与大学和咨询公司合办。其中一项管理发展的课程是领导方格(leadership grid),研讨会主要侧重于有效领导力的两个方面:关心员工和身心生产。通过参加研讨会,经理们和主管们学会了识别必要的个人和组织的变化,在处理人际关系和与自己的团队合作之时将更加游刃有余。

(3)案例研究

个案研究法是将实际发生过或正在发生的客观存在的真实情景,用一定的视听媒介如文字、录音、录像等描述出来,让受训者进行分析思考,学会诊断和解决问题以及决策它特别适用于开发高级智力技能,如分析、综合及评价能力。

在课堂培训中案例研究是一种非常有效的学习方式。可以从学员的日常工作生活中提炼实际的案例，经理们可以通过案例学习如何分析（参与），如何综合（合并），从而对管理层决策依据的变量有所意识。总体而言，可以提高决策能力。

（4）商业游戏

商业游戏是指受训者在一些仿照商业竞争规则的情景下收集信息并将其进行分析，作出决策的过程。商业游戏主要用于管理技能开发的培训中。参与者在游戏中所作的决策的类型涉及各个方面的管理活动，包括劳工关系（如集体谈判合同的达成）、市场营销（如新产品的定价）、财务预算（如购买新技术所需的资金筹集）等。游戏能够激发参与者的学习动力，通过把从游戏中学到的内容作为备忘录记录下来发现：游戏能够帮助团队队员迅速构建信息框架以及培养参与者的团队合作精神；游戏采用团队方式，有利于营造有凝聚力的团队。与演示法相比，游戏法显得更加真实，是一种更有意义的培训活动。

（5）角色扮演

角色扮演法是设定一个最接近现状的培训环境，指定受训者扮演角色，借助角色的演练来理解角色的内容，从而提高积极地面对现实和解决问题的能力。角色扮演包含了假想的态度与行为，通常用于主管与其下属处理一个特殊问题的情景之中。通过扮演他人所处的角色，学员们可以提高理解和交际的能力。角色扮演还帮助他们学习怎样从另外一个角度看待问题。角色扮演被广泛应用于训练医护专业人员，使他们对待病人所关心的问题能更敏锐，更细心。培训经理们在处理缺勤、绩效评估和矛盾冲突时也广泛使用角色扮演法。

角色扮演是培训方式中的“万能钻”，可以用于各种培训场合。经过准确的计划和实施，角色扮演可以使模棱两可或经验性情景现实化，并且更深入化。

（6）行为模拟

行为模拟是指展示所需行为的方法，它给学员机会练习模仿那些行为，并听取他们的反馈意见。有一种培训技巧综合了数种培训方式，也就是综合了多种学习原则，称为行为模拟。

行为模拟包括4个组成部分：

①学习要点。在培训之初，主要的课程目标已经被罗列出来。有些情况下，学习要点就是准备教授的一系列行为表现。例如，学习要点可以是描述如何给予员工反馈的步骤。

②典型。学员观看电影或者录像，这些电影或录像主要描述一位模范的经理如何与员工交流从而提高员工的工作表现。典型具体地展现了如何处理各种情景并演示学习要点。

③实践与角色扮演。学员们参与到模型所显示的情景中去。培训的绝大多数时间用于技能实践的锻炼上。

④反馈与强化。由于学员的行为逐渐地接近典型的行为表现，培训者和其他学员给予积极的反馈，如关注、鼓励、赞同、表扬。将排练的场景拍摄下来，并给予

反馈和强化。培训的重点在于将有效的行为表现转移到实际工作中去。

行为模拟有效吗？权威的研究表明，在帮助经理们与员工交流、处理纪律问题、引导变革和提高生产力这些方面，行为模拟是卓有成效的。

【案例讨论】

FM公司的培训工作

FM是一个民营科技公司，地处省会，规模中等，对于其人员素质一直比较头疼，急于组织各种培训活动，以期迅速提高人员的素质，但人力资源部的组织者通过调查问卷的形式发现，公司内的绝大部分员工虽都赞成进行培训，但是对于需要培训什么内容却说不出所以然来，尤其是提及培训时间安排的时候，都反对占用个人的时间，比如周末或者晚上。

组织者找到一个企业咨询公司，对其情况进行咨询，咨询公司提出要跟公司的员工进行一下面谈，以更多了解员工的真实想法，但是面谈刚进行两个就发现，第一，员工不愿意袒露自己的真实想法；第二，老板对这种形式也极为不满，不得已，这次培训的尝试不了了之。

FM公司这次培训的组织者发牢骚说："领导天天让培训，自己也不知到底要把员工培训成什么样，今天有问题是培训不到位，明天某人出错，又是培训不扎实，往往因一个人或一件事去责备培训，现在企业一出问题就说培训不到位，不说管理不到位，现在HRM太难做！"

"虽然说培训是最好的福利，培训是为了提高员工的素质，但广大员工对培训还不是很积极，甚至很反感。这也与培训的内容与方式有关，但除了传统的上课以外，其他的培训方式都很难执行，根本无法下手，简直是一件头痛的事情。"

（资料来源：《FM公司的培训工作》，道客巴巴.）

要求：

1.请分析这种个人意志占主导的公司，培训工作应当怎么样才能兼顾企业和个人的利益呢？

2.分析让员工能够主动地接受的培训形式。

3.企业存在的问题真的是通过培训能够解决的吗？

【知识链接】

员工培训误区面面观

随着市场经济的发展和竞争程度的提高，中国企业开始重视员工培训。但从实践来看，真正领悟培训之道者少，"克隆"形式者多。结果，用心良苦的培训并没有得到良好的收益和效果。之所以出现这种情况，是因为对员工培训还有些理解和认识上的误区。这些理解和认识上的误区有很多，但大体有以下6种。

1.对培训认识不足

对培训认识不足主要表现在以下两方面：

一是不重视培训。不重视培训的表现是多方面的，如，有的企业管理者认为，现在的员工想法多，流动性大，花费大量的人力、物力、财力培养了他，但却留不住。为他人做了嫁衣，得不偿失，所以不培训。这种情况在民营企业更为普遍。有些企业认为企业效益还好，员工的素质还可以，能够满足企业当前的需要，暂不培训。有些企业培训了几次员工，就想立竿见影，马上见效，典型的急功近利心态，等等。

二是培训"万能论"。一些企业在重视员工培训的同时，又进入一个误区，就是过分强调培训。员工技能不足了，培训；销售业绩下滑了，培训；服务态度不好了，培训……只要有危机，就会想到培训，把培训当成解决管理问题的万能钥匙，殊不知人是最难培养的。"十年树木，百年树人"，员工成才需要一个过程，还有其他许多不确定因素，仅靠几次培训就解决企业问题是远远不够的。

2.培训只针对员工

有些企业也重视员工培训，却只对基层员工进行培训，忽视了对管理层和决策层领导的培训。这与管理层的认识有很大关系。企业高层管理人员往往认为自己经验丰富、工作忙，不需要培训。实际上，一个企业高层管理人员的素质往往决定着企业的方向和未来。中国许多企业的领导人都是由昔日的员工逐步成长起来的，他们缺少相应的管理知识和必备的管理技能，他们最需要培训。有报道说中国的企业平均寿命是3.7年，这与中国企业缺少"懂经营，会管理"的企业家有密切关系。因此，企业必须高度重视对管理者的培训。恰当的做法是组织领导者进行专题学习，还可以将他们送到产生企业家和经营者的训练基地，或者到国外企业去"挂职"，使之开阔眼界、拓展思路，从而使其在决定企业经营方向、生产营销规划、分配制度和人力资源配置等方面发挥重要作用。

3.轻视培训评估和监督

培训评估是培训效果监督、检验的重要环节，只有对培训进行全面评估，才能改进培训质量，提高培训效率，降低培训成本。提高员工的参与兴趣。在现实中，有些企业很重视培训，并为员工提供了众多的培训机会，但却忽视培训的后期评估和监督，使许多员工感觉学而无用。有些企业认识到培训评估的重要性，但对评估的投入不够，或者不知道从何处着手进行评估。更多企业的评估仅仅是对培训内容进行考核，并没有深入到员工的工作行为、态度改变、绩效改善、能力提高，及为企业带来的效益上，评估工作停留在低水平层次上。还有些企业缺乏对培训评估系统的记录，并没有将评估所用的方法、员工的学习情况、测试情况进行完整的记录和比较，缺乏对培训的专业管理，没有建立完整的培训信息系统。

4.培训方式过于简单

在培训方式上,许多企业都运用传统的模式。有些企业怕麻烦,往往请培训师到企业上课,即采取“培训师讲,学员听”的方式。这种方式举办的少了还可以,时间长了,员工就会感到厌倦,提不起兴趣。因为培训师在培训内容、培训方式上大都千篇一律,即使做了培训前的调查,但实用性的东西很少,即使有,也是隔靴搔痒。还有些企业采取放录像的方式,认为这样做既降低了企业成本,又可以灵活掌握培训内容,使员工认为“培训就是放录像”。这些方式都很容易使员工对培训产生枯燥、乏味的感觉,使培训效果和培训效益大打折扣。国外探索出的讨论式、学习式、讲演式、游戏式、案例分析、模块培训、拓展训练等方法值得我国企业借鉴。结合企业实际,将多种培训方式有机结合,会使培训效果更好。

5.盲目跟风

由于对培训没有进行认真的调查与分析,有些企业培训员工没有针对性和实用性,脱离工作实际,盲目跟风。有些企业领导往往根据自己的喜好、判断、经验设置培训内容。看到别的企业进行“礼仪形象讲座”,自己也办一场;看到别的企业培训“执行力”或“学习型组织”,赶忙邀请有关专家进行辅导,等等。致使员工重复学习或被动学习,既耗费了员工时间,又浪费了企业资源,对企业发展没有多大帮助。

6.重视知识技能培训,忽视做人培训

国内的企业一般重视对员工的技能方面的培训,如组织协调能力、管理理论、合作精神、操作技术等,而忽视了对员工思想、人品、道德、为人处世的培训。有些人认为这是员工自己的事情,其实不然。员工的个人修养、谈吐实际上是一个企业的名片和形象,是企业文化中最本质的东西,它从根本上决定着员工的做事态度、工作质量和水平。欧、美、日企业很重视员工的做人培训,把它称为“态度培训”,通过这种培训来提升员工士气,培养员工对组织的忠诚,培养员工应具备的意识和态度。企业是一个大家庭,员工就是这个大家庭的成员。家庭不仅要教育成员成才,还要把他培养成有理想、有道德、讲信义的人。

(资料来源:《员工培训误区面面观》,百度文库.)

【课外小组活动】

制订员工培训方案

1.根据班级现状,各小组进行培训需求分析并制订相应的培训计划。

2.以小组为单位制订培训计划。

第6章 绩效管理

【学习要点】

①绩效管理的内涵；
②绩效管理系统带来的竞争优势；
③绩效评估的方法、流程；
④绩效管理过程中评估指标的设定、沟通、反馈等技巧；
⑤绩效面谈技巧。

【导入案例】

北电网络注重过程的考核

1.考核不会让你吃惊

北电网络公司的员工考核主要分为两个方面，一方面是员工的行为（behaviors），另一方面是绩效目标（performance/outcome）。每个员工在年初就要和主管订下当年最主要的工作目标是什么。以前北电是每年订一次目标，现在发展的速度变快，市场的变化也加剧，所以北电网络对员工的考核是随时（on going）的，经常会对已定的目标进行考核和调整，每个员工除了和自己的老板订目标，还有可能与其他部门一起合作做项目，许多人都会参加到同一个项目里。所以一个员工的业绩考核不是一个人说了算，不是一个方面能反映，而是很多方面的反馈。

除了自己的主管外，还有很多共事的人，手下的人对你的评价，这就是360度考核。对员工的行为和目标的考核因为是经常性的，员工在工作中出现什么不足，会从周围人和主管那里获得信息，所以一般不会出现到了年终总结时，考核结果会让员工非常惊讶（surprise）的情况，最多是有些不同看法，主管会与员工进行沟通，力求评估能够让员工获得非常积极的认识。

2.评估的作用

评估有两种功能，一方面是看以前的工作表现和业绩，也反映一个人的能力。另一个方面是看这个员工以后的发展，通过评估过程可以发现员工能够发展的地方，以及现在的工作或将来应该怎么样。北电网络公司许多不同级别的领导层是在评估中发现的，通过评估发现员工的这种潜能，员工有可能被选为发展下一代领导的计划。

3.素质评估

北电网络评估的整个过程完毕通常要花两个月时间，大家都非常认真对待评估，这既是对自己负责，也是对别人负责。评估虽然跟员工的薪水挂钩，但是评估只是一部分工作，工资是另外一个方面。员工的工资一个是看个人对公司的贡献，也看整体人力市场情况。

无独有偶，北电网络的评估矩阵和朗讯公司的非常相似。我们可以通过矩阵看到员工的综合考评落在什么区域，也可以知道北电网络对员工的行为和目标要求是什么。

4.移动的魅力

用薪金奖励进步员工只是一种比较简单的手段，留住优秀人才，奖励物资只是一个临时方式，随着时间的推进，员工的个人物质水平提高了，薪金的激励作用就慢慢地降低，这就是所谓薪金和劳动生产率不是绝对成正比的关系。对员工进行发展规划，帮助员工制订他的职业计划，会更加激励员工进步。北电网络在激励员工方面更注重员工的职业发展，例如让员工去轮岗（job rotation），激励他们继续发挥自己的潜能。员工在工作中能够吸收别人的经验，让他们能够发展。“我们是一个关怀员工（caring）的公司，我们鼓励相互支持，老板和员工之间非常支持。老板有发展员工的责任，员工也有积极参与的责任。”北电网络称主管为“people manager”，他们有很大一部分精力是在有效管理和激发员工的潜能。所以每个管人的经理应该知道去理解员工的内心需求，看什么东西能够激励他们。例如有些员工比较注重家庭，经理要了解他的家庭背景，如果他需要较多时间在家里，公司要尽量去配合，出差的情况就安排少一点。在北电，通常员工大概工作两年就会有轮岗的机会，当然轮岗要征询员工的意见，在北电网络公司有一套制度，叫 internal mobility，即内部调度，用来通过轮岗增加员工的能力。执行内部调度至少员工要在一个岗位待 18 个月或 24 个月的时间，这样使他对现有的工作有一个足够的了解。如果员工有轮岗的需求，可以给人力资源部提出来，然后人力资源部会在别的部门给他找机会，有时候别的部门也将这种需求提交给人力资源部。双方如果都有意，可以通过面试交流，如果大家都同意的话，这个员工通常就会到新岗位进行工作试用。为了避免内部部门之间相互挖人，北电网络在制度上有一些基本要求，例如必须在一个岗位工作满 18 个月或 24 个月，另外挖人方经理要给供人方经理提前打招呼。不可能让一个人做一个职位做到退休。我们希望留住人才，因为我们请进来的人都是很优秀的人，希望他们能够留下来，公司会提供职业发展空间。

5.消除级别的妙处

北电网络公司是一家具有100多年历史的电信公司,按照常理,它应该非常官僚,非常人浮于事。但是在北电看到的是大家都不讲级别,直呼其名,甚至在工作描述中只会突出职位的职责和贡献及与团队任何配合,不会特别重视级别。

北电网络公司在中国的市场和销售员工有500人,男女比例是6∶4,管理人员和员工的比例是1∶9,其中管理者中女性比例也很大,达到1/3。

(资料来源:《北电网络注重过程的考核》,百度文库.)

6.1 绩效管理概述

6.1.1 绩效的含义与特点

1)绩效的含义

绩效(performance)从字面上理解就是业绩与效能,那么业绩与效能是如何表现的呢?管理大师德鲁克(Drucker)认为:"所有的组织都必须思考'绩效'为何物?这在以前简单明了,现在却不复如是。组织管理策略的拟订越来越需要对绩效的新定义。"人们对"绩效"的理解存在两种不同的看法:

①绩效就是结果,即对组织具有效益、具有贡献的结果。财务人员比较热衷于这种量化程度高的观点。结果有长期、中期、短期之分,在财务上通常是以年为周期的,但是对于股东而言,基业长青更胜于当期利润。所以无论是长期、中期还是短期的结果都是绩效管理关注的对象,长期结果无法在当期体现,只能通过组织倡导的行为方式来推动。

②绩效是行为,不是结果。这种观点认为过分关注结果会导致忽视重要的行为过程,对过程控制的缺乏会导致工作成果的不可靠性,强调可能会在工作要求上误导员工。绩效不是行为的后果或结果,而是行为本身。

作为结果和行为的绩效观各有优缺点。我们认为,绩效指的是那些经过评价的工作行为及其结果。这个概念有两方面内容:一方面,绩效包括工作行为以及工作行为的结果;另一方面,绩效必须是经过评价的工作行为及结果,没有经过评价的工作行为不被视为绩效,因为它们没有形成有效的绩效信息。

2)绩效的特点

一般来说,绩效具有以下3个主要的特点。

(1)多因性

多因性指员工的绩效是受多种因素共同影响的,并不是哪一个单一的因素就可以决定的。绩效和影响绩效的因素之间的关系可以用一个公式加以表示:

$$P = f(K,A,M,E)$$

式中　f——一种函数关系；

P(performance)——绩效；

K(knowledge)——知识，指与工作相关的知识；

A(ability)——能力，指员工自身所具备的能力；

M(motivation)——激励，指员工在工作过程中所受的激励；

E(environment)——环境，指工作的设备、场所等。

(2)多维性

多维性指员工的绩效往往是体现在多个方面的，工作结果和工作行为都属于绩效的范围。例如一名操作工人的绩效，除了生产产品的数量、质量外，原材料的消耗、出勤情况、与同事的合作以及纪律的遵守等都是绩效的表现。因此，对员工的绩效必须从多方面进行考察。当然，不同的维度在整个绩效中的重要性是不同的。

(3)变动性

变动性指员工的绩效并不是固定不变的，在主客观条件发生变化的情况下，绩效是会发生变动的。这种变动性就决定了绩效的时限性，绩效往往是针对某一特定的时期而言的。

6.1.2　绩效管理

1)绩效管理的内涵

1994 年阿姆斯拉尼(Michael Armsrany)认为绩效管理是通过在员工在管理者之间达成关于目标、标准和所需能力的协议，在双方相互理解的基础上使组织、群体和个人取得较好工作结果的一种管理过程。

所谓绩效管理是指管理者与员工之间在目标与如何实现目标上所达成共识的过程，以及增强员工成功地达到目标的管理方法以及促进员工取得优异绩效的管理过程。按管理主题来划分，绩效管理可分为两大类，一类是激励型绩效管理，侧重于激发员工的工作积极性，比较适用于成长期的企业；另一类是管控型绩效管理，侧重于规范员工的工作行为，比较适用于成熟期的企业。但无论采用哪一种考核方式，其核心都应有利于提升企业的整体绩效，而不应拘泥于具体的考核指标的得分上。

即时案例

七个人分粥的故事

有 7 个人住在一起，每天分一大桶粥，要命的是，粥每天都是不够的。一开始，他们抓阄决定谁来分粥，每天轮一个，于是乎每周下来，他们只有一天是饱的，就是自己分粥的那一天。后来他们推选出一个道德高尚的人分粥。强权就会产生腐败,大家开始挖空心思去讨好他,贿赂他,搞的整个小团体乌烟瘴气。然后大家开始组成三人的分粥委员会及四人的评选委员会,但他们常常互相攻击,扯皮下来,粥吃到嘴里全是凉的。最后想出来一个方法:轮流分粥,但分粥的人要等其他人都挑完后剩下的最后一碗。为了不让自己吃到最少的,每人都尽量分得平均。此后大家快快乐乐,和和气气,日子越过越好了。

[评析] 同样是7个人,不同的分配制度,就会有不同的风气。所以一个单位如果有不好的工作习气,一定是没有完全公平公正公开,没有严格的奖勤罚懒。如何制定一个好的分配制度,是每一企业人力资源管理者需要考虑的问题。

(资料来源:《人力资源管理小故事》,百度文库.)

2)绩效管理系统

绩效管理在人力资源管理系统处于核心的地位,它与一个企业人力资源管理系统中的其他构件之间存在着非常密切的关系。其中,有一些是单向关系,但更多是双向关系。只有全面、系统地了解并把握它们之间的相互关系,我们才能对一个企业的员工绩效管理体系进行科学的设计,并将评价的结果有效地加以运用,以推动企业战略目标的实现。绩效管理系统是以实现企业最终目标为驱动力,以关键绩效指标和工作目标设定为载体,通过绩效管理来实现对全公司各层各类人员工作绩效的客观衡量、及时监督、有效指导、科学奖惩,从而调动全员积极性并发挥各岗位优势以提高公司绩效,实现企业的整体目标的管理体系。绩效计划制订是绩效管理的基础环节,不能制订合理的绩效计划就谈不上绩效管理;绩效辅导沟通是绩效管理的重要环节,这个环节工作不到位,绩效管理将不能落到实处;绩效考核评价是绩效管理的核心环节,这个环节工作出现问题绩效管理会带来严重的负面影响;绩效结果应用是绩效管理取得成效的关键,如果对员工的激励与约束机制存在问题,绩效管理不可能取得成效。

完整的绩效管理系统是由绩效计划、绩效沟通、绩效考核和绩效反馈这4个部分组成的一个系统,如图6.1所示。

①绩效计划。绩效计划是绩效管理体系的第一个关键步骤,也是实施绩效管理系统的主要平台和关键手段,绩效计划是被评估者和评估者双方对员工应该实现的工作绩效进行沟通的过程,并将沟通的结果落实为订立正式书面协议即绩效计划和评估标准表,它是双方在明晰责、权、利的基础上签订的一个内部协议。

②绩效沟通。在明确了各自的绩效任务计划及目标之后,作为管理者的工作重点就是在各自目标实现过程中进行对员工的指导监督和沟通。对员工实现各自目标和业绩的沟通应为管理者的日常工作,在沟通过程中既要对员工的成绩认可,又要对员工实现的目标进行帮助和支持。帮助引导达到所需实现的目标和提供支

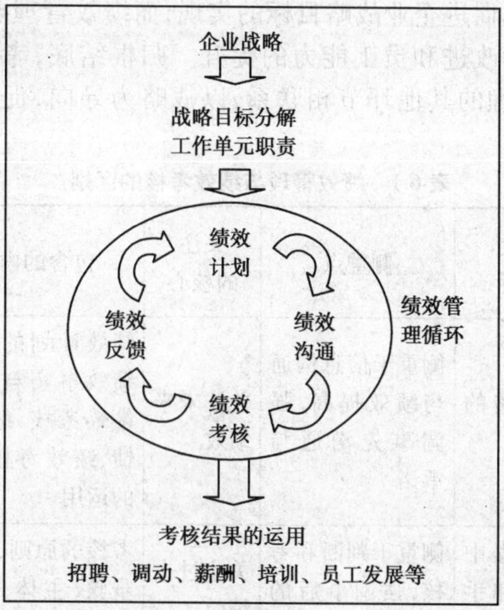

图 6.1　绩效管理系统

援,同时根据现实情况双方及时修正目标,保证员工的工作能正常地开展,使绩效实施的过程顺利进行。

③绩效考核。绩效考核就是指对照工作目标或绩效标准,采用科学的方法,评定员工的工作目标完成情况,员工的工作职责履行程度和员工的发展情况等,并将上述结果反馈给员工的过程。一般来说,绩效考核指标要尽量数量化或可操作化,对一些无法操作的行为指标,要找出关键特征行为,予以等级评定,以实现量化处理。

④绩效反馈与面谈。绩效管理过程并不是为绩效考评打出一个分数就结束了,主管人员还需要与员工进行一次甚至多次面对面的交谈。通过绩效反馈面谈,使员工了解主管对自己的期望,了解自己的绩效,认识自己有待改进的方面;并且,员工也可以提出自己在完成绩效目标中遇到的困难,请求上级指导。

⑤绩效结果应用。绩效考核的结果主要应用于薪酬发放、职务调整、绩效改进以及员工培训和职业生涯管理等方面。

3)绩效考核与绩效管理

绩效管理与绩效考核既存在联系也存在区别:①绩效管理以组织战略为导向,是一个完整的管理过程,包括绩效计划制订、绩效的辅导与实施、绩效评价和绩效反馈;绩效考核只是其中的一个环节,重在判断和评估。②绩效考核是做好绩效管理的必要条件,没有绩效考评是做不好绩效管理的。③绩效考核是绩效管理的初级阶段,侧重于考,与标准相对照。只有比较、不注重组织绩效持续改进的考评不能持久地促进企业战略目标的实现，而绩效管理要求以战略为导向，注重组织绩效的持续改进和员工能力的提升。归根结底，考核不是为考评而考评，它必须与绩效管理的其他环节相联系，以战略为导向，促进企业战略目标的实现，区别见表 6.1。

表 6.1　绩效管理与绩效考核的区别

区别点 比较对象	过程的完整性	侧重点	关注的核心	包含的内容	出现的阶段
绩效管理	一个完整的管理过程	侧重于信息沟通与绩效提高，强调事先沟通与承诺	关注未来绩效	绩效计划的制订、绩效事实与管理、绩效考核、绩效反馈、绩效考核结果的运用	伴随着管理活动的全过程
绩效考核	管理过程中的局部和手段	侧重于判断和考核，强调事后的评价	关注过去绩效	考核的原则、方法、步骤、主体、纬度、周期和评分	只出现在特定的时期

6.1.3　绩效管理与人力资源管理其他环节的关系

绩效管理体系是其他人力资源管理环境的一个重要的支持者，绩效管理与其他环节的联系如图 6.2 所示。

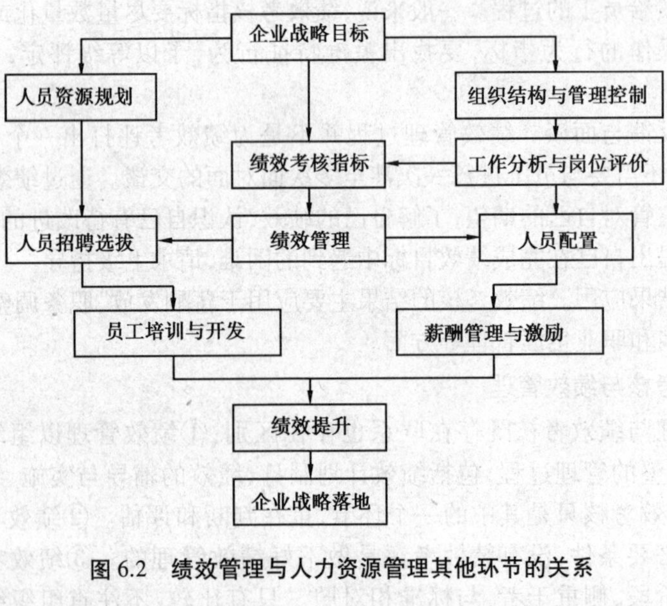

图 6.2　绩效管理与人力资源管理其他环节的关系

1) 绩效管理与人力资源规划

绩效管理为人力资源规划提供了关键性的信息。一个组织的人才库也是基于绩效管理体系收集上来的信息建立起来的。通过绩效管理制订的开发计划则为组织提供了在不久的将来要掌握哪些技能方面的信息。这些信息还可以为员工的招聘和录用提供依据。当一个组织需要考虑具有哪些技能的人才需要从组织外部引进,而具有哪些技能的人才可以从内部选拔的时候,对当前以及未来人才的储备状况的了解就显得非常重要。

2) 绩效管理与工作分析

绩效管理的重要基础是工作分析。工作分析的目的,就是要告诉我们某个职位是干什么的以及由什么样的人来干,即确定一个职位的工作职责以及它所提供的重要工作产出,据此制定对这个职位进行绩效考核的关键绩效指标(KPI),而这些关键绩效指标就为我们提供了评价该职位任职者的绩效标准。可以说,工作分析提供了绩效管理的一些基本依据。

3) 绩效管理与招聘甄选

在对人员招聘或进行开发的过程中,通常采用各种人才测评手段,包括心理和个性测验、行为性面谈以及情景模拟技术等,这些测评方法侧重考查人的一些价值观、态度、性格、能力倾向或行为风格等难以测量的特征,以此推断人在未来的情境中可能表现出来的行为特征。而绩效考核是主要针对人的“显质”进行的,侧重考查人们已经表现出来的业绩和行为,是对人的过去表现的评估。从现有员工的绩效管理与考评记录可以总结出具有哪一些特征的员工适合本组织。因此,在招聘选拔过程中,就可以利用历史资料进行有效甄选。

4) 绩效管理与培训开发

绩效管理的主要目的是了解目前人们绩效状况中的优势与不足,进而改进和提高绩效,因此培训开发是在绩效考核之后的重要工作。在绩效考核之后,主管人员往往需要根据被评估者的绩效现状,结合被评估者个人发展愿望,与被评估者共同制订绩效改进计划和未来发展计划。人力资源部门则根据员工绩效评价的结果和面谈结果,设计整体的培训开发计划,并帮助主管和员工共同实施培训开发。

5) 绩效管理与薪酬福利

越来越多的组织将员工的薪酬与其绩效挂钩,而不再像传统的工资体系中只强调工作本身的价值。在很多未脱离计划经济色彩的国有组织中,仍然存在着“干多干少一个样,干与不干一个样”,这些组织在为员工付薪时,很少考虑到绩效问题,这与时代的要求显然相去甚远。在不同的组织中采用不同的薪酬体系,对不同性质的职位而言,绩效所决定的薪酬成分和比例有所区别。通常来说,职位价值决定了薪酬中比较稳定的部分,绩效则决定了薪酬中变化的部分,如绩效工资、奖金等。

6.2 绩效管理的过程

绩效管理是一个连续、循环的过程，这个循环分为 5 步：绩效计划、绩效执行、绩效评估、绩效反馈、绩效结果的运用。

6.2.1 绩效计划

1) 制订绩效计划的步骤

绩效计划是管理人员与员工共同讨论以确定员工考核期内应该完成哪些工作和达到怎样的绩效水平的过程。绩效计划在整个绩效管理过程中的地位不亚于绩效评估环节，究其原因，主要在于评估仅仅是从反光镜中往后看；而绩效计划是往前看，以便在不久的将来能获得更好的绩效，而不是分析和关注那些过去的、不能改变的绩效。此外，绩效计划可以帮助管理人员和员工明确目标和努力的方向，避免事倍功半。绩效计划的制订过程分为准备、沟通和确定 3 个步骤。

(1) 绩效计划的准备

绩效计划通常是通过管理人员与员工双向沟通的绩效计划会议得到的。为了使绩效计划会议取得预期的效果，事先必须准备好相应的信息。这些信息主要包括：

①组织的信息。为了使员工的绩效计划能够与组织的目标结合在一起，管理人员与员工将在绩效计划会议中就组织的战略目标、年度经营计划进行沟通，并确保双方对此没有任何歧义。

②部门的信息。每个部门的目标是根据组织的整体目标逐渐分解而来的。不但经营的指标可以分解到生产销售等业务部门，而且对于财务、人力资源部等业务支持性部门，其工作目标也与整个组织的经营目标紧密相连。

(2) 绩效计划的沟通

绩效计划沟通阶段是整个绩效计划的核心阶段，是一个双向沟通的过程。在这个阶段，管理者与员工必须经过充分的交流，对员工在本次绩效期间内的工作目标和计划达成共识。沟通的过程和方式并不是千篇一律的，通常绩效计划会议是绩效计划制订过程中进行沟通的一种普遍方式。

在进行绩效计划沟通时，往往首先需要回顾一下已经准备好的各种信息，包括组织的经营计划信息、员工的工作描述和上一个绩效期间的评估结果等。在组织的经营目标基础上，每个员工需要设定自己的工作目标，并把工作目标分解为可评估的绩效指标。绩效指标的设定方式将在下一部分作详细介绍。

(3)绩效计划的审定和确认

在制订绩效计划的过程中,对计划的审定和确认是最后一个步骤。在这个过程中要注意以下两点:

①管理人员和员工应确认双方是否达成了共识。绩效计划的主要目的就是让组织中不同层次的人员对组织的目标达成一致的见解。如果所有的管理人员与员工的意见都能达成共识,那么组织的整体目标与全体员工的努力方向就会取得一致。

②员工的工作职责和描述已经按照现有的组织环境进行了修改,可以反映本绩效期内主要的工作内容。管理人员和员工都十分清楚在完成工作目标的过程中可能遇到的困难和障碍,并且明确管理人员所能提供的支持和帮助。

2)设定绩效评估指标

绩效指标的有效设定是有效推进和实施绩效评估的前提条件,同时也是将组织经营发展的战略目标(包括组织或部门、团队绩效目标)转化为具体可控、可测的"绩效指标",即将复杂、多元的绩效目标转化成具体的"绩效指标"(并尽可能量化)的过程。在现实的组织经营管理运行中,员工的绩效目标通常来源于:组织的经营计划任务与目标、部门或团队的工作任务和员工的岗位职责。

(1)设定绩效评估指标的步骤

确定绩效评估指标一般要经历以下3个步骤:

①工作岗位分析。根据评估目的,对被评估对象所在岗位的工作内容、性质、完成这些工作所应履行的岗位职责和应具备的能力素质、工作条件等进行研究和分析,从而了解被评估者在该岗位工作所应达到的目标、采取的工作方式等,初步确定出绩效评估指标。

②理论验证。根据绩效评估的基本原则,对所设计的绩效评估指标进行论证,使其具有一定的科学依据。

③进行指标分析,确定指标体系。根据工作岗位分析初步确定的指标,运用绩效评估指标体系设计方法进行指标分析,最后确定绩效评估指标体系。在进行指标分析和指标体系的确定时,往往将几种方法结合起来使用,使指标体系更加准确、完善、可靠。

(2)关键绩效指标

关键绩效指标(KPI:key performance indicator)是当前组织中常用的一种先进的绩效指标体系。它是通过对组织内部流程的输入端、输出端的关键参数进行设置、取样、计算、分析,衡量流程绩效的一种目标式量化管理指标,是把组织的战略目标分解为可操作的工作目标的工具。KPI可以使部门主管明确该部门的主要责任,并以此为基础,明确该部门各人员的绩效衡量指标。关键绩效指标是用于衡量工作人员工作绩效表现的量化指标,是绩效计划的重要组成部分。

(3)将平衡记分卡的思想运用于绩效指标的建立

平衡计分卡于20世纪90年代初由哈佛商学院的罗伯特·卡普兰(Robert Kaplan)和诺朗诺顿研究所所长(Nolan Norton Institute)、美国复兴全球战略集团创始人兼总裁戴维·诺顿(David Norton)所从事的“未来组织绩效衡量方法”一种绩效评价体系。当时该计划的目的,在于找出超越传统以财务量度为主的绩效评价模式,以使组织的“策略”能够转变为“行动”而发展出来的一种全新的组织绩效管理方法。平衡计分卡自创立以来,在国际上,特别是在美国和欧洲,很快引起了理论界和客户界的浓厚兴趣与反响。

实际上,平衡计分卡方法打破了传统的只注重财务指标的业绩管理方法。平衡计分卡认为,传统的财务会计模式只能衡量过去发生的事情(落后的结果因素),但无法评估组织前瞻性的投资(领先的驱动因素)。在工业时代,注重财务指标的管理方法还是有效的。但在信息社会里,传统的业绩管理方法并不全面的,组织必须通过在客户、供应商、员工、组织流程、技术和革新等方面的投资,获得持续发展的动力。正是基于这样的认识,平衡计分卡方法认为,组织应从4个角度审视自身业绩:创新与学习、业务流程、顾客、财务(图6.3)。

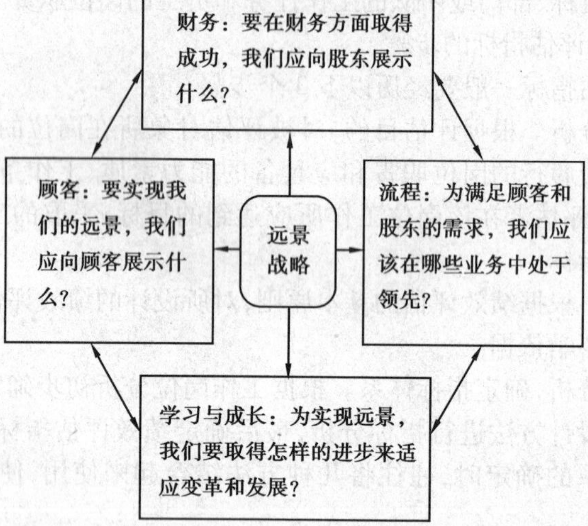

图6.3　平衡记分卡

6.2.2　绩效沟通

1)绩效沟通的内容

(1)绩效沟通的含义

绩效沟通是连接绩效计划和绩效评估的中间环节,也是耗时最长的一个环节。一旦绩效周期开始启动,员工就必须去为达成结果而努力,并且展示出在早些时候自己同意履行的行为，同时满足开发计划所提出的各项要求。在整个绩效周期内，管理者积极指导下属工作，与下属进行持续的绩效沟通，以期达到更好地完成绩效计划的目的，这就是绩效实施的过程。该过程为任务的分配者和执行者提供一个定期交流的机会，使双方有机会讨论各自有何期待以及这些期待目前的实现状况。

从绩效沟通的内容上看，不能将之简单视为对下属工作行为的束缚，而应视为管理者始终关注下属的各项活动，以保证它们按计划进行，并纠正各种重要偏差的过程。那种认为员工在了解绩效计划之后就能够正确地执行计划，等到绩效周期结束后再进行绩效评估的想法，是十分错误的。在整个绩效期间内，管理者与员工之间进行的持续的监督和控制是绩效管理最直接地发挥作用的环节。这个阶段作为连接计划绩效和评价绩效的中间环节，对绩效计划的执行和绩效的公正评价有着极其重要的作用。它要求管理者与员工进行持续不断的沟通，同时这一阶段也是管理者记录员工的关键事件的主要时刻。

(2)绩效沟通的误区

绩效计划是否能够落实和完成要依赖于绩效沟通，绩效评估的依据也是来自于绩效执行的过程中，这个过程做得怎样将直接影响着绩效管理的成败。然而绩效沟通与管理的过程往往容易被人们所忽视，在这个过程中还存在着一些误区。

①绩效管理重要的是计划和评估，中间的过程是员工自己工作的过程。不少管理者认为对于绩效管理来说，重要的是事先做好计划以及在绩效期结束时对绩效进行评估，而中间的过程则不需要进行过多的干预，这样做可能会很危险。不管组织的绩效评估是三个月做一次、半年做一次还是一年做一次，对员工的反馈都应该是持续不断的。不应当在年初与员工制定了绩效目标之后，到年末进行绩效评估时才对员工反馈，这样做的结果很有可能使员工的离职率上升。

②对员工绩效的管理就是要监督检查员工的工作。要时刻关注员工的工作过程。有些经理人员总是表现出对员工不放心的态度，总担心员工无法很好地完成工作，因此过多地去关注员工的工作细节。其实绩效管理往往是一种目标管理，经理人员应该主要花精力关注的是员工的工作结果，也就是工作目标的达成情况，对于具体的工作过程，不必过分细致地关心。而有的经理人员则不但关心员工做出了什么结果，还关心员工是怎样作出这种结果的。员工认为既然给自己设定了目标，那么自己应该有一定的权力决定如何达成目标，经理人员不必事无巨细地干涉自己的行动自由。如果经理人员管得过细，员工就会有不被充分信任的感觉。

③认为花费时间做记录是一种浪费。在绩效执行的过程中，有些人常常认为员工是最忙碌的，而经理人员则是把任务分派下去，自己就没有什么事情做了。其实，经理人员有大量的事情需要做，至少为了在绩效期满进行评估时能够

拿出事实依据来，他们应该做大量的记录。而有的经理人员则过分相信自己的记忆力，不愿花费时间做记录，这样在进行评估时只能依靠印象，难免有凭主观判断的倾向。在绩效执行的过程中不做记录，一方面，在绩效评估时对工作表现的记忆不够清晰，容易造成对事实的歪曲；另一方面，在与员工进行沟通时，没有足够的事实依据在手中，容易引起争议。所以，在制订了绩效计划之后，绩效执行与管理的过程中主要需要做的事情有两个：一是持续的绩效沟通；二是对工作表现的记录。

即时案例

将员工的评估细化到每天

每年年初，朗讯公司的员工都要和自己的主管一起制定这一年的目标，包括员工的业务目标、行为目标和发展目标。在业务目标里，一个员工要描述未来一年里的职责是什么，具体要干什么；如果你是一名主管，还要制定对下属的帮助目标。制定业务目标时，员工可以通过客户、团队成员和主管的意见，来让自己的业务目标尽可能和朗讯的战略目标紧密结合。制定发展目标时，从员工的职责描述、业务目标和主管那里来定义员工必需的技能和知识，评估当前具备的技能和知识，在主管的协助下，将这三大目标制定完毕，员工和主管双方在目标表上签字，员工和主管各保留一份，在将来的一年中员工随时可以以此参照自己的行为。

在制定了目标后的一年里，员工在执行目标时会有来自反馈、指导和认可三个方面的互动影响，每位员工有义务通过这三种方式履行自己的目标。这样，朗讯将员工的评估通过这些方式细化到每天的工作中，每个员工都非常重视这些互动反馈的信息，因为业绩评估中反馈是一项重要的依据。

在朗讯公司，对于有培养员工职责的主管来说，他还必须执行好指导职责，每个主管都要记录自己工作的执行情况，这些是其年终评估的一项。这个职责包括：指出对员工行为的看法，量化员工工作的指标，与员工要协商一致，指出员工能够实现的效率，要及时给员工提出反馈信息。

认可是一种正向的反馈，通过这种机制可以让员工分享新的思想，也能鼓励不同的观点、共享信息，减少官僚作风，为做重大决策打下良好的基础。

朗讯公司的评估过程非常严谨和细致，目的是使这个评估尽可能地公平，尽可能反映每一位员工和主管在过去的一年里的作为，评估工作围绕三个方面进行：一是当前的业务结果，这是针对当初的业务目标进行的，通过比较每位员工自己设定的目标和完成的目标，以决定工作效果如何；二是朗讯公司的文化行为模式；三是员工在发展自己的知识和技能方面做得如何。

（资料来源：《朗讯评估每一天》，百度文库.）

---

2) 绩效辅导

绩效辅导是指管理者与员工讨论有关工作进展情况，潜在的障碍和问题，解决问题的办法措施，员工取得的成绩以及存在的问题，管理者如何帮助员工等信息的过程。它贯穿于整个管理过程，不是仅仅在开始，也不是仅仅在结束，而是贯穿于绩效管理的始终。绩效辅导不仅能够前瞻性地发现问题并在问题出现之前解决，还在于能把管理者与员工紧密联系在一起，管理者与员工经常就存在和可能存在的问题进行讨论，共同解决问题，排除障碍，达到共同进步和共同提高，实现高绩效的目的。绩效辅导还有利于建立管理者与员工良好的工作关系。通常来说，绩效辅导的作用如下：

①了解员工工作的进展情况，以便于及时进行协调调整。

②了解员工工作时碰到的障碍，以便发挥自己的作用，帮助员工解决困难，提高绩效。

③通过沟通，避免一些考核时的意外发生。

④掌握一些考核时必须用到的信息，使考核有目的性和说服力。

⑤帮助员工协调工作，使之更加有信心地做好本职工作。

⑥提供员工需要的信息，让员工及时了解自己的想法，以便管理者和员工步调一致。

绩效辅导的根本目的就在于对员工实施绩效计划的过程进行有效的管理，因为只要过程都是在可控范围之内的话，结果就不会出太大的意外。

3) 绩效信息的收集

人们在考虑整个绩效管理的循环时，往往会把比较多的注意力放在绩效评估上。然而，不妨思考一下，如果力图做到客观、公正地评估绩效，应该依据什么来进行评估呢？客观、公正的绩效评估一定不会是凭感觉进行的，那么这些评估的依据就来自于绩效实施与管理的过程中。可以说，绩效沟通是为下一个环节，即绩效评估的环节准备信息的。所以，在绩效沟通的过程中就一定要对被评估者的绩效表现做一些观察和记录，收集必要的信息。

信息搜集的方法包括观察法、工作记录法、他人反馈法等。观察法是指主管人员直接观察员工在工作中的表现并将之记录下来的方法；工作记录法是指通过工作记录的方式将员工工作表现和工作结果记录下来；他人反馈法是指管理者通过其他员工的汇报、反映来了解某些员工的工作绩效情况，比如通过调查顾客的满意度来了解售后服务人员的服务质量。我们提倡各种方法的综合运用，因为单一的方法可能只了解到员工绩效的一个或几个方面，而不能面面俱到。比如，有些员工的态度并不能从每次检查或表面上的观察中得知，这时候就需要通过与他共事的员工的反馈，这种方法得到的结果往往更为真实可信。方法运用的正确有效与否直接关系到信息质量的好坏，并最终影响到绩效管理的有效性。

即时案例

工作任务为什么没有完成?

主管:月初布置给你的工作任务完成了吗?

员工:我的工作需要财务部提供数据支持,但财务部未提供,所以没有办法完成。

主管:财务部为什么不提供数据?

员工:财务部的人说,各部门的数据没有报给他们,以致无法进行汇总统计,当然就提供不出我们工作所需的数据。

主管:那你为啥不向我及时汇报?

员工:几天前,你正出差在外,我打电话给你,要求你参加财务部主持的一个协调会,你说赶不回来,不参加。

(资料来源:王丽娟.绩效管理[M].北京:清华大学出版社,2009.)

6.2.3 绩效评估

1)绩效评估主体的选择

(1)管理者对员工的评估

这是评估员工使用最广泛的方法,它基于这样的假设,即直系主管是公平地评估员工绩效的最适合的人。这是由于员工的直接上级通常是最熟悉下属工作情况的人,同时,绩效评估作为绩效管理的一个重要环节,为他们提供了一种监督和引导员工行为的手段,从而帮助他们促进部门或团队工作的顺利开展。

(2)员工对管理者的评估

现在,有些组织要求员工或组织成员对管理者及经理的绩效进行评估。这种评估类型的最好例子是在大学中,学生们在课堂上对老师进行评估。绩效评估同样用于管理人员的发展目标。员工对管理者进行评估有3个优点。第一,在复杂的管理者—员工关系中,员工的评估对确认有能力的经理是非常有用的。第二,这种评估可以使得管理者对员工更加负责。如果管理者把重点放在“和蔼”而不是管理上,那么这个优点将很快变成缺点,因为在很多场合,和蔼但没有其他条件的人并不是一个好的经理。第三,员工的评估对管理者的职业生涯发展也有一定的作用,他可以找出自己哪些方面需要改进。

(3)团队的评估

同事或团队成员之间相互评估是评估的另一种形式,它可能会给予帮助或造成伤害。研究表明,这种方式的信度与效度都很高,因为当上级主管没有机会观察到每个员工的工作时,其他同事却看到了,并且团队成员经常以一种与上级不同的眼光来看待同事的工作绩效，他们会更加注重相互之间在工作中的合作情况。但是也有一些人认为这样的方式有负面影响。虽然团队成员对彼此之间的工作会有认同，但他们不会分享它，他们可能会不公平地攻击交情较差的同事。一些组织试图通过匿名评估或由一个顾问或人力资源管理人员来解释团队或个人的评价来解决这些问题。尽管有这些问题存在，团队或个人绩效评估仍然是不可避免的，尤其是在那些广泛使用团队工作的组织。

(4)自我评估

自评是在一定的情形下进行的。作为一种自我发展的工具，它使得员工去考虑他们自身的优点和缺点，设定目标去改进。那些孤立工作或拥有独特技能的员工是唯一能对他们自己做出评价的人。而且，员工对自己的评价不会像管理者对他们的评价那样，他们会使用不同的标准。有证据显示，无论人们更仁慈或更苛求，自我评价通常要高于管理者的评价。尽管如此，对于发展来说，员工的自我评价是一项非常重要的绩效信息的来源。

(5)外界人员的评估

团队以外的人可能被要求来做绩效评估。在这方面，评估方法包括来自人力资源部的人作为评价者，或全部是组织外部的独立的人作为评价者。例如，一个评价小组来衡量一位大学校长或经理的座谈会来评价管理者对组织发展的潜在贡献。这种方法的缺点是，外界的人可能不知道工作团队或组织中的重要需求。顾客或组织的客户是显而易见的外界评估的来源。例如，对于销售或服务工作来说，顾客对下员工的工作行为可能会提供非常有用的信息。一家公司衡量顾客对服务的满意度来决定市场销售经理的奖金。

(6)360度评估

在《财富》排出的全球1 000家大公司中，超过90%的公司在绩效评估过程中应用了全视角绩效评估系统，即360度绩效考评体系。该系统通过不同的评估者(上级主管、同事、下属、顾客和本人等)从不同的角度来评估，从而全方位、准确地评估员工的工作业绩。对于不断增加的工作来说，员工绩效是多维度的，而且是跨越部门、组织，甚至是全球性的。360度反馈的主要目的不是通过收集具有相似意向的观点来增加其相似度，取而代之的是，它需要不同角色的个人员工的评价。

2)绩效评估中可能出现的问题

在绩效评估中，可能会存在以下几个方面的问题。

(1)评估依据产生的问题

①绩效评估标准不清晰。评估标准应该根据员工的工作职能设定；应该建立在工作分析的基础之上，确保绩效评价标准是与工作密切相关的；应该设定合理且具有挑战性的目标。绩效评价标准不严谨，就无法得到客观的绩效评价结果，而只能得出一种主观的印象和感觉。比如，有的评价者非常严厉，而有的评价者则非常

宽松;一些员工水平一般,却得到很高的评价等级,这就很不公平。

②绩效指标不科学。对于科学确定绩效评估的指标体系以及如何使评估的指标具有可操作性,许多组织考虑得并不周到,缺乏定量判断,定性判断多。比如就工作态度来说,什么样的工作态度可以称作是"好的",什么样的工作态度可以称作"一般",不同的人会有很不一样的看法。采用过多的定性指标无法避免评估组织者的主观判断,丧失了评估工作的有效性。

③评估的内容不够完整,不能全面地评价工作业绩,或以偏概全,如 KPI 不全等。因此,无法正确评价员工的真实工作绩效。另外,许多组织的评估内容千篇一律,不同类型部门评估内容差别不大,针对性不强。这在很大程度上影响了评估结果的客观性、真实性和准确性。

(2)评估者主观因素产生的问题

在绩效评估中,评估者往往是评定结果可靠性的重要决定因素。但在评估过程中,评估者总是会存在一些心理干扰,影响评估的质量。

①晕轮效应:晕轮效应是评估者对某一方面绩效的评价影响了对其他方面绩效的评价。在评估中将被评估者的某一特点扩大化,以偏概全,通常表现为一好百好,或一无是处,要么全面肯定,要么全面否定,因而影响评估结果。例如,对于一个不太友好的考评对象,评估者通常会认为其"与其他人相处的能力较差",而且也极可能认为该员工在其他方面的表现也较差。这种情况显然会影响评估的客观性。

②宽松或严厉倾向:绩效评估要求评估具有某种程度的确定性和客观性,但评估者要做到完全"客观"是很难的。宽松或严厉评估误差的原因主要是缺乏明确、严格、一致的判断标准,评估者往往根据自己的人生观和过去的经验进行判断,在评价标准上主观性很强。

③趋中趋势:趋中趋势是指给大多数员工的评估得分在"平均水平"的同一档次,并往往是中等水平或良好水平,这也是评估结果具有统计意义上的集中倾向的体现。无论员工的实际表现如何,统统给中间或平均水平的评价。这样做的结果是使评估结果失去价值,因为这种绩效评估不能在人与人之间进行区别,既不能为管理决策的制定提供帮助,也不能为人员培训提供有针对性的建议。这样,绩效评估必定是含糊的,无法对员工形成正面、有效的引导机制。

④近因效应:近因效应是由于评估者对被评估者的近期行为表现往往产生比较深刻的印象,从而对整个评估期间的工作表现缺乏长期了解和记忆,以"近"代"全",只是对最后一阶段的评估。尤其当被评估者在近期内取得了令人瞩目的成绩或犯下过错时,近因效应会使评估者出现偏高或偏低的倾向。

⑤成见效应:成见效应是评估者由于经验、教育、世界观、个人背景以及人际关系等因素而形成的固定思维对评估评价结果的刻板影响。例如,有研究表明,在工作绩效考评中存在这样一种稳定趋势,即老年员工(60 岁以上者)在"工作完成能

力"和"工作潜力"等方面所得到的评价一般都低于年轻员工。

⑥对比效应:对比效应是由于评估者对某一员工的评价受到之前的考评结果的影响而产生的。比如,假定评定者刚刚评定完一名绩效非常突出的员工,紧接着评定一名绩效一般的员工,那么很可能将这名绩效本来属于中等水平的人评为"比较差"。对比效应也很可能发生在评估者无意中将被评估者新近的绩效与过去的绩效进行对比的时候。例如,一些以前绩效很差而近来有所改进的人可能被评为"较好"。

3)避免绩效评估误差的措施

对工作绩效的真实评估,并保持对员工的有效激励和反馈,组织就能激发起每位员工的工作积极性和创新精神,推动其能力发展与潜能开发,形成一支高效率的工作团队。为了减少绩效评估中的偏差,提高绩效评估过程和结果的正确性,需要采取以下措施。

(1)制定客观、明确的评估标准

在绩效评估中,应保证向所有的评估对象提供明确的工作绩效标准,完善组织的工作绩效评价系统,把员工能力与成果的定性考察和定量评估结合起来,建立客观而明确的管理标准,定量评估,用数据说话,以理服人。绩效评估标准要明确:一是评估指标尽量以可量化的、可实际观察的为主,同时应尽量简洁,否则会加大评估组织者的工作负荷。二是在确定评估指标时,要充分考虑组织的自身特点,建立有针对性的、切实符合组织实际管理要求的指标体系。

(2)选择评估人员,进行培训

选用较为客观的评估者来进行工作绩效评估,是使评价客观化的一个重要组成部分。要在评估方案实施过程中保证评估的公正性和客观性,必须对承担主要评估职责的评估者进行培训,否则就会出现诸如晕轮效应、趋中倾向、成见效应等倾向。进行评估培训,首先,要通过培训提高评估者对绩效评估重要程度的认知水平,从而加强其对评估工作的重视和投入。其次,要指导评估者认真学习绩效评估的内容和各项评估标准,使其深刻了解整个评估结果。最后,要通过对评估者认真讲解各项评估指标的含义,使其把握对被评估者进行日常观察的关键点,从而提高其观察力与判断力。此外,还要让评估者了解在绩效评估过程中容易出现的问题、可能带来的后果,以避免这些问题的发生。

(3)注重绩效评估反馈,建立绩效面谈制度

绩效反馈的主要的目的是改进和提高绩效。通过反馈,使被考评者知道自己在过去的工作中取得何种进步,尚有哪些方面存在不足,有待在今后的工作中加以改进和提高。为了有效进行考评结果的反馈,应建立与员工面谈的制度。绩效面谈为主管与下属讨论工作业绩,挖掘其潜能,以及拓展新的发展空间提供了良好的机会;同时上下级之间进行面谈,能够全面了解员工的态度和感受,从而加深双方的沟通和了解。

(4)选择合理的评估方法和评估周期

为了避免评估方法不当而造成的负面影响,组织在进行绩效评估时,要根据评估目的、评估内容等合理地选择评估方法。各种方法都有各自的适应性,因此关键是组织应该选择适合自己特点的评价方法。

另外,评估周期受很多因素影响。可根据奖金发放的周期长短、工作任务的完成周期、员工工作的性质来决定员工绩效评估的周期。如果每个管理人员负责评估的员工数量比较多,工作负担比较重,甚至可能因此影响到业绩评估的质量,也可以采取离散的形式进行员工绩效评估,即当每位员工在本部门工作满一个评价周期时对这位员工实施绩效评估。

(5)建立申诉等审核制度

本着对员工、对组织负责的态度,建立正式的申诉渠道和上级人事部门对绩效评估结果审查的制度。如果发生裁员或辞退事件,应整理相关的工作绩效评估书面材料,对裁员或辞退的原因做出解释,并妥善处理相关事宜。任何公司的绩效评估都不是十全十美的,没有最好的绩效评估方法,只有最适合的方法,简单实用或复杂科学,严厉或宽松,非正式的评估方式或系统性的评估方式,不同规模、不同文化、不同阶段的公司要选用不同的方式。

绩效评估是一把"双刃剑",好的绩效评估制度可以激活整个组织;但如果做法不当,可能会产生许多意想不到的结果。总之,要真正把绩效评估落到实处,组织在体系设计与组织实施的过程中,就必须要有系统的眼光和思维,同时又要敢于迈开步伐,在实施绩效评估的过程中适时推动组织的变革前进,把公司推进为一个具有现代意识观念、行为模式以及能力结构的成长型组织。

6.2.4 绩效反馈

绩效反馈主要是通过评估者与被评估者之间的沟通,就被评估者在评估周期内的绩效情况进行面谈,在肯定成绩的同时,找出工作中的不足并加以改进。绩效反馈的目的是为了让员工了解自己在本绩效周期内的业绩是否达到所定的目标,行为态度是否合格,让管理者和员工双方达成对评估结果一致的看法;双方共同探讨绩效未合格的原因所在并制订绩效改进计划,同时,管理者要向员工传达组织的期望,双方对绩效周期的目标进行探讨,最终形成一个绩效合约。

绩效面谈是绩效反馈中的一种正式沟通方法,是绩效反馈的主要形式。正确的绩效面谈是保证绩效反馈顺利进行的基础,是绩效反馈发挥作用的保障。通过绩效面谈,可以让被评估者了解自身绩效,强化优势,改进不足;同时也可将组织的期望、目标和价值观进行传递,形成价值创造的传导和放大。其作用是多方面的:组织可以提高绩效评估的透明度,突出以人为本的管理理念和传播组织文化;同时员工增强自我管理意识,充分发挥员工的潜在能力等。绩效面谈的内容应围绕员工一个绩效周期的工作开展,一般包括 4 个方面的内容。

1)工作业绩

工作业绩的综合完成情况是评估者进行绩效面谈时最为重要的内容,在面谈时应该将评估结果及时反馈给被考评者,如果被考评者对绩效评估的结果有异议,则需要和下属一起回顾上一绩效周期的绩效计划和绩效标准,并详细地向下属介绍绩效评估的理由。通过对绩效结果的反馈,总结绩效达成的经验,找出绩效未能有效达成的原因,为以后更好地完成工作打下基础。

2)行为表现

除了绩效结果以外,主管还应关注被考评者的行为表现,比如工作态度、工作能力的关注可以帮助被考评者一起分析绩效不佳的原因,并设法帮助下属提出具体的绩效改进措施。

3)改进措施

绩效管理的最终目的是改善绩效。在面谈过程中,针对被考评者未能有效完成的绩效计划,考评者应该和被考评者一起分析绩效不佳的原因,并设法帮助下属提出具体的绩效改进措施。

4)新的目标

绩效面谈作为绩效管理流程中的最后环节,考评者应该在这个环境中结合上一个绩效周期的绩效计划完成情况,并结合被考评者新的工作任务,和考评者一起提出下一个绩效周期中的新的工作目标和工作标准。

即时案例

实际工作中的绩效面谈

主管:小张,我们来看一看这次绩效评估的评分标准,我们必须首先对打分的标准有一致的意见,才谈得上讨论后面对每一个项目的打分。我们的打分标准是分成5个等级。D等就是合格的标准,会有比较多的人在这个等级上,而做得比较好、优良就是A等,只有极少数的人能达到A等,那真是出类拔萃的。

小张:我在有的项目上可能给自己打分高了。

主管:好,那我们就来逐项的讨论一下吧。你先说一下自己的每项工作完成得怎么样,给自己打分的依据是什么?

小张:我的第一项工作目标是完善大客户管理规范,我觉得我这项工作完成得很好,在规定的时间之前就完成了,而且有了这个规范,现在的大客户管理比以前顺畅多了。所以我给自己打A。

主管:不错,我承认你这项工作完成得很好,但我觉得这个规范中还有一些不尽完善的地方需要进一步完善,所以我认为达不到A这样的等级,可以打B。可能我打分过严的缘故。

小张：是的，我同意你的意见，也觉得B更合适些，我开始给自己打的分太高了。

主管：接下去……

小张：我的第二项工作目标是关于团队建设的，这是我在这段时间花费精力比较多的一件事情，我觉得通过我的调整和组织，不仅完成了销售额，而且还没有增加人手，为公司节省了人工成本，所以给自己打A。

主管：让我再想一想，我原来给你打的是B，可能对你太苛刻了。好吧，这一项就以你的为准吧，打A。接着说后面的。

小张：关于销售额方面，现在的大客户已经达到32个，销售额在2.7亿元，客户保持率在85%，因此这一项我觉得是超出了工作标准的，我给自己打了B。

主管：这一项没有太多可说的，我跟你的观点一致，因为这是有客观事实依据的。

小张：最后一项是关于建立大客户数据库的，由于这件事情是企划部负责做的，我们部门只是配合的作用，我觉得我们还是配合得比较好的，因此我给自己打了个B。

主管：我听企划部说，这次做数据库你给了他很大的帮助，提供了大量有用的信息和建议，还在你们部门人手紧缺的情况下，抽出人员来支持他们，我觉得这样做是非常好的，这种团队合作的精神是应该鼓励的，因此，我给你在这一项上打了A。

小张：谢谢领导的鼓励。

主管：最后的总和等级我给你的是B，你看有什么意见吗？

小张：没有意见。谢谢领导。

（资料来源：王丽娟.绩效管理[M].北京：清华大学出版社，2009.）

6.2.5 绩效评估结果的运用

多年以来，人们在绩效管理的实践中认识到，绩效评估实施的成功与否，关键的一点在于绩效评估的结果如何应用。绩效管理制度应该与组织中其他人力资源管理环节密切结合起来。例如，组织中的职位体系、胜任力模型、薪酬奖励制度、培训体系等都应该与绩效管理紧密相连。如果绩效优秀的员工不能得到应有的认可与回报，那么就难以引导员工向着优秀绩效努力。

即时案例

去，还是留？

康宏公司人力资源部制定了处理绩效问题的全新办法：非惩罚性处分，其核心思想是倡导责任和尊重的处分，认为每个员工都是成熟、负责、可堪信任的成年人。如果企业像成年人那样对待他们，他们就会表现得像个成年人。

这种新的绩效改善方法强调不使用惩罚,取消了警告、训斥、无薪停职,着眼于要求个人承担责任和决策。最后,公司管理层还进行非常大胆而令人吃惊的改革——取消传统的最后处分步骤——无薪解雇,代之以大胆的新方法,带薪停职处分。新绩效改善的最后处分是通知员工第二天将被停职;他必须在停职日结束时回来作出决定,要么解决当前问题并完全承诺在各方面工作中达到令人满意的表现,要么就另谋高就。公司负担那天的工资,以表示希望看到员工改正并留下来的诚意。但是,如果员工再次犯错就会遭到解雇。何去何从,主动权完全掌握在员工自己手里。

通过这种新的绩效改善方法,公司紧张的气氛才得到缓解。员工消极怠工等现象得到了遏制。

(资料来源:《人力资源管理绩效考核案例分析》,环球网校.)

---

1)绩效改进

实施绩效改进计划的具体操作步骤如下。

(1)确定绩效差距

可以通过描述工作要求的绩效与员工的实际绩效差异来确定绩效差距。

(2)分析绩效不好的原因

一般而言,员工绩效不佳并不能简单地归咎于员工工作不努力,而应从员工、主管领导及环境因素3个方面分析原因。

①从员工身上找原因,主要有主观和客观的两个方面,主观上最常见的是由于缺乏动力和足够的激励或对现在所从事的工作不感兴趣。而有些是主观上虽然工作意愿很强、积极性很高,但由于自己的能力、工作方法、身体状况、沟通技巧等客观原因而没法达到预期目标。

②主管领导也要进行自查。例如工作上缺乏沟通,对员工没有提供足够的帮助和支持,没有给员工适当的信任、授权、鼓励和激励,这些都是主管领导的责任,不能一味地把责任推给员工。

③组织内外部环境因素。组织内部资源的缺乏、制度不完善(如责、权、利分配不合理)、岗位变动等影响员工的工作效率和工作质量。而组织外部的环境如宏观经济的变动、国家新政策的出台、全行业的萎缩等,以员工个人力量是无法抗拒的,甚至连组织也回天乏术。在这种情况下,要做的不是绩效改进而是绩效目标的调整了。所以在行动之前,要先查明原因,看清方向,避免徒劳无功。

(3)决定是否采取改进措施

确定了具体绩效差距,找到了绩效不佳的原因,然后就是决定是否有必要采取改进措施以消除差距,并采取改进方法。绩效差距总会发生,但有大有小,有轻有重,是否都需要改进呢?理论上应当把时间和精力花费在纠正重大差距上。一旦确定需要采取改进措施,就要帮助员工制订行动计划。

(4)找出可能的改进办法

让员工的直接主管与他们一起,通过“头脑风暴”和“鱼骨图”的方式,找出所有可能的改进办法,最好能按员工、主管领导和外部环境,分门别类,列出一张详细的表格,有针对性地找出问题。

(5)制订绩效改进计划

首先,确定改进目标。目标的选取应由上下级共同完成。基本上应以员工的要求为中心,在反馈面谈中,通过双方的沟通来决定。对于自己选择的,而不是被强加的目标,员工的积极性会更高,动机也更强;而且员工更了解自己的情况,哪些问题确实需要改进。因为有些在上级眼中认为很严重的问题,在员工看来可能根本不是问题。另外,应选择从容易改进的目标着手。如果改进计划顺利完成,就能够树立员工的信心,有助于后续改进计划的实行。

其次,对改进办法进行筛选,选出最有效、最经济的一种办法或几种办法综合考虑,确保计划实际可行。已选中的改进办法为主干,增加具体的行动计划,详细列出每一步工作的具体实行手段。要给每一步的工作制订截止日期,以便检查。

最后,要填写一份书面的、正式的绩效改进计划,单位主管领导和员工都保留一份,如有必要,人事部门也可备案。“色”是美食的重要组成部分,外形美观的菜肴能够引起食客的食欲。同样,一份完整、正规的改进计划,相比一份潦草的草稿或仅仅是口头协议,更能够使员工产生认真对待的心理。

(6)实施、检查、制订新的改进计划

绩效改进计划的实施,可以看成是一个小型的、短期的绩效管理过程。在此期间,单位主管领导与员工间的沟通依然很重要,提供帮助、不断地督促和检查必不可少。如果员工的总体绩效已达标准,则考查作业停止并通知受考员工。对该员工的工作仍应保持密切的注意。观察其是否有退步的迹象,如确有低落现象,考查需再度开始并告诉员工;如果已有明显进步,但是还需要再继续改进,此时应重拟一份绩效改进计划并与受考员工一起研究;如果进步甚微或完全没有进步,单位主管领导应清楚地告诉该员工他正在察看阶段,如果在规定期限内不能达到标准,他就会被调职或降薪。此程序继续至该员工的整体考绩达到标准,或期限到期,改进工作终止。

2)绩效评估结果的其他运用

(1)用于员工报酬的分配和调整

绩效评价结果最主要的一种用途是用于员工报酬的分配和调整。绩效评价最初的目的就是为了更好地评价员工对团队或组织绩效的贡献,以便在薪酬分配过程中体现公平性原则。一般而言,为了强调薪酬的公平性并发挥薪酬的激励作用,员工的薪酬中都会有一部分与绩效挂钩。当然因职位不同,与绩效挂钩的薪酬在总薪酬中所占的比例也会有所不同。如何有效地发挥薪酬的激励作用,寻求绩效管理与薪酬管理有机结合的方式,是大多数组织面临的一个难题。

(2)用于招聘与甄选

绩效评价的结果是组织做出招募计划的重要依据。另外,在研究招募与甄选的效度时,通常都选用绩效评价结果作为员工实际绩效水平的替代,在人员招聘与甄选的过程中担当重要的效标作用。也就是说,如果甄选是有效的,那么甄选时表现很好的人员的实际的绩效评价结果也应该很好;反之,就有两种可能,要么甄选没有效度,要么甄选评价结果不准确。

(3)用于人员调配

员工绩效评价的结果是人员调配的重要依据。人员调配不仅包括纵向的升迁或降职,还包括横向的工作轮换。如果绩效评价的结果说明某些员工无法胜任现有的工作岗位,就需要查明原因并果断地进行职位调换,将他从现有的岗位上换下来,安排到其他能够胜任的岗位;同时,通过绩效评价还可以发现优秀的、有发展潜力的员工。对于在潜力测评中表现出特殊的管理才能的员工,可以进行积极的培养和大胆的提拔。这种培养还包括在各个职位之间的轮岗,培养其全面的能力并熟悉组织的运作,为其今后在部门间的交流与协调做好准备。

(4)用于人员培训与开发决策

人力资源的培训与开发是组织通过培训和开发项目提高员工能力和组织绩效的一种有计划的、连续性的工作。通过绩效评价的结果可以发现人员培训和开发的需要,也就是将员工的实际评价结果与职位要求相比较,一旦发现员工在某方面存在不足而导致不能完全胜任工作,但可以通过培训弥补,就需要对员工进行培训。另外,组织也有可能对未来的变化进行考虑,当绩效评价结果显示员工不具备未来所需要的技能或知识时,对员工进行开发是常见的选择。另外,绩效评价结果还可以作为培训的效标,也就是用绩效评价结果衡量培训效度。

6.3 绩效评估的方法

6.3.1 相对评估法

相对评估法,简单地说就是"人"比"人"的评估方法,就是将员工的工作行为、工作成果相互比较,从而对每个员工进行评估的方法。它包括排序法、行为锚定法、成对比较法、强制分布法等。

1)排序法

排序法是根据整体工作绩效或某一维度从高到低依次给员工排序。这是一种简单而又实用的评估方法。

(1)简单排序法

它通常是由上级主管根据员工工作的整体表现,按照优劣顺序依次进行排列。有时为了提高其精度,也可以将工作内容作出适当的分解,分项按照优良的顺序排列,再求总平均的次序数,作为绩效考评的最后结果。

这种方法的优点是简单易行,花费时间少,能使考评者在预定的范围内组织考评并将下属进行排序,从而减少考评结果过宽和趋中的误差。在确定的范围内可以将排列法的考评结果,作为薪资奖金或一般性人事变动的依据。但是,由于排序法是相对对比性的方法,考评是在员工间进行主观比较,不是用员工工作的表现和结果与客观标准相比较,因此具有一定的局限性,不能用于比较不同部门的员工,个人取得的业绩相近时很难进行排列,也不能使员工得到关于自己优点或缺点的反馈。

(2)交替排序法

通常来说,根据某些工作绩效评价要素将员工们从绩效最好的人到绩效最差的人进行排序,要比绝对地对他们的绩效进行评价容易得多,交替排序法就是运用的非常普遍的工作绩效评价方法,其操作方法是:

①将需要进行评价的所有下属人员名单列举出来,然后将不是很熟悉因而无法对其进行评价的人的名字划去。

②在被评价的某一特点上,哪位员工的表现是最好的,哪位员工的表现又是最差的。

③再在剩下的员工中挑出最好和最差的。依次类推,直到所有必须被评价的员工都被排列到表格中为止。

很显然,运用交替排序法进行绩效考核的最大优点是简单实用,其考核结果也令人一目了然,但是这种方法是在员工中间进行比较,会迫使员工相互竞争,容易对员工造成心理压力,而且笼统的用"最好"或"最坏"来表示绩效衡量而不能准确定义贡献大小也是这一方法的局限性。

2)配对比较法

配对比较法,又称对偶比较法,这种方法会使排序型的工作绩效变得更为有效。其基本做法是,将每一位员工按照所有的评价要素(工作数量、工作质量等)与其他员工进行比较,根据配对比较的结果,排列出他们的名次,而不是把各被考评者笼统地排队。假定需要对5位员工进行工作绩效评价,那么在运用配对比较法时,首先应列出一张表格来,其中要标明所有需要被评价的员工的姓名以及需要评价的所有工作要素。然后,将所有员工根据某一类要素进行配对比较,然后用"+"(好)和"−"(差)标明谁好一些,谁差一些。最后将每一位员工得到的"好"的次数相加。在表6.2中,员工玛丽的工作质量是最高的,而阿特的创造性却是最强的。

配对比较法的缺点是,一旦下级人数过多(大于5人),手续就比较麻烦,它只适用于人数较少的组织,而且只能评出下级人员的名次,不能反映出他们之间的差距有多大,也不能反映出他们工作能力和品质的特点。

表 6.2 配对比较法对员工绩效评价表

就“工作质量”要素所做的评价						就“创造性”要素所做的评价					
被评价员工姓名:						被评价员工姓名:					
比较对象	A 阿特	B 玛丽	C 曲克	D 蒂恩	E 琼斯	比较对象	A 阿特	B 玛丽	C 曲克	D 蒂恩	E 琼斯
A 阿特		+	+	−	−	A 阿特		−	−	−	−
B 玛丽	−		−	−	−	B 玛丽	+		−	+	+
C 曲克	−	+		+	−	C 曲克	+	+		−	+
D 蒂恩	+	+	−		+	D 蒂恩	+	−	+		−
E 琼斯	+	+	+	−		E 琼斯	+	−	−	+	
	2+	4+	2+	1+	1+		4+	1+	1+	2+	2+

(资料来源:加理·德斯勒.人力资源管理[M].刘昕,等,译.北京:中国人民大学出版社,1999.)

3)强制分布法

强制分布法又称强迫分布法,该法按照公司管理者想要达到的员工分布曲线效果进行评定,即事先确定员工在每一个绩效等级上所占的比例,如15%表现上等;20%表现中上等;30%表现中等;20%表现中下等;15%表现下等。然后按比率把员工强制分布到各个等级上去。

该评价方法通常是这样操作的:首先根据每一种评价要素对每一位员工进行单独的评价,然后根据员工的评价结果按比例把他们强制分配到各个绩效等级上去。实施强制分布法的主要目的是在员工之间形成更大的等级差别,避免评价结果出现“居中趋势”,这样就比较容易发觉出那些工作确实优秀的员工来。但是我们也不难发现这种方法基于这样一个有争议的假设,即所有小组中都有同样优秀、一般、较差表现的员工分布。可以想象,如果一个部门全是优秀员工,则部门经理可能难以决定应该把谁放在较低等级的小组中。

6.3.2 绝对评价方法

1)评估量表法

评估量表法又称量表评等法,通常由评估人员经过调查、分析、研究后,对照被评估对象的工作说明书而拟订评估项目。这些评估项目不应是对员工个性的评价,而应是对员工工作态度、行为、技能以及工作结果的评估，应该对工作绩效的高低起关键作用，并可量化为数字，有时还附文字说明。评估量表法需作维度分解，每一纬度划分为优秀、良好、一般、较差、很差若干等级。各等级有相应的分值，各项目有权重系数，最后把各项得分加权相加，得出员工的绩效总分。如表6.3所示。

表6.3　评估量表法

考核内容	考核项目	说　明	评　定
基本能力	知识	是否充分具备现任职位所要求的基础知识和实际业务知识	A B C D E 10 8 6 4 2
业务能力	理解力	是否能充分理解上级指示，干净利落地完成本职工作任务，不需要上级反复指示	A B C D E 10 8 6 4 2
	判断力	是否能充分理解上级目的，正确把握现状，随机应变，恰当处理	A B C D E 10 8 6 4 2
	表达力	是否具备现任职务所要求的表达力（口头文字），能否进行一般沟通，说明工作	A B C D E 10 8 6 4 2
	交涉力	在和企业内外的人员交涉时，是否具备让对方臣服接受，同意或达成协议的能力	A B C D E 10 8 6 4 2
工作态度	纪律性	是否严格遵守工作各项规章，如不早退、缺勤等。是否严格遵守工作汇报制度，按时进行工作报告	A B C D E 10 8 6 4 2
	协作性	在工作中，是否充分考虑别人的处境，是否主动协助上级、同事做好工作	A B C D E 10 8 6 4 2
	积极性 责任感	对分配的任务是否不讲条件，主动积极，愿意多做工作，主动进行改进，向困难挑战	A B C D E 10 8 6 4 2
评定标准： A.非常优秀，理想状态 B.优秀，满足要求 C.基本满足要求 D.略有不足 E.不满足要求		分数换算： A:64分以上 B:48~63分 C:47分以下	合计分数
评语			
考评人签字			

2)关键事件法

本方法是由美国学者弗拉赖根和伯恩斯共同创立的，在某些现代考核中应用关键事件法，会使考核更具有针对性。关键事件法利用一些从一线管理者或员工那里收集到的工作表现的特别事例进行考核（表6.4）。这里的特别事例或称关键事件是指被考核人的异常优秀表现和不良表现，对这些表现要形成书面记录。而对普通的工作行为则不必进行记录。根据这些书面记录进行整理和分析，最终形成考核结果。例如，一个门卫发现一个存有重要文件的文件柜忘记了上锁，于是他报告了保安人员，然后保安人员立刻采取补救措施补救了可能发生的意外事件，这就是一个成功的关键事件；再如，办事员没有将加急邮件立即寄出，而是将其与其他普通邮件放在一起，延误了邮寄时间，这就是一个失败的关键事件。在实施这种方法对员工进行考核时，考核者应时刻对被考核者的行为进行密切观察，一发现关键事件，就立即记录在案。

表6.4　关键事件法示例

职　责	目　标	关键事件记录
安排工厂的生产计划	充分利用工厂的人员和机器，及时发布各种生产指令	为建立新的生产计划系统；使生产指令计划全年延误率下降10%，检修停工同比减少5次
监督原材料采购和库存控制	在保证充足的原材料供应的前提下，使原材料的库存成本降到最低	上个月使原材料库存成本上升了15%；A零件和B零件的定购富余了20%
监督机器的维修保养	杜绝因机器故障而造成的停产	为工厂建立了一套新的机器维护和保养系统；由于及时发现机器部件故障而阻止了机器的损坏

（资料来源：加理·德斯勒.人力资源管理[M].刘昕，等，译.北京：中国人民大学出版社，1999.）

这种方法通常可以作为其他绩效评估方法的有效补充，它具有的优点是：

①它为管理人员向下属员工解释绩效评估结果提供了一些确切的事实证据。

②由于这些关键事件记录是在一个相当长的时间段里（整个绩效实施阶段）积累起来的，而不仅仅是针对员工最近一段时间的表现，所以比较具有说服力。

③一份动态的关键事件记录还可以清楚地展示员工是如何消除不良绩效的。

关键事件法适用于那些工作职责的目标相对难以量化，但是工作流程和行为标准比较明确的职位。比如饭店的服务员，工作流程和行为标准明确，我们只要观察他符合工作流程和行为标准的行为和不符合标准的行为就可以了。如果工作流程和行为标准不明确，就难以使用这种方法了。这种方法同样需要注意观察记录，主管人员往往难以坚持。另外这种方法在用于员工之间比较作出与之相关的薪资提升决策时,可能不会有太大的用处。

3)行为锚定等级评价法

这是一种基于关键事件的量化的评定方法。和前面所述关键事件法不同的是,行为锚定等级评价法是以员工完成其工作职责所需要的能力和技能为基础的,而不是以其工作流程和完成情况为基础,即行为锚定等级评价法反映的是员工履行职责的能力,而前关键事件法反映的是员工履责的情况。

行为锚定等级评价法的目的在于:通过一个像上表所示的那样一种等级评价表,将关于特别优良或特别劣等绩效的叙述加以等级量化,从而将描述性关键事件评估法和量化等级评价法的优点结合起来,因此具有更好和更公平的评估效果。

建立行为锚定等级评价法的基本步骤包括:

①获取关键行为。由了解这项工作的人员,比如专家、资深职员、上级主管,采用头脑风暴等方法对那些代表了优秀绩效和不合格绩效的关键行为进行描述。

②建立绩效评价因子。通过工作分析和对上述获取的各种关键行为进行分析,将各种关键行为进行分类合并,把内容相近的行为合并为同一个考评因子,最终形成该职位的各项绩效考评因子。比如把商店销售员的绩效因子分为商品知识、推销能力、包装技能、计算能力等要素。

③把体现各项因子的各种关键行为进行再进行分级,比如把推销能力定义为4级,把搜集的各种行为分别归类到1、2、3、4级中去。

④在上述行为归类、分级的基础上用规范的词语进行描述性定义或者用代表频率的量词对各个等级进行定义。

⑤把关键行为和关键事件与已经定义好的绩效因子、等级分离,由其他资深职员或者主管人员把这些关键行为或者关键事件与定义好的绩效因子、等级进行排列组合,如果比较一致,就可以进行使用。如果有不一致的地方,就需要进行进一步的修改。

从行为锚定等级评价法要求评估者根据个人特征评定员工,典型的行为锚定等级评价量表包括几个的个人特征,被称作维度,每一个维度又被几个量表加以锚定。相对来说行为锚定法能较准确的进行评分,因为它更好的诠释了评定量表上不同评分的含义绩效的重点更加明确。另外行为锚定等级评价法的优点还在于它指导和监控行为的能力,行为锚定式员工知道他们被期望表现哪些类型的行为,从而给评估人提供以行为为基础的反馈机会。

当然这种方法的缺点也是明显的:标准的制定是一件复杂的事情,对行为的观察也是一件颇为耗时的事情,企业在实际运作中往往不可能进行实时观察(有时一年才能进行1~2次),因此不能准确地判断员工的绩效。

对所有岗位的关键行为和关键事件的列举不可能是穷尽的而且往往是非常有限的,所以仍然给主管留下了自由裁量的空间。

评估者在尝试从量表中选择一种员工绩效水平的行为时所遇到的困难:有时一个员工会表现出处在量表两端的行为,因此,评定者会不知应为其分配哪种评分。

4)行为观察量表法

它是行为锚定等级评价法的一种变异形式,也是从关键事件中发展出来的一种总体的绩效评价方法。但是行为观察量表法并不排斥那些不代表有效绩效和无效绩效的非关键行为,相反,它采用了这些事件中的许多行为来更为具体地界定构成有效绩效的所有必要行为。同时,行为观察法并不是要评价那一种行为更好地反映了员工绩效,而是要求管理者对员工在评价期内表现出来的每一种行为的频率进行评价,最后将所得的评价结果进行平均之后得出总体的绩效评价等级。行为观察评价法容易将高绩效与低绩效区分开来,能够维持客观性,便于提供反馈,便于确定培训需求,很容易被使用。可见表6.5例子。

表6.5 行为观察量表法示例

克服变革的阻力						
1.向下属描述变革的细节						
几乎从来不	1	2	3	4	5	几乎常常如此
2.解释为什么必须进行改革						
几乎从来不	1	2	3	4	5	几乎常常如此
3.与员工讨论变革会给员工带来何种影响						
几乎从来不	1	2	3	4	5	几乎常常如此
4.倾听员工的心声						
几乎从来不	1	2	3	4	5	几乎常常如此
5.在使变革成功的过程中请求员工的帮助						
几乎从来不	1	2	3	4	5	几乎常常如此
6.如果有必要,会就员工关系的问题定一个具体的日期来进行变革之后的跟踪会谈						
几乎从来不	1	2	3	4	5	几乎常常如此
总分数=________						
很差	尚可	良好	优秀	出色		
6~10	11~15	16~20	21~25	26~30		

这种方法一般适用于行为模式比较固定、简单的职位,它不需要复杂的操作技术,简单容易理解。但是这种方法也存在考核不能量化,主观性太强,考核结果不精确的缺点,往往会导致员工的抱怨。

5)目标管理法(Management By Objectives, MBO)

目标是指在一定时期内对组织、部门及个体活动成果的期望,是组织使命在一定时期内的具体化。如何使组织全体员工、各个部门积极主动地为实现组织的目标努力工作是管理活动有效性的关键,目标管理正是解决这一问题的具体方法。

“目标管理”的概念是管理专家德鲁克1954年在其名著《管理实践》中最先提出来的,其后他又提出“目标管理和自我控制”的主张。德鲁克认为,并不是有了工作才有目标,而是相反,有了目标才能确定每个人的工作,因此管理者应该通过目标对下级进行管理。当组织最高层管理者确定了组织目标后,必须对其进行有效分解,转变成各个部门以及各个人的分目标,管理者根据分目标的完成情况对下级进行考核、评价和奖惩。

(1)目标管理法的优点

与其他的绩效管理方法相比,目标管理法具有的优点在于:

①把绩效管理的关注重点放在履行工作职责本身的结果而不是需要履行这些职责所需的能力和技能上,更加直观、易于操作和具有针对性。

②开始倡导主管与员工对绩效目标的共同关注,是绩效管理从简单的绩效考评环节发展为完整的绩效管理。

(2)目标管理法的不足

①以结果为导向,重视结果轻视过程。片面关注结果会造成员工急功近利,采取一些违背企业价值观、伤害企业长期利益的方式来获取短期的结果。

②不是每一项目标都可以设立量化标准的,比如“能够很好地对员工技能进行培训,使员工技能得到提升”的目标是难以衡量的,只有“通过新一轮的技能培训,使20%以上的员工能够通过国家二级工的考试”才是可以衡量的。然而不是每一个目标都可以通过这种描述的精确化而得到量化,同时难以对不同的员工设定不同的工作目标;

③对考核人员的素质提出了很高的要求;绩效管理从简单的考评环节发展到目标制定、辅导等环节,主管人员需要投入更多的时间用于管理,这不是每一个主管人员都能够理解的,很多主管仍旧习惯通过最后一次考评来解决问题。另外,目标的设定往往是一个讨价还价的过程,这个过程对主管人员是一种挑战。

【案例讨论】

李经理的困惑

某酒店集团后勤部新上任的李经理,针对集团后勤工作管理不善,员工热情不高,大家对整个后勤部意见大等问题,进行了充分的调查研究,制定了“严格管理,促进后勤工作转变”的工作方针,并将主管人员绩效考评作为整个方针落实的第一步。李经理的意见一在部办公会议表露,便引来各种意见:

负责业务的副经理老王认为:后勤工作千头万绪,关键要稳住顶在第一线的主管们。考评工作是重要,但在全集团尚未全面实行管理人员考评之前我们自搞一套,主管们压力一定很大,一旦影响了情绪,工作会更糟的。

负责行政人事的副经理老肖则认为:后勤工作繁重琐碎,能维持现状已属不易,再折腾,搞乱了管理人员的思想,局面更难。

李经理再次强调管理人员考评的意见,他认为只有做到奖惩分明,打破大锅饭,并把管理人员的奖金、提拔和晋升工资与工作好坏绩效考评挂起钩来,后勤工作才可能根本改观。在李经理的坚持下,部办公会议同意了对主管进行考评的意见,并让肖经理拿出具体考评细则交全体主管会议讨论。

经过几次部办公会议的争论,李经理也听取了老王、老肖的意见,意识到主管能否理解考评的意见将成为决定整个考评工作成败的关键。因此,在几天后的主管会议上,李经理把解决主管的认识问题列为会议的重点。主管会议开得不错,在李经理阐明考评工作意义之后,不少主管纷纷发言表态,支持领导决定,气氛相当热烈。李经理看到原先的担忧基本解除了,便给每位主管一份《考评细则》(见附),并当众宣布下一季度试行,第一个月的奖金将按考评后的实际得分发放。

一个月的考评工作顺利进行着,主管们比过去忙多了,后勤工作多少有些起色了。每当全体主管会议时,到场的人多了,平时不记录的主管也带上了小本本,各部门挂起了行踪留言黑板。各科应上报的一个月工作计划和工作汇报都早早收到了。后勤部办公室也整整忙了一个月,记录着各种反馈信息。

第二个月的5号,李经理收到了主管们送上的自评表,出乎意料,主管们几乎都给自己打上满分;员工评议表和其他科的打分表又带很浓的个人成见。如物资科主管工作负责、原则性很强,得罪了一些人,被其他科打了最低分;只有部门领导的评分才恰如其分,可以公布。

在第二天的主管会议上,李经理公布了部门领导对主管的考评结果,宣布奖金获得数。6位得分少的主管当场要求部门领导说明原因和理由,会议难以进行下去。当天下午他们还联合起来到集团办公室和人事部告状。由于6位主管连接几天没有主持工作,闹得不可开交,直接影响了整个后勤部的正常工作秩序。

一周之后,经集团领导调节,后勤部10位主管的奖金仍按最高等级发放。面对这一切,李经理陷入了苦闷的沉思。

附:《考评细则》

1.有强烈事业心;不计个人得失;不以权谋私;工作任劳任怨(以上4点满分为20分)。

2.参加部召集的会议活动:迟到或早退一次扣1分;缺席1次扣2分(满分10分)。外出情况:一月中无交代外出查到1次扣2分(满分10分)。

3.精通岗位业务知识;不断改进业务工作(满分10分)。

4.善于发动群众;善于识人用人(满分10分)。

5.每月按时上交工作计划,全科人员职责明确;工作有条不紊;有考核标准和要求(满分20分)。

6.按期按质完成部交办的任务;工作成效明显或群众反映良好(满分20分)。

本考评细则由个人自评，本科员工、其他科及部门领导分别测评，相加数平均后得出总分。

（资料来源：《人力资源管理案例分析》，百度文库.）

要求：

1.导致这次考核失败的主要原因是什么？

2.应如何解决此次的考评问题？

【人力资源管理故事】

唐僧师徒的故事

唐僧团队是一个知名的团队，经常在讲课的时候都被作为典范来讲，但是这个团队的绩效管理似乎做得并不好。我们来看一下他们的绩效管理的故事。话说，唐僧团队乘坐飞机去旅游，途中飞机出现故障，需要跳伞，不巧的是，四个人只有三把降落伞，为了做到公平，师父唐僧对各个徒弟进行了考核，考核过关就可以得到一把降落伞，考核失败，就自由落体，自己跳下去。于是，师父问孙悟空："悟空，天上有几个太阳？"悟空不假思索地答道："一个。"师父说，"好，答对了，给你一把伞。"接着又问沙僧："天上有几个月亮？"沙僧答道："一个。"师父说："好，也对了，给你一把伞。"八戒一看，心理暗喜："啊哈，这么简单，我也行。"于是，摩拳擦掌，等待师父出题，师父的题目出来，八戒却跳下去了，大家知道为什么吗？师父的问题是："天上有多少星星？"八戒当时就傻掉了，直接就跳下去了。这是第一次旅游。

过了些日子，师徒四人又乘坐飞机旅游，结果途中飞机又出现了故障，同样只有三把降落伞，师父如法炮制，再次出题考大家，先问悟空："中华人民共和国是哪一年成立的？"悟空答道："1949 年 10 月 1 日。"师父说："好，给你一把。"又问沙僧："中国的人口有多少亿？"沙僧说："是 13 亿。"师父说，"好的，答对了。"沙僧也得到了一把降落伞，轮到八戒，师父的问题是："13 亿人口的名字分别叫什么？"八戒当场晕倒，又一次以自由落体结束旅行。

第三次旅游的时候，飞机再一次出现故障，这时候八戒说："师父，你别问了，我跳。"然后纵身一跳，师父双手合十说："阿弥陀佛，殊不知这次有四把降落伞。"

点评：这个故事说明绩效考核指标值的设定要在员工的能力范围之内，员工跳一跳可以够得着，如果员工一直跳，却永远也够不着，那么员工的信心就丧失了，考核指标也就失去了本来的意义。很多企业在设定考核指标的时候，喜欢用高指标值强压员工，这个设计的假设是如果指标值设定的不够高的话，员工就没有足够的动力，另外，用一个很高的指标值考核员工，即便员工没有完成 100%，而只是完成了 80%，也已经远远超出企业的期望了。这种逻辑是强盗逻辑，表现出了管理者的无能和无助，只知道用高指标值强压员工，殊不知，指标背后的行动计划才是真正帮助员工达成目标的手段，而指标值本身不是。其实，设定一个员工经过努力可以达到的指标值，然后，帮助员工制订达成目标的行动计划，并帮助员工去实现，才是经理的价值所在，经理做到了这一点，才是实现了帮助员工成长的目标，才真正体现了经理的价值！

（资料来源:《从唐僧师徒的故事中看绩效考核管理》，百度文库.）

【课外小组活动】

制定绩效考核方案

以小组(5~6人)为单位，根据教师提出的课程目标，以小组为单位设计本课程的考核方案。

第 7 章　薪酬管理

【学习要点】

①薪酬的概念、构成和功能；
②薪酬管理的内容和原则；
③企业工资制度和工资形式；
④工资水平的确定过程；
⑤奖金的概念、内容和奖酬计划；
⑥福利的主要类型。

【导入案例】

“薪酬管理”逐渐走进企业

随着市场竞争的加剧，一种新型的薪酬管理模式——“宽带薪酬设计”正逐渐进入企业，中国网通和西门子传输系统公司就是较早采用这一方法的企业之一。

所谓“宽带薪酬设计”，就是企业将原来十几个甚至二十几个、三十几个薪酬等级压缩成几个级别，但同时将每一个薪酬级别所对应的薪酬浮动范围拉大，从而形成一种新的薪酬管理系统及操作流程。在这种薪酬体系设计中，员工不是沿着公司中唯一的薪酬等级层次垂直往上走。相反，他们在自己职业生涯的大部分或者所有时间里可能都只是处于同一个薪酬宽带之中，他们在企业中的流动是横向的，随着能力的提高，他们将承担新的责任，只要在原有的岗位上不断改善自己的绩效，就能获得更高的薪酬。即使是被安排到低层次的岗位上工作，也一样有机会获得较高的报酬。

中国网通引进了美国 HAY 公司的职位簇群的方法，即职位体系评估和分类。过去，网通的每个职位就是一个职级，是 49 级或者 53 级的一个职位，现在就不一样了，HAY 公司的职级是一个宽带，公司现在从上到下最多也就 6 级，这 6 级就把公司所有的职位都包含了，带来的好处是不用过多地考虑你现在是什么样的一个职位，无论是公司专员，还是经理，只要有业绩，都能获得高薪。原来每个职位很显眼，而在现在的职位体系下，你着重要考虑的是你在公司所处的角色，职位概念逐渐淡化,更多地突出你的角色。角色实际上反映的是你对公司的贡献大小。比如销售,这个簇群的概念比销售部的定义更宽泛一些,它可能是从事销售的一类人员,只要是一类人员,就应该放在一块儿进行比较。这样调整的范围就宽了,因为原来每个职级的变动幅度一般都是在40%~50%,而现在职位体系导致的薪酬,每个职级变动幅度在100%。

西门子传输系统公司在一年多前开始实行宽带薪酬体系,他们的体会是:这种体系更加灵活,更加能够和管理结合在一起,不再是那么僵化。原来的薪酬体系,什么位置薪酬就是这么一种范围和幅度,现在给部门的直线经理在薪酬上带来更大空间,使得他们能够根据员工的业绩在更大的范围内调整。

宽带薪酬体系的一个潜在假设是:一位出色的专业技术人员可能比一位刚上任的研究院院长对企业的价值更高;一位技术非常熟练的工人对企业的贡献并不亚于一位车间主任;一位顶级销售员可能比一位销售部长对企业的作用更重要。

薪酬专家、中国人民大学劳动人事学院院长曾湘泉教授指出:"从国际趋势发展来看,薪酬管理的趋势是宽带化设计,工资等级减少了,交叉不多。过去我们搞四五十个等级,其实没有必要,只要20多个等级就行了。比如一个财务总监,过去是8~12万元之间,中间也就是4万元之差,当你12万招不到人又不能不招时,就必须采用"宽带"薪酬的方法,所以现在公司的薪酬幅度就大多了,比如是8~20万元。"

(资料来源:王薇.宽带薪酬浮出水面[N].市场报,2003-03-21.)

7.1 薪酬管理概述

合理的薪酬管理制度是企业人力资源管理的核心,对企业的发展影响巨大。薪酬制度设计得合理与否,在很大程度上影响着员工的去留。研究企业的薪酬管理,首先要清楚薪酬的概念和构成。在人力资源管理中,薪酬是一个界定比较宽泛、内容非常丰富的领域,人们对薪酬的看法和认识也存在较大的差异,因此,把握薪酬概念的内涵与外延具有十分重要的意义。

7.1.1 薪酬的概念与实质

薪酬是指企业对其员工(包括干部)给企业所作的贡献,包括员工实现的绩效、付出的努力、时间、学识、技能、经验与创造所付给的相应回报或答谢。

从法律角度来看,薪酬是组织对其员工已完成或将要完成的工作,或者已提供或将要提供的服务以货币为结算单位,由共同协议或国家法律法规或政策确定,并凭个人劳动合同支付的报酬或收入,是工资与薪金的统称。

薪酬的实质是公平的交换或交易。员工拿自己用时间、努力与劳动所创造的成果来换取企业所愿意给的工资或薪金。

7.1.2　薪酬的构成

从构成来讲,总体上薪酬包括经济性薪酬和非经济性薪酬两部分。其中非经济性薪酬又可分为两部分:职业性奖励和社会性奖励。经济性薪酬也可分为两部分:直接报酬和非直接报酬。直接报酬主要包括工资与奖金,非直接报酬主要包括:公共福利、个人福利、有偿假期和生活福利。具体由下列模型加以直观反映(图7.1):

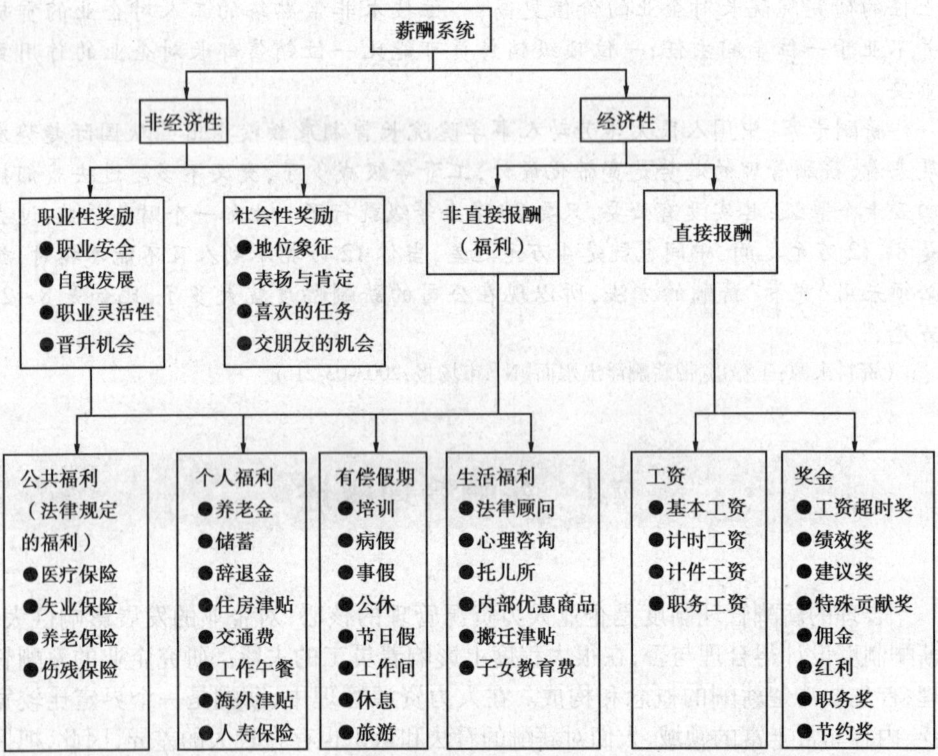

图 7.1　薪酬系统模型

企业对薪酬与薪酬管理的研究,主要集中在经济性薪酬的安排上。经济性薪酬指企业向员工提供的经济性的报酬与福利,主要由工资、奖金与福利 3 个部分构成。

①基本工资。基本工资是指企业按照一定的时间周期,定期向员工发放的固定报酬。基本工资主要是雇主为已完成工作而支付的基本现金薪酬。它反映的是

工作或技能价值,而往往忽视了员工之间的个体差异。某些薪酬制度把基本工资看作是雇员所受教育、所拥有技能的一个函数。对基本工资的调整可能是基于以下事实:整个生活水平发生变化或通货膨胀;其他雇员对同类工作的薪酬有所改变;雇员的经验进一步丰富;员工个人业绩、技能有所提高。

②绩效工资。绩效工资是指根据员工绩效考核的结果而确定的对基本工资的增加部分,是对过去工作行为和已取得成就的认可。作为基本工资之外的增加,绩效工资往往随雇员业绩的变化而调整。调查资料表明,美国90%的公司采用了绩效工资。我国的广大企业在2000年前后开始的新一轮工资改革中也都纷纷建立了以绩效工资为主要组成部分的岗位工资体系,事业单位在2006年的工资改革中也都设置了绩效工资单元。

③激励工资。激励工资也称为奖金或可变工资。激励工资一般也与员工个人业绩直接挂钩,包括短期激励工资和长期激励工资。短期激励工资,通常采取非常特殊的绩效标准。例如:在普拉克思航空公司的化学与塑料分部,每个季度如果达到或者超过了8%的资本回报率目标,就可以得到一天的工资;回报率达到9.6%,在这个季度工作了的每个员工可得到等于两天工资的奖金;如果达到20%的资本回报率,任何员工都可以得到等于8.5天的工资奖金。而长期激励工资,则把重点放在雇员多年努力的成果上。高层管理人员或高级专业技术人员经常获得股份或红利,这样,他们会把精力主要放在投资回报、市场占有率、资产净收益等组织的长期目标上。

虽然激励工资和绩效工资对雇员的业绩都有影响,但两者有3点不同:一是激励工资以支付工资的方式影响员工将来的行为,而绩效工资侧重于对过去工作的认可,即时间不同;二是激励工资制度在实际业绩达到之前已确定,与此相反,绩效工资往往不会提前被雇员所知晓;三是激励工资是一次性支出,对劳动力成本没有永久的影响,业绩下降时,激励工资也会自动下降,绩效工资通常会加到基本工资上去,是永久的增加。

④福利和服务。包括休假(假期)、服务(医药咨询、财务计划、员工餐厅)和保障(医疗保险、人寿保险和养老金),福利越来越成为薪酬的一种重要形式。

即时案例

IBM 的薪酬构成

IBM 作为世界一流的高科技企业,一直致力于其薪酬管理体系的完善,以增强企业吸纳、保留和激励优秀人才的能力。IBM 的薪酬主要由以下部分构成:

①基本月薪:是对员工基本价值、工作表现及贡献的认同。

②综合补贴:对员工生活方面基本需要的现金支持。

③春节奖金:农历新年之前发放,使员工过一个富足的新年。

④休假津贴:为员工报销休假期间的费用。

⑤浮动奖金：当公司完成既定的效益目标时发出，以鼓励员工的贡献。

⑥销售奖金：销售及技术支持人员在完成销售任务后的奖励。

⑦奖励计划：员工由于努力工作或有突出贡献时的奖励。

⑧住房资助计划：公司提取一定数额资金存入员工个人账户，以资助员工购房，使员工能在尽可能短的时间内用自己的能力解决住房问题。

⑨医疗保险计划：员工医疗及年度体检的费用由公司解决。

⑩退休金计划：积极参加社会养老统筹计划，为员工提供晚年生活保障。

⑪其他保险：包括人寿保险、人身意外保险、出差意外保险等多种项目，关心员工每时每刻的安全。

⑫休假制度：鼓励员工在工作之余充分休息，在法定假日之外，还有带薪年假、探亲假、婚假、丧假等。

⑬员工俱乐部：公司为员工组织各种集体活动，以加强团队精神，提高士气，营造大家庭气氛，包括各种文娱、体育活动、大型晚会、集体旅游等。

可是，虽然IBM的薪金构成包含了以上诸多因素，但里面却没有学历工资和工龄工资。在IBM，学历是一块很好的敲门砖，但绝不会是获得更好待遇的凭证。IBM员工的薪金跟员工的岗位、职务、工作表现和工作业绩有直接关系，工作时间长短和学历高低与薪金没有必然关系。

（资料来源：李立新.IBM公司的薪资管理.载于《薪水：薪酬设计与薪酬激励手册》，21世纪人才报社主编，2002.）

7.1.3 薪酬的功能

简言之，薪酬的功能就是能调动员工的工作积极性，使他们愿意在本企业努力工作。具体体现为：

1）吸引人才

在目前市场经济环境下，报酬无疑是吸引人才的有效工具，但这并不意味着工资越高越能吸引人才，只有完备、公正、公平的报酬系统才能吸引人才。

2）激励人才

是否激励人才是衡量报酬系统是否有效的主要标准。有效的报酬系统应该使每个员工都能自觉地为企业目标努力工作。

3）留住人才

一个有效报酬系统还要能为企业留住人才，使员工认识到，在该企业工作时间越长，则越有回报（当然包括金钱与非金钱方面）。

4）满足组织的需要

一个有效的报酬系统能以较低的人力成本来实现组织的基本目标。

报酬系统作用模型是表示报酬、员工工作满意感及工作价值三者间关系的模型。该模型如图 7.2 所示：

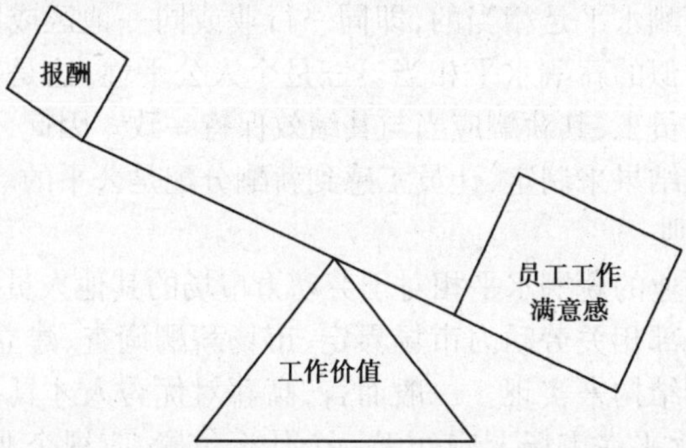

图 7.2　报酬系统功能模型

由图 7.2 可看出，报酬高低与员工的工作满意感和工作价值有关，因而，为了提高员工工作满意感，一方面可加大报酬力度，另一方面是使员工认识到工作是有价值的；若只加大报酬力度，而忽视了工作价值，则员工工作满意感程度不会很高。

7.1.4　薪酬管理的内容与原则

1）薪酬管理的含义

薪酬管理是指薪酬管理是指企业在经营战略和发展规划的指导下，综合考虑内外部各种因素的影响，确定自身的薪酬水平、薪酬结构和薪酬形式，进行薪酬调整和薪酬控制的过程。

具体来说，薪酬水平是指企业内部各类职位以及企业整体平均薪酬的高低状况，它反映了企业支付薪酬的外部竞争性。薪酬结构是指企业内部各个职位之间薪酬的相互关系，它反映了企业支付薪酬的内部一致性。薪酬形式是指在员工和企业总体的薪酬中，不同类型的薪酬的组合形式。薪酬调整是指企业根据内外部各种因素的变化，对薪酬水平、薪酬结构和薪酬形式进行相应的变动。薪酬控制是指企业对支付的薪酬总额进行预算和监控，以维持正常的薪酬成本开支，避免给企业带来过重的财务负担。

2）薪酬管理的原则

有效的薪酬管理，必须遵循以下几个原则：

（1）公平性原则

公平是指薪酬制度实施后所体现出来的薪酬水平与工作性质、工作数量和质量以及人们的主观判断标准等因素结合起来的客观公平性和主观公平感。薪酬的公平性包括 3 个层次的含义：一是内部公平性，这是指同一组织中不同职务所获薪酬与其各自的贡献成正比关系，要让员工感觉到，相对于企业内的其他员工而言，自己的工作获得了相应的报酬。这主要通过职位分析、职位评价及职位等级的建立来实现。在我国多数企业,强调薪酬的内部公平性其实就是坚持按劳分配的原则,通过工资差异体现多劳多得。二是外部公平性,这是指企业的薪酬水平与外部劳动力市场中的薪酬水平是相当的,即同一行业或同一地区或同等规模的不同企业中工作和职务类似的薪酬水平相当。三是个人公平性,这是指在同一企业中相同或类似职位上的员工,其薪酬应当与其绩效保持一致。因此,薪酬方案应根据工作分析和绩效考核结果来制定,让员工感到薪酬分配是公平的。

(2)竞争性原则

竞争性是指企业的薪酬水平相对于劳动力市场的其他人员而言是具有吸引力的。这主要通过外部相关劳动力市场界定、市场薪酬调查、建立薪酬政策线,并在此基础上调整薪酬结构来实现。一般而言,高薪对优秀人才具有不可替代的吸引力,但企业的薪酬水平在市场上应处于一个什么位置,应视企业的财力、所需人才的可获得性等具体条件而定。

(3)激励性原则

激励性是指要在企业内部各职位、职务的薪酬水平上适当拉开差距,真正体现按贡献分配的原则。激励性主要强调将员工的报酬与业绩挂钩,根据绩效水平的高低对薪酬进行调整。

(4)经济性原则

经济性是指企业的薪酬系统应该接受成本控制,在成本许可范围内制定,并要有上限和下限,以便在自身可以承受的范围内进行。高水平的薪酬自然可以提高吸引和激励员工,但同时也会导致人力成本的上升。因此,企业应该在竞争性和经济性之间找到恰当的平衡点,在进行薪酬管理时必须要考虑到自身承受能力的大小,把人力成本控制在一个合理的范围内。

(5)合法性原则

合法性是指企业的薪酬管理政策要符合国家法律和政策的有关规定,这是薪酬管理应遵循的最基本原则。在我国,有关薪资福利的法律法规是劳动法体系的重要组成部分,例如,我国《劳动法》第四十八条规定:"国家实行最低工资保障制度。最低工资的具体标准由省、自治区、直辖市人民政府规定,报国务院备案。用人单位支付劳动者的工资不得低于当地最低工资标准。"如果企业的薪酬制度与现行的国家政策和法律规则不相符合,则应该迅速改进使其合法。

7.2 工资管理

工资是指用人单位以货币形式支付给劳动者的劳动报酬,包括计时工资、计件工资、奖金、津贴和补贴、加班工资以及特殊情况下支付的工资等。

在企业的薪酬体系中,经济性薪酬是薪酬体系中的核心组成部分。基本工资作为经济性薪酬中的固定部分,是对企业的定额劳动给予员工标准报酬的过程,对员工的薪酬水平具有极其重要的作用。

7.2.1 我国企业工资制度

企业工资制度是企业确定和调整企业内部各类人员工资关系的主要依据,在我国企业,常见的工资制度主要有几下几种:

1) 结构工资制

结构工资制又称分解工资制或组合工资制,结构工资制是在企业内部工资改革探索中建立的一种新工资制度。结构工资制是指基于工资的不同功能划分为若干个相对独立的工资单元,各单元又规定不同的结构系数,由此组成的有质的区分和量的比例关系的工资结构。结构工资制一般由 6 部分构成:基础工资、岗位工资、技能工资、效益工资、浮动工资和年终工资。

企业结构工资制的内容和构成,不宜简单照搬国家机关、事业单位的现行办法,各企业可以根据不同情况作出不同的具体规定。其组成部分可以按劳动结构的划分或多或少,各个组成部分的比例,可以依据生产和分配的需要或大或小,没有固定的格式。

结构工资制具有以下优点:①工资结构反映劳动差别的诸要素,即与劳动结构权对应,并紧密联系成因果关系,劳动结构有几个部分,工资结构就有几个相对应的部分,并随前者变动而变动。②结构工资制各个组成部分各有各的职能,并分别计酬,可从劳动的不同侧面和角度反映劳动者的贡献大小,发挥工资的各种职能作用,具有比较灵活的调节功能。③有利于实行工资的分级管理,从而克服"一刀切"的弊病,为改革工资分配制度开辟了道路。④能够适应各行各业的特点。

同时,结构工资制也存在缺点:①合理确定和保持各工资单元比重的难度较大。②由于工资单元多且各自独立运行,工资管理工作比较复杂。

2) 岗位技能工资制

岗位技能工资制是近几年我国企业改革中普遍采用的新的工资制度,它是一种以劳动技能、劳动责任、劳动强度、劳动条件等基本劳动要素为评价依据,以岗位或职务工资和技能工资为主要内容,根据劳动者的实际劳动质量和数量确定报酬的多元组合的工资类型。

从性质上讲,岗位技能工资制是一种把劳动者的收入与企业经济效益挂钩的企业内部分配制度,是我国国有企业工资制度改革中推行的一种工资形式,主要是为了改变原有的、以行政机制制定企业雇员收入的计划经济模式,建立一种与市场经济接轨的、与现代企业制度配套的企业雇员劳动报酬分配制度。因此,其目的是双重的:建立国有企业与国家之间合理的收入分配关系;合理调整企业雇员之间的工资关系,培育有效的内部竞争和劳动激励机制,从收入分配的角度促进企业经济效益的不断增长。

岗位技能工资制的特点主要有:①体现了按劳取酬的原则,使劳酬挂钩,是对传统的等级工资制的一种制度性改革。②把企业的工资水平和经济效益挂钩,有利于发挥工资的效益职能。③岗位技能工资制从结构上把岗位劳动评价与雇员个人的劳动绩效评价区分开,即分为基本工资和辅助工资。

岗位技能工资制是以按劳分配为原则,以加强工资宏观调控为前提,以劳动技能、劳动责任、劳动强度和劳动条件等基本劳动要素评价为基础,以岗位、技能工资为主要内容,按职工实际劳动贡献(劳动质量和数量)确定劳动报酬的企业基本工资制度,它是企业内部分配制度的主体和基础。

3)岗位薪点工资制

所谓岗位薪点工资制,是指以管理岗位为主要实施对象,以薪点数为标准,根据企业经济效益情况,按企业结算工资总额确定薪点值,以岗位贡献为依据,以员工贡献大小为基础,确定岗位劳动报酬的一种弹性工资分配制度。岗位薪点工资制坚持以经济效益为中心,以市场为导向,以按劳分配为主体,突出岗位要素在薪酬分配中的作用,合理拉开收入差距,收入分配向关键岗位和重要岗位倾斜,坚持"一岗一薪、岗变薪变"原则,鼓励岗位人员的内部正常流动。

岗位薪点工资是指通过采用比较科学合理的"点因素"分析法,按职工岗位的岗位因素测定出每个岗位的点数,然后将其与职工的劳动报酬相联系的制度。其优点是每个岗位的价值直接以工资报酬形式标出,可以使劳动所得与劳动付出更相符合。岗位薪点工资制比较适合岗位比较固定,岗位劳动以重复性劳动为主的岗位工种。

4)岗位等级工资制

岗位等级工资制简称岗位工资制,它是等级工资制的一种形式,是根据工作职务或岗位对任职人员在知识、技能和体力等方面的要求及劳动环境因素来确定员工的工作报酬。它是按照工人在生产中的工作岗位确定工资等级和工资标准的一种工资制度,是劳动组织与工资组织密切结合的一种工资制度。

岗位等级工资制,由年终工资、岗位工资、效益工资和特殊工资 4 个工资单元组成。其中,岗位工资是岗位等级工资制的主体,是员工直接劳动报酬。效益工资是直接与公司上年经营成果挂钩,随公司上年经济效益浮动计发的劳动报酬。公式如下:

$$员工月岗位工资 = 岗位工资基数 \times 对应岗位系数$$

$$员工月效益工资 = 效益工资基数 \times 对应岗位系数$$

岗位等级工资制的特点在于:①按照员工的工作岗位等级规定工资等级和工资标准:岗位工资是按照各工作岗位的技术复杂程度、劳动强度、劳动条件、责任大小等规定工资标准,不是按照员工的技术能力规定工资标准。②员工要提高工资等级，只能到高一级岗位工作：岗位工资制不存在升级问题，员工只有变动工作岗位，即只有到高一等级的岗位上，才能提高工资等级。③员工要上岗工作必须达到岗位既定的要求：虽然岗位工资制不制定技术标准，但各工作岗位制度规定有明确的职责范围、技术要求和操作规程，员工只有达到岗位的要求时才能上岗工作。

5）技术等级工资制

技术等级工资是工人工资等级制度的一种形式，其主要作用是区分技术工种之间和工种内部的劳动差别和工资差别。

技术等级工资制是一种主要根据技术复杂程度以及劳动熟练程度划分等级和规定相应的工资标准，然后根据雇员所达到的技术水平评定技术（工资）等级和标准工资的一种等级工资制度。这种工资制度适用技术复杂程度比较高，工人劳动差别较大，分工较粗及工作物不固定的工种。

技术等级工资制度由工资等级表、工资标准表和技术等级标准等要素组成，通过对组成要素的分析和量化，给具有不同技术水平或从事不同工作的员工规定适当的工资等级。

6）职能等级工资制

职能等级工资制越来越多的应用在企业实践中，职能工资制对员工技能提升有很好的促进作用，员工也容易接受，特别适合员工年龄跨度不大，技术要求比较高的企业。

职能等级工资制的主要特点有：①影响员工的工资主要因素之一是员工的技术水平和工作能力。即使不从事某一职位等级的工作，但经考核评定其具备担任某一职位等级工作的能力，也可执行与其能力等级相应的工资等级，即职位与工资并不直接挂钩。②需要配套严格的考核制度，由于决定工资等级的是个人能力等级，所以确定一个员工的工资等级，首先要确定其职能等级，这需要制定一套客观、科学而完整的职位等级标准和职能等级标准，并按照标准对个人进行客观、准备的考核与评定，执行不好，容易造成比较恶劣的负面影响。③员工调整灵活，有较强的适应性。④相邻职位间工作能力要求、技术水平要求相差不大，可以减少等级层次。

7）提成工资制

提成工资制又称“拆账工资制”或“分成工资制”，是一种按照企业的销售收入或纯利润的一定比例提取工资总额，然后根据职工的技术水平和实际工作量计发工资的形式。这种形式适用于劳动成果难以用事先制定劳动定额的方法计量，不易确定计件单价的工作。目前，在部分饮食业、服务业和商业中多实行这种工资形式。

实行此制度的三要素是：①确定适当的提成指标。②确定恰当的提成方式，主要有全额提成和超额提成两种形式。全额提成即职工全部工资都随营业额浮动，而不再有基本工资；超额提成，即保留基本工资并相应规定需完成的营业额，超额完成的部分再按一定的比例提取工资，从实行提成工资的层次上划分，有个人提成和集体提成。③确定合理的提成比例：有固定提成比例和分档累进或累退的提成率两种比例方式。

8）年薪工资制

年薪制是以年度为单位，依据企业的生产经营规模和经营业绩，确定并支付经营者年薪的分配方式。

年薪制是顺应资本主义国家分配制度的变革而产生的。在国外，企业经历了业主制、合伙制和公司制3种形式。随着公司规模的不断扩大，所有权和控制权逐渐分离，在社会上形成了一支强大的经理人队伍，企业的控制权逐渐被经理人控制。为了把经理人的利益与企业所有者的利益联系起来，使经理人的目标与所有者的目标一致，形成对经理人的有效激励和约束，于是产生了年薪制。因此年薪制的主要对象是企业的经营管理人员。

大体说来，年薪制中的年薪主要由固定薪金、奖金、股票、股票买卖选择权等组成。在我国，还没有统一的年薪制规定，有的地方制定了具体的实施方法。例如，南京市规定，经营者年薪原则上由基础年薪、效益年薪组成。经营者年薪原则上不得超过本企业职工平均工资的8倍。还规定，企业经营者实行年薪制，必须承担经营风险责任，须缴纳风险抵押金、年薪预留金。实行年薪制应先向企业职代会报告，并需报企业主管部门审批。

7.2.2 基本工资形式

工资形式是对员工实际劳动付出量和相对劳动报酬所得量进行具体计算和支付的方法。根据《关于工资总额组成的规定》（1989年9月30日国务院批准1990年1月1日国家统计局令第1号发布）的规定，工资总额由下列6个部分组成：计时工资、计件工资、奖金、津贴和补贴、加班加点工资、特殊情况下支付的工资。目前在我国企业中被广泛运用的主要工资形式为计时工资、计件工资、定额工资和浮动工资，还有作为补充形式的奖金和津贴。

1）计时工资

计时工资是指根据劳动者的实际工作时间和计时工资标准来计算工资并支付给劳动者劳动报酬的形式，职工的工资收入是用职工的工作时间乘以他的工资标准得出来的。其计算公式为：计时工资=工资标准×实际工作时间。

按照计算的时间单位不同，我国常用的计时工资有小时工资、日工资和月工资3种具体形式。目前，我国计时工资一般以月工资率为基准，西方发达国家一般以小时工资率为基准，对高级管理人员实行年薪制。

按照劳动时间计算报酬的计时工资按照一定质量（即达到某种劳动等级标

准）劳动的直接持续时间支付工资，容易实行考核和计量，具有适应性和及时性，在提高职工出勤率和关注劳动质量方面具有积极作用，同时又能使职工的收入较为稳定，容易被广大职工所接受，但同时计时工资也有明显的局限性，即其不能直接反映劳动强度和劳动效果的差别。

2）计件工资

计件工资是按照劳动者生产合格产品的数量和预先规定的计件单价计量和支付劳动报酬的一种形式。其计算公式为：工资数额=计件单价×合格产品的数量。

计件工资是由计时工资转化而来的，是变相的计时工资。例如：在实行计时工资时，工人的日工资额为3元，每日的产量为10件；而在实行计件工资时，计件单价是按照日工资额除以日产量来确定的，即3元÷10=0.3元。

工资形式的差别，并不改变工资的本质。计件工资和计时工资的本质是相同的，它们都是劳动力价值或价格的转化形式。

计件工资具体有以下几种形式：

①直接计件工资。计件工人按完成合格产品的数量和计件单价来支付工资。

②间接计件工资。按工人所服务的计件工人的工作成绩或所服务单位的工作成绩来计算支付工资。

③有限计件工资。对实行计件工资的工人规定其超额工资不得超过本人标准工资总额的一定百分比。

④无限计件工资。对实行计件工资的工人超额工资不加限制。

⑤累进计件工资。工人完成定额的部分按同一计件单价计算工资，超过定额的部分，则按累进递增的单价计算工资。

⑥计件奖励工资。产品数量或质量达到某一水平就给予一定奖励。

⑦包工工资。把一定质量要求的产品、预先规定完成的期限和工资额包给个人或集体，按要求完成即可支付工资。

3）定额工资

定额工资是按照劳动定额完成的情况支付劳动报酬的一种工资形式。

有观点认为，定额工资制是一个广义的概念，它既涉及国家与企业在工资分配方面的关系，又涉及企业对职工个人的分配关系。另一种观点认为，定额工资制是专指国家对企业的工资基金实行按某种定额提取的制度，比如前苏联实行的“工资基金定额制”。这一制度规定了每1卢布产品中应含的工资定额，每增加1卢布产品，即可按工资定额相应增加工资。还有一种观点认为，定额工资制是指企业在劳动者进行多种形式的定额劳动的基础上，按照劳动者完成定额的多少支付相应劳动报酬的企业内部工资分配形式。以上各种认识，各有各的道理，但比较而言，最后一种认识更符合中国当前企业工资分配的实际情况。

根据这一概念，定额工资制应包括3个组成要素：第一，能反映职工劳动量的各种定额,即职工无论从事何种具体形式的劳动,都必须明确具体地规定生产、工作和应完成的数量及质量;第二,各种定额都应该有科学准确的计量标准,并能进行严格的考核;第三,职工工资的多少取决于其完成定额的多少。完成定额多,其工资就多;完成定额少,其工资就少。任何一种工资形式,只要具备上述3个要素,即可称之为定额工资制;反之,若缺少任何一个要素,都不能称为定额工资制。

通过以上对定额工资制内容的分析可以看出,定额工资制并不是特指某一种具体的工资形式,它是对具备上述3个组成要素的多种工资形式的科学概括。从某种意义上讲,它是对各种工资形式提出了明确的要求。这个要求就是:企业的工资分配应以定额劳动制度为基础,职工的工资收入应与其完成的定额紧密联系,并随着完成定额的多少而上下浮动。

4)浮动工资

浮动工资是劳动者劳动报酬随着企业经营好坏及劳动者劳动贡献大小而上下浮动的一种工资形式。

职工工资随着职工劳动成果的大小而上下浮动。浮动工资总额通常不包括固定性的津贴和补贴(如副食品价格补贴)以及特殊情况下支付的工资。企业可以根据需要,选择工资总额中浮动部分的构成。

社会主义条件下,每一个劳动者,向社会提供的劳动量是不断变化的。因而,从工资的本质形态来说,他的工资应该是浮动的而不是固定不变的。但是,在过去很长时期内,职工的基本工资一经确定,在一定时期内实际上就成为固定不变的了,致使职工的基本工资与其本人的实际劳动贡献和企业经济效益脱节。20世纪80年代初期,遵循克服平均主义、打破大锅饭的指导思想,许多企业探索试行了浮动工资这种新的工资分配形式。这是一种将职工的劳动报酬与企业经营好坏、职工劳动贡献大小紧密联系起来,并随之上下浮动的工资形式。

5)奖金

奖金是对超额劳动的补贴,以现金方式给予的物质鼓励。奖金作为一种工资形式,其作用是对与生产或工作直接相关的超额劳动给予报酬。奖金是对劳动者在创造超过正常劳动定额以外的社会所需要的劳动成果时,所给予的物质补偿。

中国企业中实行的奖金制度,是20世纪50年代初开始建立和发展起来的。它曾在1958年和1966年下半年两次被取消。现行的奖金制度,则是1978年以后恢复和建立的。

6)津贴

津贴是对劳动者在特殊条件下的额外劳动消耗或额外费用支出给予补偿的一种工资形式,主要有以下几种形式:地区津贴;野外作业津贴;井下津贴;夜班津贴;流动施工津贴;冬季取暖津贴;粮、煤、副食品补贴;高温津贴;职务津贴;放射性或有毒气体津贴。

7.2.3 工资的确定

在确保内部公平性和外部竞争性的前提下,一个企业确定基本薪酬的过程主要包括薪酬水平调查、职位评价、薪酬结构设计、划分薪酬等级和薪酬调整 5 个环节。

1)薪酬水平调查

所谓薪酬水平调查,是指通过一系列标准、规范和专业的方法,对市场上各职位进行分类、汇总和统计分析,形成能够客观反映市场薪酬现状的调查报告,为企业薪酬设计决策提供依据和参考。

(1)调查目的

一般来说,薪酬调查的目的在于:帮助制定新参加工作人员的起点薪酬标准;帮助查找企业内部工资不合理的岗位;帮助了解同行企业的调薪时间、水平、范围等;了解本地工资水平并与本企业作比较;帮助了解工资动态与发展潮流。

(2)调查范围

同行业中同类型的其他组织;其他行业中有相似工作的组织;录用同类员工,可构成竞争的组织;工作环境、经营策略、薪酬与信誉均处于一般标准的组织;与本公司距离较近,在同一劳动力市场录用员工的组织。

(3)调查资料

被列入调查范围内的有关公司的资料,这些资料包括名称、地址、员工人数、公司规模、营业额、经营的行业、公司财产等;有关薪酬的资料,包括基本工资、福利、调资措施、薪酬结构、工作时数、假期等;有关职位与员工类别的资料,包括工作类别、员工类别、员工的实际薪酬率、总收入、最近一次的加薪、奖金及津贴。

(4)调查报告

调查结果要以调查报告形式提供,报告内容应包括:资料概述;个别职位薪酬资料统计,包括所调查单位的编号、员工规模、基本薪酬及范围、平均薪酬额;全部调查职位的薪酬总表与各单位薪酬总额统计。

2)职位评价

(1)职位评价的含义

职位评价也称工作评价,它是薪酬等级设计的基础,就是根据各职位对企业经营目标的贡献,对企业中的各个职位的价值进行综合评价,决定企业中各个职位相对价值的大小,从而确立一个合理、系统、稳定的工作结构,开发一个工作价值的等级制度,在此基础上确定各职位的薪酬级别和职位待遇。

职位评价的基础性工作是职位调查和职位分析。在职位评价之前,一定要通过职位调查和职位分析获取职位评价的基础信息资料。这些资料包括:职位名称和编码;职位所属单位、上级单位、下级单位;职位上下级领导关系;职位工作内容、职责、权利;职位任职条件;职位劳动条件与环境;职位对员工素质的综合要求(如体能、技能等)。

(2)职位评价系统

职位评价系统的建立一般有3个过程:

①工作分析。工作分析是确立完成各项工作所需技能、责任和知识的系统工程,它是最基本的人力资源管理职能,也是一项基础技术,它的目的在于解决以下几个问题:员工将完成什么样的活动(what)? 工作将在什么时候完成(when)? 工作将在哪里完成(where)? 员工如何完成此项工作(how)? 为什么要完成此项工作(why)? 完成工作需要哪些条件(which)?

②建立工作说明和工作规范。根据工作分析中的有关信息,形成工作说明和工作规范。它应简要地说明期望员工做些什么,还应确切地指出员工应该做什么,怎么做和在什么样的情况下履行职责。具体来说,工作说明是提供有关工作的任务、责任和职责的文件,而工作规范是一个人完成工作所必备的知识、技能和能力等基本素质的文件。

③工作评价。工作评价是在工作说明及工作规范的基础上,决定一项工作与其他工作的相对价值的系统过程,它同时是经济报偿系统的一部分。

工作评价有以下作用:确认组织的工作结构;使工作间的联系公平、有序;开发一个工作价值的等级制度,据此建立工资支付结构;在企业内部的工作和工资方面取得一致在不断变化的工作环境中,一个适当的职位评价体系是至关重要的。

(3)评价方法

常见的职位评价方法有4种:排序法、分类法、因素比较法和要素计点法。其中,前两者使用定性分析,不对职位进行量化测量,主观性较强;后两者主要使用定量分析,对职位进行量化测量,客观性较强。

①排序法。排序法是根据一些特定的标准(例如工作的复杂程度、对组织的贡献大小等对各个职位的相对价值)进行整体比较,进而将职位按照相对价值的高低排列出一个次序。其基本步骤是:

a.对排序的标准达成共识。虽然排序法是对岗位的整体价值进行评价而排序,但也需要参与评估的人员对什么样的“整体价值”更高达成共识,如责任更大,知识技能更高,工作更加复杂,环境因素恶劣等。

b.选定参与排序的职位。如果公司较小可以选取全部职位进行排序。

c.评定人员根据事先确定评判标准,对公司同类岗位的重要性逐一作出评判,最重要的排在第一位,次要的、再次要的顺次往下排列。

d.将经过所有评定人员评定的每个岗位的结果加以汇总,得到序号和。然后将序号和除以评定人数,得到每一岗位的平均序数。最后,按平均序数的大小,由小到大评定出各岗位的相对价值的次序。

排序法可分为简单排序法和交替排序法。简单排序法也称序列评定法,是指管理者把本部门的所有员工从绩效最高者到绩效最低者(或从最好者到最差者)

进行排序,即对一批考核对象按照一定标准排出“1、2、3、4……”的顺序。该方法应用在工作评价上,由负责工作评价的人员,根据其对企业各项工作的经验认识和主观判断,对各项工作在企业中的相对价值进行整体的比较,并加以排队。在对各项工作进行比较排序时,一般要求工作评价人员综合考虑以下各项因素:工作职责、工作权限、岗位资格、工作条件、工作环境等,权衡各项工作在各项因素上的轻重程度并排定顺序后,将其划入不同的工资等级内。交替排序法则是指管理者对被评估员工的名单进行审查后,从中找出工作绩效最好的员工列为第一名,并将其名字从名单上划去,然后从剩下的名单中找出工作绩效最差的员工排为最后一名,也把其名字从名单中划去,随后,在剩下的员工中管理者再找出一名工作绩效最好的员工将其排为第二名,找出一名最差的员工列为倒数第二名,以此类推,直到将所有的员工排序完。

②分类法。分类法是在岗位分析的基础上,对组织中全部或规定范围内岗位进行多层次的划分,即先确定等级结构,然后再根据工作内容对工作岗位进行归类。其基本步骤是:

a.按照经营过程中各类岗位的作用和特征,将公司的全部岗位分成几个大的系统。

b.将各个系统中的各岗位分成若干层次,最少分为5~6档,最多的可分为15~20档。

c.明确规定各档次岗位的工作内容、责任和权限。

d.明确各系统各档次(等级)岗位的资格要求。

e.评定出不同系统不同岗位之间的相对价值和关系。

如果岗位职责、技能、工作条件等岗位要素相同或类似,这些岗位就可以被划为同一类岗位,称为某某岗位族。例如,招聘主管、培训主管、薪酬主管等岗位,由于岗位职责相同,都从事人力资源管理,所以这些岗位都被列入人力资源管理族中。具有相同或相近工作难度的岗位,尽管不在同一岗位族内,但是薪酬相同,这些岗位具有相同的薪酬等级。例如,在某些企业中,具有工程师资格的员工,虽然不是部门经理,但是却与经理的薪酬等级相同。

③因素比较法。因素比较法是一种量化的工作评估方法,它实际上是对职位排序法的一种改进。这种方法选择多种报酬因素,按照各种因素分别进行排序。其基本步骤是:

a.选择基准岗位。选择一些在不同企业中普遍存在的、工作内容相对稳定的、具有得到公认的市场工资水平的职位作为基准岗位。

b.分析这些基准岗位,找出一系列共同的报酬因素。这些报酬因素应该是一些能够体现职位之间本质区别的因素。如责任、工作的复杂程度等。

c.将每个基准职位的工资分配到相应的报酬因素上。

d.将待评估的职位在每个报酬因素上分别与基准职位相比较,确定待评估职位在各个因素上的工资率。将待评估职位在各个报酬因素上的工资率或者分数相加汇总，得到待评估职位的工资水平。

因素比较法不须关心具体岗位的岗位职责和任职资格，而是将所有的岗位的内容抽象若干个要素。根据每个岗位对这些要素的要求不同，而得出岗位价值。比较科学的做法是将岗位内容抽象成下述5种因素：智力、技能、体力、责任及工作条件。评估小组首先将各因素区分成多个不同的等级，然后再根据岗位的内容将不同因素和不同的等级对应起来，等级数值的总和就为该岗位的岗位价值。

④要素计点法。要素计点法也称评分法，该法首先是选定岗位的主要影响因素，并采用一定点数（分值）表示每一因素，然后按预先规定的衡量标准，对现有岗位的各个因素逐一评比、估价，求得点数，经过加权求和，最后得到各个岗位的总点数。其基本步骤是：

a.确定岗位评价的主要因素。有4个方面：责任因素、知识技能因素、岗位性质因素、环境因素，并确定主要因素的权重。

b.对各评价因素区分出不同档别，并赋予一定的点数（分值）。

c.对各岗位进行评价。对各岗位每一因素打分，然后汇总，计算出各岗位的总点数。

d.根据各岗位的总点数进行排序，得到相对价值的高低。

与因素比较法不同的是，要素计点法并不能直接得到某职位的工资率，而是得到一个抽象的"点数"，最后用增加的"点数-工资"表来进行换算。要素计点法比较适合以下情况：工作岗位资料稳定、清晰、完整，工资决策需要明确无误。要素计点法示例如表7.1所示。

表7.1　要素计点法

付酬类型	因素指标	等级					
		1	2	3	4	5	小计
劳动技能	文化和技术理论知识	6	8	10	12	14	50
	操作技能	12	14	16	18	20	80
	作业复杂程度	3	6	9	12	14	44
劳动责任	质量责任	2	4	6	8	10	30
	原材料消耗责任	2	4	6	8	10	30
	经济效益责任	2	4	6	8	10	30
	安全责任	2	4	6	8	10	30

续表

付酬类型	因素指标	等级					
		1	2	3	4	5	小计
劳动强度	体力劳动强度	12	14	16	18	20	80
	脑力消耗疲劳程度	3	6	9	12	14	44
	作业姿势	2	4	6	8	10	30
	工时利用率和工作班制	1	2	3	4	6	16
劳动环境	气候条件影响	12	14	16	18	20	80
	作业条件危险性	3	6	9	12	14	44
	有毒有害物危害	2	4	6	8	10	30
	噪声危害	1	2	3	4	5	15

上述各种方法之间有一定传承关系,要素计点法是目前岗位评价的主流方法。如果需要评价的岗位数很少,前三种方法倒也不失为简单可行的选择。

3)薪酬结构设计

薪酬结构是指一个组织机构中各项岗位的相对价值及其对应的实付薪酬间保持着什么样的关系。这种关系和规律通常多以"薪酬结构线"来表示,如图7.3所示:

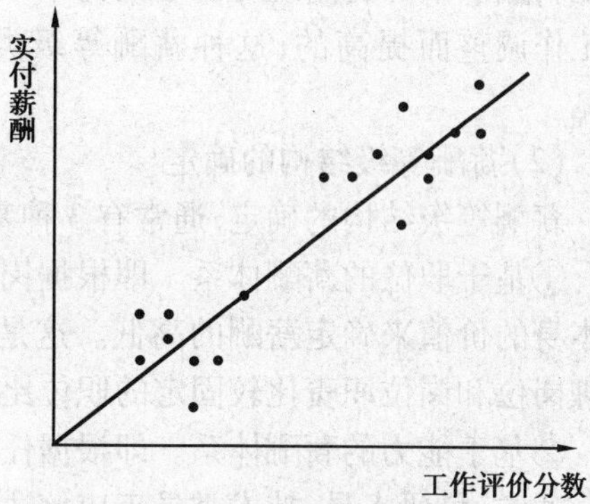

图7.3 薪酬结构线

薪酬结构线显示的是组织内部各个岗位相对价值和与其对应的实付薪酬之间的关系。薪酬结构线的横坐标是以工作评价获得的表示其相对价值的分数,纵坐标是实付薪酬值。薪酬结构线可以用在两个方面:

①保证内部公平性。组织内各项岗位的薪酬是按市场经济中通行的等价交换原则确定的,也就在于说谁的贡献越大,对组织的价值相对越高,所获薪酬便应越多,薪酬与贡献之间的正比关系决定了与其对应的关系是直线形式。

②调整现有薪酬水平。即利用定性或定量分析的方法将工作评价分数与实付薪酬间的散点图转化为一条直线,然后根据需要调整那些偏离此线的薪酬点。一般多采用保留结构线以上点薪酬水平而调整结构线以下点薪酬水平的做法。

4)划分薪酬等级

薪酬等级是在岗位价值评估结果基础上建立起来的一个基本框架,它将岗位价值相近的岗位归入同一个管理等级,并采取一致的管理方法处理该等级内的薪酬管理问题。薪酬等级是一个基本框架,是薪酬结构的基础。薪酬结构的一个主要特点是将薪酬分成不同的等级,因而出现了薪酬等级。

薪酬等级划分的考虑要素包括:企业文化、企业所属行业、企业员工人数、企业发展阶段、企业组织架构。等级越多,薪酬管理制度和规范要求越明确,但容易导致机械化;等级越少,相应的灵活性也越高,但容易使薪酬管理失去控制。薪酬级别的划分也可以参照一些经验,比如跨国公司一般分为 25 级左右,1 000 名左右的生产型企业分为 15~16 级,100 人的组织 9~10 级比较合适。

(1)薪酬等级的类型

①分层式薪酬等级类型。该类型的特点是企业包括的薪酬等级比较多,呈金字塔形排列,员工薪酬水平的提高是随着个人岗位级别向上发展而提高的;这种等级类型在成熟的、等级型企业中常见。分层式薪酬等级类型,由于等级较多,所以每等级的薪酬浮动幅度一般小一些。

②宽泛式薪酬等级类型。该类型的特点是企业包括的薪酬等级少,呈平行形,员工薪酬水平的提高既可以是因为个人岗位级别向上发展而提高的,也可以是横向工作调整而提高的;这种薪酬等级类型在不成熟的、业务灵活性强的企业中常见。

(2)薪酬等级结构的确定

薪酬等级结构的确定,通常有 3 种基本的设计思路或定薪基准:

①基于职位的薪酬体系。即根据岗位承担的职责来确定岗位的价值,根据岗位本身的价值来确定薪酬的高低。这是目前最普遍的薪酬设计基准,尤其是职能管理岗位和岗位职责比较固定的职位比较适合使用这种薪酬设计原理。

②基于能力的薪酬体系。即根据任职者的能力素质的高低来确定其薪酬的高低。通常,科研人员、技术类员工应该适用这种薪酬设计原则。

③基于业绩的薪酬体系。即根据员工的实际业绩表现来决定其薪酬的高低。一个最极端的例子就是在销售人员中实行的"零底薪、纯提成"的薪酬体制。其工资高低完全由其业绩决定。当然,随着新劳动合同法的实施,这个做法已经不再合法,员工底薪必须至少等于当地规定的最低工资标准。

值得一提的是,由于企业不同部门、不同岗位的性质差异很大,企业在薪酬体系设计的实际操作中很少采用单一的基准,更为常见也更为科学的做法是:不同的序列采用不同的薪酬设计基准。而不同序列之间的薪酬由于设计基准的不同,在相互之间不具有任何可比性,只有统一序列内的员工薪酬,因为等级结构的设计采用了相同的基准,才具有可比性。

5) 薪酬调整

由于劳动力市场价格的动态变化及竞争对手薪酬水平的调整,为了使组织薪酬水平具有竞争力,能吸引人才、留住人才,必要时要对薪酬水平进行动态的调整。

薪酬调整是在企业战略调整过程中利益的再分配,是薪酬管理过程中的非常重要的,但恰恰被许多企业忽略的一项工作。薪酬调整主要有两种:

①根据市场薪酬水平的变化趋势、组织的发展状况、经营管理模式的调整以及战略重心的转移对现行薪酬体系进行调整。

②根据职位变动、个人业绩、个人能力等对员工个人的薪酬水平进行调整。从理论而言,薪酬调整是服务并促进企业战略的实现,但在现实操作中,由于很多企业在战略制定过程中很少甚至根本就没有考虑到人力资源因素对企业战略的影响,因此,薪酬调整常常出现这样的局面,即从理论分析而言薪酬调整方案是能够促进企业战略的,但在实际操作中,由于调整后的薪酬体系利益再分配极大程度上触及了某分群体的利益,并且新的薪酬方案背后蕴含的价值观得不到员工的认同,结果往往是新的薪酬体系被群起而攻之,最终却影响了企业业绩。

薪酬调整方式又包括薪酬水平调整、薪酬结构调整和薪酬构成调整 3 个方面。薪酬水平调整是指在薪酬结构、薪酬构成等不变的情况下,将薪酬水平调整的过程。薪酬水平调整包括薪酬整体调整、薪酬部分调整以及薪酬个人调整 3 个方面。薪酬结构的调整设计包括薪酬职等数量设计、职等薪酬增长率设计、薪级数量设计以及薪级级差设计等各方面。薪酬构成调整就是调整固定工资、绩效工资、奖金以及津贴补贴的比例关系。

【管理故事】

猎人与猎狗

一只猎狗将兔子赶出了窝,一直追赶它,追了很久仍没有抓到。牧羊人看到此种情景,讥笑地对猎狗说:“你们两个之间小的反而跑得快很多。”猎狗回答说:“你不知道,我们两个的跑是完全不同的!我仅仅为了一顿饭而跑,而他却为了性命而跑呀!”

1.目标

兔子跑步的目标是救自己的性命,而猎狗的目标只是为了一餐饭,同样的跑步,他们的积极性当然会不一样。是不是可以说,跑步只是实现目标的过程,而即使有相同的过程,其目标不一样,动力不一样,也会得到不同的结果,那么,人力资源的工作重点之一是否就是设置合理的目标。

2.动力

猎人想,猎狗说的对啊,我要想得到更多的猎物,就得想个好办法。于是,猎人买来几条猎狗,规定凡是能够在打猎中抓到兔子的,就可以得到几根骨头。抓不到兔子的就没有饭吃。这一招果然奏效,猎狗们纷纷努力去追兔子,因为谁也不愿意看见别人吃骨头,自己没得吃。

过了一段时间,问题又出现了,大兔子非常难抓,而小兔子好抓,抓到了大兔子得到的奖赏和抓到小兔子得到的骨头差不多,猎狗中善于观察的发现了这个窍门,专门去抓小兔子,慢慢的,大家都发现了这个窍门。终于,猎人也发现了,对猎狗们说,最近你们抓的兔子越来越小了,为什么?猎狗说,反正不会有太大区别,为什么要去抓大的呢?

3.长期的"骨头"

猎人经过思考后,决定不将分得骨头的数量与是否抓到兔子挂钩。而采用每过一段时间,就统计一次猎狗抓到兔子的总重量。按照重量来评价猎狗,决定一段时间内的待遇。于是猎狗们抓到兔子的数量和重量都增加了,猎人很开心。

但是,过了一段时间,猎人发现猎狗们抓的兔子的数量又下降了。而且越有经验的猎狗,抓的兔子的数量下降的越厉害。于是猎人又去问猎狗。猎狗说:"我们把最好的时间都奉献给了您,主人,但是我们随着时间的推移会老,当我们抓不到兔子的时候,你还会给我们骨头吃吗?"

4.未完的故事

猎人决定,论功行赏,分析与汇总了所有猎狗抓到的兔子的数量与重量,规定如果抓到的兔子超过了一定的数量后,即使抓不到兔子,每顿饭都可以得到一定数量的骨头。猎狗们都很高兴,大家都努力达到猎人规定的数量。

终于,一些猎狗达到了猎人规定的数量。这其中,有一只聪明的猎狗对猎狗们说:"我们这么努力,只是得到了几根骨头,而我们抓的猎物却远远超过了这几根骨头,我们为什么不能给自己抓兔子呢?"于是,有些猎狗离开了猎人,自己抓兔子去了。

猎人意识到猎狗正在流失,并且那些流失的猎狗像野狗一般和自己的猎狗抢兔子。情况变得越来越糟,猎人不得已引诱了一条野狗,问他到底野狗比猎狗强在那里。野狗说:"猎狗吃的是骨头,吐出来的是肉啊!"接着又道:"也不是所有的野狗都顿顿有肉吃,大部分最后骨头都没得舔。"

于是猎人进行了改革,使得每条猎狗除基本骨头外,还可从其所猎兔肉中提成,而且随着贡献变大,该比例还可递增,并有权按比例分享猎人总的兔肉。就这样,猎狗们与猎人一起努力,将野狗们逼得叫苦连天,纷纷强烈要求重归猎狗队伍。

日子一天天地过去,冬天到了,兔子越来越少,猎人们的收成也一天不如一天。而那些服务时间长的老猎狗们老得不能捉到兔子,但仍然在无忧无虑地享受着那些他们自以为是应得的那份食物。终于有一天猎人再也不能忍受,把他们扫地出门,因为猎人更需要身强力壮的猎狗。

5.猎狗公司

被扫地出门的老猎狗们得了一笔不菲的赔偿金,于是他们成立了猎狗公司。

他们采用连锁加盟的方式招募野狗，向野狗们传授猎兔的技巧，他们从猎得的兔子中抽取一部分作为管理费。当赔偿金几乎全部用于广告后，他们终于有了足够多的野狗加盟，公司开始盈利。一年后，他们收购了猎人的家当……

猎狗公司许诺给加盟的野狗能得到公司n%的股份。这实在是太有诱惑力了。这些自认为是怀才不遇的野狗们都以为找到了知音：终于做公司的主人了，不用再忍受猎人们呼来唤去的不快，不用再为捉到足够多的兔子而累死累活，也不用眼巴巴地乞求猎人多给两根骨头而扮得楚楚可怜。这一切对这些野狗来说，这比多吃两根骨头更加受用。于是野狗们拖家带口地加入了猎狗公司，一些在猎人门下的年轻猎狗也开始蠢蠢欲动，甚至很多自以为聪明实际愚蠢的猎人也想加入。好多同类型的公司像雨后春笋般地成立了，骨头公司，好猎狗公司等，一时间，森林里热闹起来。

6.F4 的诞生

猎人凭借出售公司的钱走上了老猎狗走过的路，最后千辛万苦要与猎狗公司谈判的时候，老猎狗出人意料的顺利答应了猎人，把猎狗公司卖给了猎人。老猎狗们从此不再经营公司，转而开始写自转《老猎狗的一生》，又写《如何成为出色的猎狗》《如何从一只普通猎狗成为一只管理层的猎狗》《猎狗成功秘诀》《成功猎狗500条》《穷猎狗，富猎狗》，并且将老猎狗的故事搬上屏幕，取名《猎狗花园》，四只老猎狗成为了家喻户晓的明星F4，收版权费，没有风险，利润更高。

故事虽简单但却给了我们很多启示。在企业的经营管理中，如何通过什么样的利润分配，对内可以达成公平、公正、长久的激励，对外保持市场竞争力；如何营造什么的激励氛围，让员工能发挥最大的能力，这实际上就是人力资源工作的目标——创造一种发挥人力资源最大潜能，获得最大价值的企业管理机制。

（资料来源：中国企业管理网.2012-02-25.）

7.3 奖金管理

7.3.1 奖金的概念和内容结构

奖金是大家非常熟悉的一个名词，然而许多专家学者对它的含义却有着不同的界定。尽管奖金有着不尽相同的概念外表，但奖金与基本工资、福利并列，作为薪酬的重要组成部分之一，其本质是比较明确的。一般而言，奖金被用于两个方面，一是对已经完成的超额、超标准的绩效进行奖励；二是对预定的绩效目标进行激励。

奖金是为了奖励那些已经超额或超标准完成某些绩效标准的员工,或为了激励员工去完成某些预定的绩效目标,而在基本工资基础上支付的可变的、具有激励性的报酬。简单地说,奖金是企业对员工超额劳动部分或劳动绩效突出部分所支付的奖励性报酬,其支付依据是绩效标准。

从总体奖励报酬的角度来看奖金,可以把奖金分成货币化的奖金和非货币化奖励两种类型,而非货币化奖励又可以分为5种基本形式,即社会强化激励、实物奖励、旅行奖励、象征性奖励、休假奖励。

7.3.2 奖酬方式和奖酬计划

常用的奖酬方式可以分为两大类,即绩效奖金和激励计划。绩效奖金又包括绩效加薪、一次性奖金、个人特别绩效奖,它是对员工已经完成的绩效进行奖励的方式。激励计划则包括个人激励计划、团队激励计划、组织激励计划,它是作为激励员工实现绩效目标的奖励方式,还可分为长期激励计划和短期激励计划。

1)绩效奖金计划

(1)绩效加薪

其特点是具有很强的累加性,奖励的加薪直接加到基本工资中,每一次加薪后基本工资额都获得增长,下一次加薪是在已经增加了的基本工资额的基础上进行的;不同的绩效评价等级对应不同的工资涨幅;要达到"最低限度有意义的加薪",即要支付员工认为有奖励意义的最低的加薪额。

(2)一次性奖金

其特点是属于"非累积性绩效加薪",每次加薪并不增加工资基数,而是按绩效评价水平给予一次性奖金,奖金不累加到基本工资中,下一次加薪仍然在原来的基本工资额的基础上进行;克服了传统绩效加薪的弊病:每一次绩效加薪都要增长工资基数,经历了多次加薪后的老员工工资很高但绩效未必令人满意,新员工难以较快地获得相当的工资;比较有效地控制了工资成本,但同时可能带来奖励性不足的问题;可采用折中方法,与传统绩效加薪配合使用。

(3)个人特别绩效奖

其特点是具有极强的针对性和灵活性,可突破基本奖励制度在支付额度、周期、对象上的局限;机制比较简单,即谁干出特别突出的业绩就特别奖励谁;具有较好的以点带面的激励效果。

2)激励计划

(1)个人激励计划

又可以分为针对生产人员的产出激励计划、针对一般管理人员的管理激励计划、行为鼓励计划、推荐计划。

(2)团队激励计划

又可以分为班组或小团队奖励计划、收益分享计划、利润分享计划、风险收益计划。团队激励计划也适用于全员的组织激励。

(3)组织激励计划

组织激励计划与团队激励计划的区别不是很清晰,组织激励计划的对象群更大一些,一般是全员的;团队激励计划也可以运用于全员,如各种收益分享计划、利润分成计划。这里所指的组织激励计划是通过向员工提供股票、股权等达到激励目的的持股计划,包括员工持股计划、股票分享计划等。

3)针对几种特殊人员的奖酬计划

所谓特殊人员,一般具有两个特征:一是特殊人员在企业中处于矛盾冲突交接的位置。或者说,他们的工作性质/环境对其有着特殊的要求,面临着更大的工作压力,需要有更专业的知识和更高超的技能;二是特殊人员工作完成的好坏对整个企业的经营状况有着很重要的影响,因此对他们的激励有着全局的重要意义,并且要求这种激励具有很强的针对性和独特性。

(1)公司董事的奖励报酬

内部董事的奖励报酬包括在高层经理人员的奖励报酬中。外部董事的奖励报酬目前仍然在研究发展之中,其报酬主要有聘金(年薪)、董事会会议费、委员会会议费、委员会委员津贴。目前对董事的股票激励计划越来越流行。

(2)高层经理人员的奖励报酬

包括对高层经理人员的一次性绩效奖金、短期激励、长期激励、特权奖励。一次性绩效奖金包括非固定奖励、活动绩效奖金、预定分配奖金、目标计划奖金。对高层经理人员的短期激励有利润分享计划、收益分成计划、一次性绩效奖等。高层经理人员的长期激励计划有非法定股票期权、激励性股票期权、附加期权、股票增值权、限制性股票、业绩股票、虚拟股票等。高层经理人员的特权奖励包括体检、公司提供交通用车、金融咨询、使用公司提供的飞机、个人所得税的筹划、乘头等舱外出旅行、乡村俱乐部会员资格、午餐俱乐部会员资格、个人资产管理、个人伤残保险、携配偶外出旅行、专用司机、预留停车位置、专用餐厅、家庭保险计划、汽车配备电话、金融讲座、低息或无息贷款、法律咨询等。

(3)技术研发人员的奖励报酬

给予双重职业发展通道,使得技术研发人员既可以从技术晋升阶梯发展,也可以从管理晋升阶梯发展,从而一些运用于管理人员的分享计划和股票增值计划也可以施行于技术研发人员;对技术研发人员技能认证等级提升、论文发表的数量和质量、专利发明等进行奖励;为技术研发人员提供轻松的、富有校园氛围的工作环境;对技术研发人员的工作时间和方式进行灵活的安排等特别奖励方式。

(4)销售人员的奖励

①纯基薪计划。即按月给销售人员发放数额固定的基本工资,其实质是基于“支付劳动成本”的一视同仁,不对销售人员的特殊性作出体现和强调,忽视其实

现利润增值的作用。纯基薪计划比较少用,在某些情况下不失为一种选择,例如定制的技术含量高的产品或服务销售;额度巨大,销售周期很长;针对销售的"开路先锋";处于多变的、难以预测的市场;针对销售新人等。

②纯佣金计划。即基于销售人员的实际业绩(销售收入指标、利润指标等),并按照一定的比例为其支付佣金作为销售人员的全部报酬,其实质是关注销售人员的特殊性,强调为其提供专门的报酬支付方式。纯佣金计划要考虑两个问题:考核基础指标是销售收入、利润还是销售量?佣金提成比例是固定的还是可变的?纯佣金计划很少单独被使用,在某些情况下还是可以作为一种支付选择。

③基薪+佣金计划。是一种典型的将纯基薪计划和纯佣金计划进行折中的支付计划,其中基薪部分是公司为销售人员的经验、技能、知识和服务素质所支付的报酬;佣金部分是将实现的销售业绩对个人进行分享性的支付,其目的就在于将风险性和保障性结合在对销售人员的薪酬支付之中。

④基薪+奖金计划。是一种将基薪计划和奖金计划进行组合的支付方式,它与基薪+佣金计划的区别在于体现激励性的报酬是奖金而不是佣金,其奖金与事先订立好的绩效目标有紧密的联系,只有在销售业绩达到了目标或定额后,公司才按一定的比例给予奖励;佣金是没有目标导向的,做了多少就提成多少。

⑤基薪+佣金+奖金计划,就是其构成成分中包括了基薪、佣金和奖金三者的支付计划。其构成成分多,管理和运用比较复杂,可能给整个薪酬管理和支付带来更大的成本,在薪酬管理能力不是很强的情况下要慎用。

【管理故事】

一个关于奖金发放的故事

企业的一名销售人员兢兢业业,取得不俗业绩,公司决定奖励他13万元。年终,总经理把他单独叫到办公室,对他说:"由于本年度你工作业绩突出,公司决定奖励你10万元!"业务员非常高兴,谢过总经理后拉门要走,总经理突然说道:"回来,我问你件事。今年你有几天在公司,陪你妻子多少天?"该业务员回答说:"今年我在家不超过10天。"总经理惊叹之余,拿出了1万元递到业务员手中,对他说:"这是奖给你妻子的,感谢她对你工作无怨无悔的支持。"然后,总经理又问:"你儿子多大了,你今年陪他几天?"这名业务员回答说:"儿子不到6岁,今年我没好好陪过他。"总经理激动地又从抽屉里拿出1万元钱放在桌子上,说:"这是奖给你儿子的,告诉他,他有一个伟大的爸爸。"该业务员热泪盈眶,千恩万谢之后刚准备走,总经理又问道:"今年你和父母见过几次面,尽到当儿子的孝心了吗?"该业务员难过地说:"一次面也没见过,只是打了几个电话。"总经理感慨地说:"我要和你一块儿去拜见伯父、伯母,感谢他们为公司培养了如此优秀的人才,并代表公司送给他们

1 万元。”这名业务员此时再也控制不住自己的感情,哽咽着对总经理说:“多谢公司对我的奖励,我今后一定会更加努力。”

故事启示:同样是 13 万元,如果企业老总直接将钱发给这名销售人员,而不假以各种调动感情的名目发放,那效果我们可想而知。这就如同将胡萝卜做成沙拉,同样的材料稍做加工,拌上美味的沙拉酱,就可更大程度地调动人的胃口。

(资料来源:新乡人才网.2011-08-12.)

7.4 福利管理

在现代企业为员工制定的整体薪酬收入中,员工福利已成为重要的组成部分。福利具有工资所不能替代的重要作用,是吸引、保留、激励员工的重要经济手段。企业在为员工提供福利时,既要考虑员工的实际需求,又要考虑到结构的合理性和科学性。

7.4.1 员工福利概述

1)福利的概念

福利,是指企业为了保留和激励员工,采用的非现金形式的报酬,包括保险、实物、股票期权、培训、带薪假等。福利与津贴的最大差别在于,福利是非现金形式的报酬,而津贴是以现金形式固定发放的。

企业常选用的 4 种福利类型及形式:

①公共福利:医疗保险、失业保险、养老保险、伤残保险。

②个人福利:养老金、储蓄、辞退金、住房津贴、交通费、工作午餐、海外津贴、人寿保险。

③有偿假期:脱产培训、病假、事假、公休、节日假、工作间休息、旅游。

④生活福利:法律顾问、心理咨询、贷款担保、托儿所、托老所、内部优惠商品、搬迁津贴、子女教育费。

2)福利的重要性

一个组织之所以愿花较多的钱来支持福利项目,其原因是福利对组织发展具有重要意义,具体体现如下:

①吸引优秀员工。许多事实证明,良好福利有时比高工资更能吸引优秀员工。

②提高员工的士气。良好的福利使员工无后顾之忧,使员工有与企业共荣辱之感,士气必然会高涨。

③降低流动率。过高流动率必然使企业发展受到一定的损失,而良好的福利会使许多可能流动的员工打消流动的念头。

④激励员工。良好的福利使员工产生由衷的工作满意感,从管理的双因素激励理论来看属激励因素,因而会激发员工自觉为企业目标而奋斗的动力。

⑤凝聚员工。良好的福利体现了企业高层管理者以人为本的经营思想,是构筑强劲凝聚力的重要因素之一。

⑥更好地利用金钱。从表面上看,福利是花钱,是支出,但由于良好福利能吸引优秀员工、激励员工、提高员工士气等作用,因而福利这种花钱会产生更多的收益、回报,因而是一种有益的投资,它能提高资金的使用效果。

3) 福利的影响因素

应该说,影响福利的因素较多,但其中较重要的主要有:

①高层管理者的经营理念。当高层管理者认为员工福利能省则省,则福利不会丰厚;反之,当高层管理者认为福利应该尽可能好,则福利就会好。

②政府的政策法规。国家和地区针对福利有明文规定,组织员工应该享受哪些福利,并认为若组织不按规定实施福利则视为犯法;但不同国家和地区的福利法规有差异。

③工资的控制。由于要交所得税,所以一般组织控制工资在一定的范围内,而改用提供良好的福利来补偿员工的付出和会组织所创造的价值。

④医疗费的急剧增加。提供医疗福利来提高员工患病时的承受力,满足员工的安全需要,这在一定程度上促进员工的组织向心力。

⑤竞争性。现代信息传达的迅速性和广泛性,使一个组织的员工很快知道其他许多企业的福利状况,这使组织迫于福利竞争压力而设法提供与其他组织尤其是同类组织相近的福利,否则会影响员工积极性。

⑥工会的压力。工会是员工的代表,是员工利益的维护者,它经常为员工福利问题与企业资方谈判,资方迫于压力也为了化解或防止劳资双方的冲突,而不得不提供某些福利。

7.4.2 福利的类型

从总体来看,福利类型可分为两大类,一类为法律政策明文规定的福利,另一类为组织根据组织实际情况和增强员工激励力而提供的福利项目。其中,前者在不同组织间具有强相似性,后者则在不同组织间有差异,一定程度上反映了组织在福利管理上的创造性。

1) 法定福利

法定福利是指国家法律规定的一些福利项目。主要有:

①医疗保险。这是公共福利中最为主要的一种福利,企业必须为员工购买相应的医疗保险,确保员工患病时能得到一定的经济补偿。

②失业保险。为了使员工在失业时有一定的经济支持,企业应该按规定为每一位正式员工购买养老保险。

③养老保险。员工年老时,将失去劳动能力,因而组织应该按规定为各位正式员工购买养老保险。

④伤残保险。为了使员工在受伤致残失去劳动力时能得到相应的经济补偿,组织应该按规定为第位正式员工购买伤残保险。

以上4种,都是按法律规定,一个组织必须为其每位正式员工购买的保险。

2)个人福利

个人福利是指企业根据自身发展需要和员工需要而选择提供的福利项目,主要有以下几种:

①养老金。也称退休金,是指员工为企业工作了一定年限后,企业按规章制度及企业效益而提供给员工的金钱。它与各地的生活指数有关,并有最低限度,若企业为员工购买了养老保险,则养老金可相应减少。

②储蓄。也称互助会,是指由企业组织、员工自愿参加的一种民间经济互助组织,员工每月储蓄若干金钱,当员工经济发生暂时困难时,可以申请借贷以渡过难关。

③辞退金。是指企业由于种种原因辞退员工时,所支付给员工的一定数额的金钱;一般地,辞退金与员工在本企业的工龄有关,且在聘用合同中要明确规定。

④住房津贴。是指企业为了使员工有一个较好的居住环境而提供给员工的福利,主要包括:每月的住房公积金,企业购买或建房后免费或低价租给或卖给员工居住,为员工购买住房提供免息或低息贷款,全额或部分报销员工租房费用。

⑤交通费。主要指上下班为员工提供交通方便,主要包括以下几种:企业派专车接送上下班;企业按规定为员工报销交通费;企业每月发放一定数额的交通补助费。

⑥工作午餐。指企业为员工提供的免费或低价午餐;或有的企业虽然不直接提供工作午餐,但提供一定数额的工作午餐补助费。

⑦海外津贴。指一些跨国公司为了鼓励员工到海外去工作而提供的经济补偿。海外津贴受职务高低、派往国的类别、派往时间长短、家属是否陪同、工作期间回国机会的多少、愿意去该国的人数等因素的影响。

⑧人寿保险。指企业全额资助或部分资助的一种保险,员工一旦发生意外,其家属可获得相应的经济补偿。

3)有偿假期

有偿假期是指员工在有报酬的前提下,可不用上班的一种福利项目。具体包括:

①脱产培训。这种项目具有两重性,既是企业对人力资源投资的一种商业行为,又是一种福利,使员工受益。

②病假。员工在出示医生证明,或经上级同意后,可因病休息。

③事假。不同企业允许有差异,但通常包括:婚假、妻子产假、搬迁假等。

④公休。指根据企业的规章制度,经有关管理人员同意,员工可在一段时间内不用上班的一种福利;不同企业间的公休可以有所不同,但一般规定员工每年有一周至一个月的公休。

⑤节日假。包括我国明文规定的节假日和一些企业自行规定的节假日。

⑥工作间休息。指员工在工作中间的休息,一般上下午各一次,每次10分钟至30分钟。

⑦旅游。指企业全额资助或部分资助的一种福利,企业可以根据自己的实际情况制定旅游时间与旅游地点,可以每年一次,也可以数年一次。

4) 生活福利

生活福利是指企业为员工生活提供的其他种类福利项目,主要有:

①法律顾问。企业可以聘用长期或短期法律顾问,为员工提供法律服务,甚至一些企业也为员工聘请律师而支付费用。

②心理咨询。企业为员工提供各种形式的心理咨询服务,以帮助减轻或避免因现代竞争日趋激烈而带来的心理问题;心理咨询形式常见的有设立心理咨询站,长期聘用心理顾问,请心理专家作心理健康讲座等。

③贷款担保。企业为员工个人贷款时出具担保书,使员工能顺利贷到款项。

④托儿所。企业在条件许可下,建立托儿所为员工解决托儿难问题。

⑤托老所。越来越多的企业开始设想和建立托老所使员工更安心地工作。

⑥内部优惠商品。某些生产日用品的企业,为了激励员工,常以成本价向员工出售一定数量的产品,或专门购买一些员工所需商品,然后以折扣价或免费向员工提供。

⑦搬迁津贴。指企业为员工搬迁住所而提供一定数额的经济支持,不过,津贴数额、能享受搬迁津贴的间隔期有所不同。

⑧子女教育费。现代员工越来越重视子女教育,为了使员工子女能接受良好教育,企业提供子女教育费成为一项吸引优秀人才的重要福利,这项福利因不同企业而有所不同。

7.4.3 福利管理

福利管理是指对选择福利项目、确定福利标准、制定各种福利发放明细表等福利方面的管理工作。福利管理有利于企业获得社会声望,增强员工信任感和依恋感,合理避税又不降低员工实际薪酬水平,适当缩小薪酬差距。对员工,福利保险一经确定不大会取消,较工资奖金更恒定、更可靠,可为员工退休生活及不可预测事件提供保障。

具体来说,福利管理内容包括:福利目标设立、福利成本核算、福利沟通、福利调查、福利实施。

1) 福利目标

不同企业福利目标各异,但都会不同程度地包括以下内容:必须符合企业的长远目标;满足员工的需求;符合企业的报酬政策;考虑到员工眼前需要和长远需要;能激励大部分员工;企业能担负得起;符合当地政府法规政策。

2) 福利的成本核算

福利成本核算是影响到福利效果和效益的重要方面,所以福利管理者必须花时间与精力做福利的成本核算。福利的成本核算主要内容包括:计算公司可能支出的最高福利总费用;与外部竞争对手福利相比,在保证本企业福利竞争优势的前提下,尽量减少福利支出;作主要福利项目的预算;确定每一位员工福利项目的成本;制定相应的福利项目成本计划;尽可能在满足福利目标的前提下降低成本。

3) 福利沟通

实践证明:并不是福利投入越多,则员工就越满意,员工对福利的满意度与对工作的满意度呈正相关,而要了解掌握员工对工作和福利的满意度,沟通很重要。福利沟通的主要方法有:问卷法、面谈法了解员工的福利需求;公布并介绍一些福利项目让员工自己挑选;收集员工对各种福利项目的反馈。

4) 福利调查

主要涉及以下 3 种调查:

①福利项目制定前的调查。主要了解员工对某一福利项目的态度、看法与需求。

②员工年度福利调查。主要了解员工在一个财政年度内享受了哪些福利项目? 数额多少? 是否满意?

③福利反馈调查。主要调查员工对某一福利项目实施的反应如何? 是否需要进一步改进? 或是否要取消?

5) 福利的实施

在实施福利时,主要应注意以下几点:第一,要根据目标加以实施;第二,预算要落实,这样不至于福利实施计划落空,或向员工的福利承诺不兑现;第三,按照实施计划有步骤地实施;第四,保持实施进程的灵活性,定期检查、定期监控。

【案例讨论】

IBM:首创年薪制

老沃森总是愿意把命运同员工们连在一起,因为他出身贫寒,从小就体会到穷苦、艰辛劳动和失业的味道。所以他竭力试图消除白领劳动者和蓝领劳动者之间的差别。老沃森不仅为 IBM 工厂的员工提供有保障的工作和优厚的报酬,而且多年来 IBM 的退休金完全是根据年资确定的,而不是根据薪水或职位确定的。这对老沃森大有帮助。在 20 世纪 30 年代和 40 年代,美国多次发生劳工骚乱,工会运动风起云涌,组织者们严厉抨击一些公司为其经理们提供的优厚退休金。老沃森制定 IBM 的退休金不根据职位而根据年资,其动机并不是不让员工成立工会,但实际上却有效地起到了这种作用。

IBM 是由老沃森辛辛苦苦创建起来的江山,它同老沃森的联系总是比同小沃森的联系更加密切。但小沃森并不甘示弱,总在想方设法进一步扩大老沃森的宗旨,也进一步实现自己的领导才能。1957 年,人事主管杰克·布里克带着一个激进的建议找到小沃森:IBM 应废除计时工资制,将 IBM 所有员工的工资都改为年薪。这将消除工厂操作人员与办公室工作人员之间的最后一个差别,并使 IBM 的所有员工平起平坐。这是一个相当大胆的计划,影响到 IBM 在美国的 6 万名员工中的大约 2 万名员工。布里克已经把一切细节都拟订得非常妥当,小沃森只要签字批准就行了。

1958 年 1 月,小沃森通过电话会议向美国各地的工厂宣布了这项改革,虽然改为年薪制最初进展顺利,但是 IBM 中有一些管理人员预言,许多员工会利用这一政策,什么时候想离开工作岗位,就会离开工作岗位。甚至有人开玩笑说,在狩猎季节的这一天,在我们的明尼苏达州罗彻斯特工厂不会有任何人上班,但事实并非如此。据小沃森所知,IBM 是对所有员工实行年薪制的第一家大工业公司,员工们也确实在更好地为 IBM 作出贡献。这是对美国劳动史的一大贡献,小沃森把这归于杰克·布里克的功劳,并为他感到非常自豪。

(资料来源:北京印刷学院校级优秀课程《人力资源管理案例集》)

思考:

小沃森同意废除计时工资制的意图是什么?你如何看待 IBM 公司将所有员工工资都改为年薪的做法?

【人力资源管理故事】

乞丐、骨头和狗

有一个老乞丐,每天沿街乞讨,过着食不果腹的日子,饥寒交迫地过着他的余生。在一个冬夜,老乞丐行走在雪地里,四处张望,试图寻找一个相对暖和一些的地方来度过这个寒冷的夜晚。突然,不知是什么东西绊了他一下,老乞丐重重地摔倒在地上。他慢慢地爬起来,低头一看,是只断了一条腿的狗横卧在马路中间把他绊倒的,这只狗用绝望的眼神看着他,眼里噙着泪花。

老乞丐看着它,心里不知不觉地产生一种酸楚的感觉,悲叹自己的命运和这只狗是何其相似啊。于是他在附近找了一些树枝和绳子把狗的腿绑了绑,然后带着它蜷在一个墙角下过了一夜。几天如一日,时间过去了一个星期,这只狗的断腿有些灵活了,它的精神头也足了。这些日子里,老乞丐靠每天在垃圾堆里捡一些人们吃剩的骨头喂这只狗,但是骨头的数量根本就无法满足这只狗的胃口,这是没有办法的事实,因为他也整天饿着肚子。老乞丐看着这只狗已经能够顺利行走了,满意地拍拍它的脑袋,对它说:“走吧,在我这儿你会被饿死的,快去寻找一家好主人吧。”可是这只狗就在他身边摇着尾巴,用舌头不断地舔着他那粗糙的手心,眼里充满期望的目光,好像在说:“我以后不会离开你的。”老乞丐看着这一幕,眼泪禁不住夺眶而出,他活了这么大的岁数,到现在才真正感觉到了一次从小到大都没有的成就感。显然,老乞丐有些激动了,激动得双手有些颤抖,他用这双颤抖的双手搂着狗的脑袋,终于作出了最后的决定,那就是要与它相依为命,度过自己的残生。到了夜晚,这只狗主动给老乞丐叼来杂草铺地,白天为他带路,老乞丐依然每天为它捡着骨头,虽然他们仍然还是总饿着肚子,可是快乐却总是光顾着他们。

有一天,在一座大饭店门前,他们享受了一次意外的美餐。有一家人在这个饭店里举办婚礼,主人今天异常地高兴,把很多的剩菜剩饭给了这个老乞丐。最后,老乞丐吃得挪不动步了,他的狗看着剩下的一大堆骨头也没有了胃口,老乞丐指着狗身上溜圆的肚皮哈哈大笑,狗也看着老乞丐鼓起的肚子汪汪乱叫,似乎在说:“你不用笑我,你也差不多。”

但是,美好的场景终究是一时的,他们不得不还得回到现实中来,接下来,他们依然要面对饥饿,老乞丐倒是无所谓,因为他已经习惯了这种生活,可是他的狗不一样,美餐已令它难以忘怀。终于,在一个冬夜,还是像他们相遇时那样寒冷的一个冬夜,它离开了他。第二天清晨,老乞丐又来到那座饭店门口,躲到墙角,看着他的狗在饭店门口不停地摇着尾巴,他叹了一口气,含着眼泪走了。

故事点评:冬夜,两个一模一样的冬夜,老乞丐与狗从相识到离散,所发生的事是那样的突然,而又有着它的必然性,原因就是老乞丐根本就不能满足狗对骨头的需求。

管理启示:“薪酬激励”,这是一个企业管理者提起来就头疼的难题,它是一把“双刃剑”,既是企业发展的“发动机”,同时也是一个无所不能的“破坏者”。分时段、分金额奖励员工,会让员工感到自己在不断地受到激励,从而能不断地激发他的动力,发挥他最大的潜能。根据心理学研究表明,在员工的心里,奖励的金额可能不如奖励的次数重要,这就产生了“1+1+1+1+1>5”的现象。作为企业的领导者,头脑中要时刻装着企业的危机意识,企业发展得好时,可能奖励员工不是一个问题。如果企业一旦出现这样或那样的问题,尤其是在财务方面出现了问题时,奖励员工很可能就会成为最大的难题,此时,“薪酬激励”就会变成一颗“定时炸弹”,随时都有可能引爆员工的不满情绪。

(资料来源:《乞丐、骨头和狗》,百度文库.)

【课外小组活动】

薪酬调查和改进

以小组(5~6人)为单位,选取一个典型企业作为案例,选定基准岗位,对其岗位人员的薪酬进行调研,分析其薪酬的合理性,如不合理,提出改善方案。完成后以小组为单位提交调研和总结报告。

第 8 章　员工职业生涯管理

【学习要点】

①职业生涯的涵义、阶段与影响因素；
②职业生涯管理的含义、作用、主要任务和管理过程；
③员工职业生涯设计的概念、原则和任务；
④员工职业生涯设计的流程。

【导入案例】

用职业发展规划留住员工

某国有企业下属某省分公司的人力资源部总经理周总年初被一件事情所困扰：随着总部战略人才储备工作的开始，该单位 2004—2006 年度为一级部门及全辖二级经营机构通过校园招聘陆续招入近 1 000 名大学生。当初在招聘、培训时，人力资源部投入了很大力度，不光重金聘请第三方专业机构帮助企业进行招聘选才，而且投入较大的成本对新员工进行为期一个月的入职培训聘请了企业内外的业务专家，力求强化员工的工作能力，使其能更快适应岗位工作……但从 2008 年以来，随着同行业的股份制企业、外资企业雨后春笋般地出现在所辖省市地区，周总所在的企业则成了最好的“挖角”对象。近一年，单位内入职 3 年以上的大学生员工流失率就一直高居 25%以上，而且大学生员工离职也带动了其他骨干员工的流失，大大影响了该单位下一步要实施的规模扩张战略。企业领导要求人力资源部必须在 1 个月内提出解决良策，这让周总倍感头疼。

经过深入了解后发现，该企业虽然在员工的业务技能、专业知识等培训上投入了巨大的精力和物力，但却一直没有真正用心去识别员工职业发展的内在需求，员工则主要是被动地接受各项职业发展的安排。员工想得到发展，得需要“自己搭台”，才可能脱颖而出，“上台唱戏”。而随着“80 后”大学生员工们逐步成为企业骨干，管理者们逐步发现：如果仅依赖培训来发展员工，只会使企业越来越成为行业内的“黄埔军校”，总是在“为他人做嫁衣”。

细数“80 后”大学生员工，他们大多已经基本具备熟练的工作技能和经验；他们敢于面对未知的新事物,有创新意识;在特定大环境下成长的他们独立意识较强,眼界开阔,不满足于单一的生活或工作;他们对自己的未来有很高的要求,但大部分人却看不清自己的现状和周围的环境,缺乏清晰的职业目标……这就决定了如果不能在组织中持续地获得成就感或自我满足感,他们的视线就会投向更大范围去找寻机会。因此,我们总能听到他们对目前工作的不满和抱怨,总能看到他们中一些人频繁跳槽或换岗……我们暂且称这种现象为“80 后员工动荡潮”。而正是这种“动荡潮”给现代企业在人力资源“能力保持战略”的落实工作上带来了新的挑战。

结合上述“80 后员工动荡潮”和企业实际情况,智鼎咨询师提出了“企业应改变以前让员工‘自己搭台、自己唱戏’的职业发展模式,建立‘企业搭台、员工唱戏’的职业生涯管理体系”。

其核心思想就是:帮助企业构建一个集人才评估、潜能反馈、职业生涯规划、培训计划、轮岗/挂职计划、职位管理规范、选拔任用方案为一体的职业生涯管理体系作为员工职业生涯发展的平台,让员工在这个平台中不断地去经历、展示自己。让员工真正体会到“心有多大,舞台就有多大”。

核心手段是:充分运用第三方专业机构的力量,帮助员工更科学地发现和认识自我,历练和完善自我,并最终实现自我。最终帮助企业设计了如图 8.1 所示的职业生涯管理方案。上述方案经过该企业人力资源部及核心管理层评定认可,在企业中逐步施行。从目前运行的状况来看,所有进入到该职业生涯管理体系的大学生员工从自我认知程度、工作热情、组织忠诚度方面都有了明显的提高。在清晰职业生涯管理体系各环节的基础上,通过帮助企业搭建职业生涯平台和提供外部专业的辅导,员工们都自发行动起来:第一步就是发现和认知自我(行动一);第二步则是主动去历练和完善自我(行动二);第三步则是通过不同的通道和途径来实现自我(行动三)。

从实践经验来看,搭建职业生涯平台的第一步尤为重要,关系到整个职业生涯管理体系能否成为在企业中被员工和各级管理者所认可的职业生态系统。在咨询的过程中,企业在该阶段给予了咨询师足够的信任和空间,智鼎的咨询师也充分利用自己的行业经验和领导力/职业发展领域的专业积累,为企业建立了员工潜能评价中心,并提供了有针对性的基础认知能力、管理情景模拟、团队情景模拟、结构化行为面试、专业水平等多项评价中心工具。从后期员工的反馈来看,这种符合严格人才评价标准的测评受到了充分的肯定。接受测评后的员工不但没有因“考试”而感到厌烦和焦虑,反而通过测评和反馈辅导一步步去反思和认识自己,从而激发了学习的动力。员工潜能评价中心被该企业人力资源部评为是“一个好的开始”。通过前期对企业职业发展通道的梳理和企业人才缺口分析,结合员工潜能评价产生了新的培训和轮岗交流计划,完善职位管理规范和人员任用办法。核心思想是把企业未来人力资源战略需求和当前人才潜能现状、职业发展倾向相结合,提供一

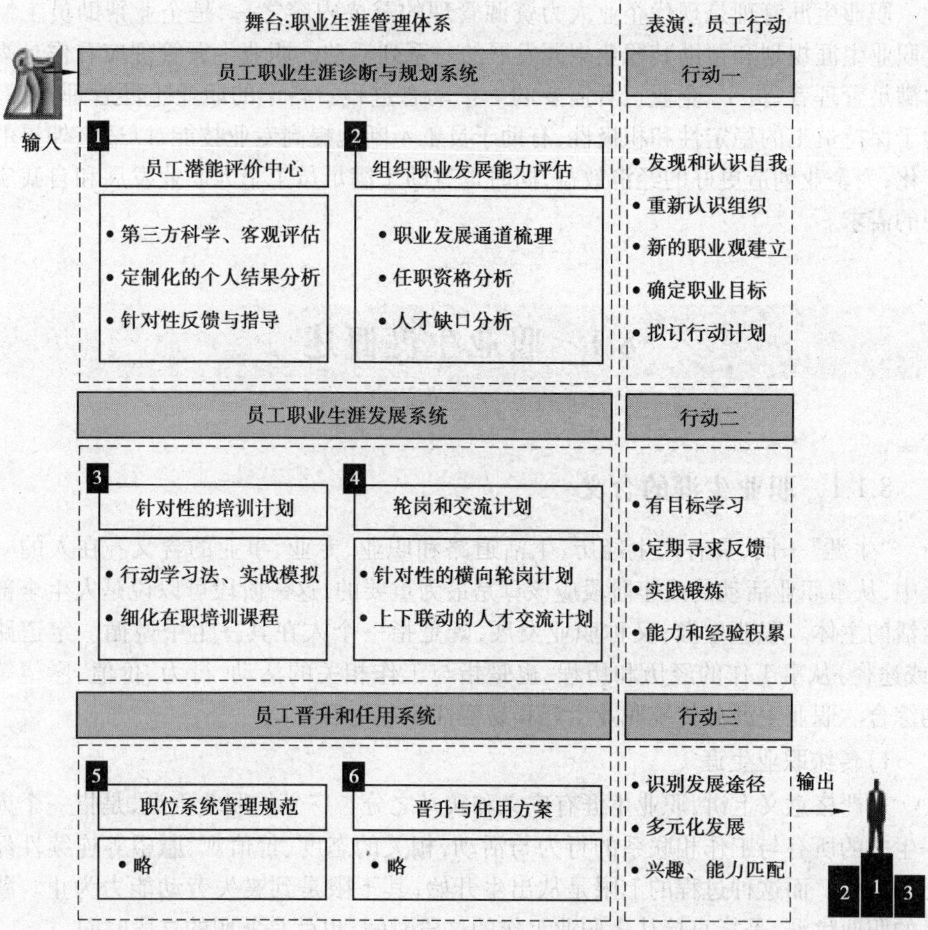

图 8.1　职业生涯管理方案

个塑造能上能下，能左能右，能前能后的复合型人才的发展通道。在相关联部门之间留出轮岗接口，提供员工根据自己能力和兴趣“向左向右”横向流动的机会；在一级单位和下属二级单位之间打开通道，让员工根据自身期望能“向上向下”纵向流动获得锻炼；在综合管理、运营等后线部门和客户、市场等前台部门之间开辟通道，让员工能有全面学习的机会。在重新梳理职位管理和任用办法时，也要把这种“上下左右前后”的思想贯穿其中，给出可能的进口和出口，比如对起初的职业层级进一步细分，短期内能上一个台阶，员工能较快地获得认可，体验到成就感；后期则是进一步拉开层次，让各职位应承担的责任和挑战更大。

迄今为止，该企业中已经有多名“80后”大学生员工走上了一线管理岗位，也带动了其他同事历练、发展和完善自我的热情。

（资料来源:《员工职业生涯管理案例》，百度文库.）

职业生涯管理是现代企业人力资源管理的重要内容之一，是企业帮助员工制定职业生涯规划和帮助其职业生涯发展的一系列活动。职业生涯管理应看作是竭力满足管理者、员工、企业三者需要的一个动态过程。科学的职业生涯管理，将有助于保持员工的稳定性和积极性，有助于员工不断地提高专业技能，以适应外界的变化，为企业创造更好的经济效益，同时也有助于满足员工个人职业发展和自我实现的需求。

8.1 职业生涯概述

8.1.1 职业生涯的含义

"生涯"一词，具有人生经历、生活道路和职业、专业、事业的含义。在人的一生中，从事职业活动的成年阶段应该算是最为重要的，这一阶段可以说是人生全部生活的主体。职业生涯，又称职业发展，既是指一个人在其一生中遵循一定道路（或途径）从事工作的经历和历程，也是指与工作相关的活动、行为、价值、愿望等的综合。职业生涯分传统职业生涯和易变性职业生涯。

1）传统职业生涯

从严格意义上讲，职业生涯有广义和狭义之分。广义的职业生涯，是指一个人一生中的所有与工作相联系的行为与活动，相关的态度、价值观、愿望等连续性经历的过程。而这种过程的上限是从出生开始，其下限是到丧失劳动能力为止。狭义的职业生涯，是指直接从事职业工作的这段时间，也就是就职的这段时间。

两种含义的职业生涯角度不同，但却有共同的规律和内容：

第一，职业生涯是个体行为经历，而不是群体行为经历；

第二，职业生涯是指一个人一生之中的有偿劳动经历；

第三，职业生涯是个时间概念，指职业生涯期；

第四，职业生涯是一个发展的概念，是一个动态的概念。

2）易变性职业生涯

美国密西根州立大学雷蒙德·诺伊教授认为，职业生涯的新概念通常指易变性职业生涯。易变性职业生涯是指由于个人的兴趣、能力、价值观与工作环境的变化而经常发生改变的职业生涯。与传统的职业生涯不同，易变性职业生涯要有雇员自己对职业生涯管理负主要责任；心理成就感在更大程度上由雇员自己控制；易变性职业生涯更强调连续性学习，激发人的潜能和创造力，给员工的工作赋予意义。

8.1.2　职业生涯的发展阶段

对于大多数员工而言,其职业生涯发展主要经历以下几段阶段:

1) 成长阶段(14 岁以前)

这一阶段,大体上可以界定在从一个人出生到 14 岁这一年龄段上。在这一阶段,个人通过对家庭成员、朋友以及老师的认同以及与他们之间的相互作用,逐渐建立起了自我的概念。

2) 探索阶段(15 岁~24 岁)

在这一阶段,每一个人将认真地探索各种可能的职业选择。他们试图将自己的职业选择与他们对职业的了解以及通过学校教育、休闲活动和个人工作等途径中所获得的个人兴趣和能力匹配起来。处于这一阶段的人,还必须根据来自各种职业选择的可靠信息来作出相应的教育决策。

3) 确立阶段(24 岁~44 岁)

这一年龄段是大多数人工作生命周期中的核心部分。人们通常愿意(尤其是在专业领域)早早地就将自己锁定在某一已经选定的职业上,然而,在大多数情况下,这一阶段的人们仍然在不断地尝试与自己最初的职业选择所不同的各种能力和理想。通常情况下,在这一阶段的人们第一次不得不面对一个艰难的抉择,即判定自己到底需要什么,什么目标是可以达到的以及为了达到这一目标自己需要做出多大的牺牲和努力。

4) 维持阶段(44 岁~60 岁)

在这一职业生涯的后期阶段,人们一般都已经在自己的工作领域中为自己创立了一席之地,因而他们的大多数精力主要就放在保持现状和拥有这一位置上了。

5) 下降阶段(60 岁以上)

在这一阶段,人的健康状况和工作能力都在逐步衰退,职业生涯接近尾声。许多人都不得不面临这样一种前景:接受权力和责任减少的现实,学会接受一种新角色,学会成为年轻人的良师益友。再接下去,就是几乎每个人都不可避免地要面对的退休,这时,人们所面临选择就是如何去打发原来用在工作上的时间。

8.1.3　影响职业生涯的因素

员工的职业生涯受众多因素的影响,归纳起来主要为 3 个方面:个人因素、社会因素和组织环境因素。

1) 个人因素

个人因素在人的职业生涯中起着基础作用,决定着人的发展方向和前景。它包含健康、性别、年龄、教育、自我价值观等要素。

(1)健康

健康身体是任何人职业生涯开始的首要条件。几乎所有的职业都需要有健康的身体。凡是积极追求健康的人,大多满意他们过去的职业经历。他们看重生命,关心健康,执著追求。但是紧张忙碌的职业会导致压力增加。因此,采取一些技巧,保持适度的压力激励自己,但又不伤害身体是十分重要的。

(2)性别

性别问题对事业的挑战别具意义。一般人都认为,卓著的事业是男人的幸福。男人觉得他们很难把时间充分分配到工作、家庭和休闲3个领域;而女性则在家务需求和工作需求的协调方面感到困扰。每个人都必须找出自己的欲望,以便充分发展自己的性别特色,并使自己能够扮演成功,这就与个人的职业生涯密切相关了。

(3)教育

职业进展深受正规教育或专业训练的影响。教育上的成功与社会阶层的晋升有明显的关联,凡是社会阶层高过父母所属阶层的人都觉得,教育是改变社会阶层的主要动力。教育程度虽然是事业成功中不可缺少的因素,但对大多数的职业而言,也未必尽然。现在企业对录用者能做什么较有兴趣,而不是只注意他们的教育资格。一般来说,企业要找的是既受过正规教育,又具备某些没有固定规范的个人发展潜力的人。

(4)年龄

在大部分正式的事业中,“机运之窗”是在一个人能投入、突破时才存在,所以这种“机运之窗”几乎有效地限制了每个人,是与人的年龄密切联系在一起的。事实上,有少数人在一般认定的年龄之后才开始事业的重要阶段,被称为“大器晚成”。但是不能拿大多数人的事业与这极少数的例外者相提并论。岁月好比金钱投资,所以每个人都必须自问:“我的时间应该怎么投资才能获得最佳报酬?”每一个人都应该把握最佳年龄优势期,拓展自己的职业和事业。

(5)心理因素

美国的心理动力论者认为职业选择是个人快乐原则与现实原则相结合的结果。个人在人格与冲动的引导下,通过升华作用,选择可以满足其需要与冲动的职业。职业指导的重点应着重“自我功能”的增强。若心理问题获得解决,则包括职业选择在内的日常生活问题将可顺利完成而不需再加指导。

社会上所有职业都能归入代表心理分析需要的、分属以下范围的职业群:养育的、操作的、感觉的、探究的、流动的、抑制的、显示的、有节奏的运动等。人们对自我能力及性格的定义,往往也决定了自己的行为。而行为又与职业生涯进行直接的关联,这将对个人的职业生涯产生深远的影响。

2)社会因素

社会因素对每个人的职业生涯乃至发展都有重大的影响。通过对社会大环境进行分析,了解所在国家或地区的经济、法制建设发展方向,寻求各种发展机会。

(1)社会阶层

社会阶层算是相对比较封闭的一种形态,因为人往往只喜欢和自己所属阶层的人聚合。社交圈为某一类型的人提供机会,“生存机会”多半即由社交圈决定。虽然社会阶层深深地影响个人的职业生涯,但是阶层界限并非牢不可破。它不但有变动的可能,而且是被人接受的。事实上,很多人为了提升自己的社会地位,有时候需离开原来的阶层,加入到工作及生命旅程中的新阶层,教育和婚姻就是非常重要的因素。现在企业只就社会阶层来挑选员工的时代正在逐渐改变,但是,社会阶层在目前仍是个人影响职业生涯一大束缚。

(2)经济发展水平

在经济发展水平高的地区,企业相对集中,优秀企业也就比较多,个人职业选择的机会就比较多,个人职业选择的机会就比较多,因而有利于个人职业的发展;反之,在经济落后的地区,个人职业选择的机会就比较少,个人职业生涯也会受到限制。

(3)社会文化环境

社会文化是影响人们行为、欲望的基本因素。它主要包括教育水平、教育条件和社会文化设施等。在良好的社会文化环境中,个人能力受到良好的教育和熏陶,从而为职业生涯打下了更好的基础。

(4)价值观念

一个人生活在社会环境中,必然会受到社会价值观念的影响,大多数人的价值取向,在很大程度上都是为社会主体价值取向所左右的。一个人的思想发展、成熟的过程,其实就是认可、接受社会主体价值观念的过程。社会价值观念正是通过影响个人价值观念而影响个人的职业选择。

(5)政治制度和氛围

政治和经济是相互影响的,政治不仅影响到一国的经济体制,而且影响着企业的组织体制,从而直接影响到个人的职业发展。政治制度和氛围还会潜移默化地影响个人的追求,从而对职业生涯产生影响。

3)组织环境影响

组织环境对个人的职业影响有着直接或间接的影响,它左右着人们所从事的行业、改变着人生的发展轨迹。而组织环境又有着地理环境、行业环境、企业内部环境之分。

(1)地理环境

地理因素对事业的影响常常被大家低估,住在符合环境需要其才能地区之人,比在不利环境中尝试推销其能力的人,毕竟有比较多的机会。居住在贫困落后地区的人,最能理解地理对机会的影响,所以,事业人应该选择能提供其所寻找之机会的地点居住。

(2)行业环境

行业环境将直接影响着企业的发展状况,进而也影响到个人的职业生涯发展。

这也有利于个人选择有发展的行业和职业,有助于个人职业目标的更好实现。行业环境又包含行业发展现状、国际国内重大事件对该行业的影响、行业发展前景预测等内容。

(3)企业内部环境

企业内部环境对个人的职业生涯有直接的影响,所有的人都处于企业的小环境之中,个体的发展与企业的发展息息相关。对企业环境进行分析,可以使个人及时地了解企业的实际发展状况前景,把个体的发展与企业的发展联系在一起,并融入企业,这有利于个人做出合适的职业生涯规划。

①企业文化。企业文化决定了一个企业如何看待其员工,故员工的职业生涯是为企业文化所左右的。一个主张员工参与管理的企业显然比一个独裁的企业能为员工提供更多的发展机会;渴望发展、追求挑战的员工也很难在论资排辈的企业中受到的重用。当然,一个人的价值观与企业文化有冲突,难以适应企业文化,这也决定了他在组织中难以得到发展。所以企业文化是个人在制定职业生涯时要考虑的重要因素。

②企业制度。企业员工的职业发展,归根到底要靠企业管理制度来保障,包含合理的培训制度、晋升制度、绩效考核制度、奖惩制度、薪酬制度等。企业价值观、企业经营哲学也只有渗透到制度中,才能使制度得到切实的贯彻执行,没有制度或者制度定得不合理、不到位的企业,员工的职业发展就难以实现。

③领导人的素质和价值观。企业的文化和管理风格与其领导人的素质和价值观有直接的关系,企业经营哲学往往就是企业家的价值观。企业主要领导人的抱负及能力是企业发展的确定因素。

④企业实力。企业在本行业中是具备了很强的竞争力,还是处于一个很快就会被并吞的地位?发展前景是什么?在激励的市场竞争中,不一定是最大、最强的企业就能生存,即不是强者生存而是适者生存。只有适应环境,适应发展趋势的企业才能生存。

【知识链接】

气质与职业

1.胆汁质与职业选择。胆汁质类型的特征是直率,热情,精力旺盛,脾气急躁,情绪兴奋性高,容易冲动,反应迅速,心境变换剧烈,具有外倾性特点。胆汁质的人面临毕业择业时,往往表现出很高的积极性,主动出击,求职和竞争意识强烈。这种热情和主动性往往为用人单位所赏识,易于被录用。一般说来,他们倾向于选择且适合于竞争激烈、冒险性和风险意识强的职业或者是社会服务型的职业,比如体育运动员、企业改革者、航空员、勘探者、探险者、演说家、教师、营业员等,甚至选择到偏远的山区开创事业或者是到开发地区闯世界。

2.多血质与职业选择。多血质类型的特征表现为:活泼,热情,好动,敏感,反应迅速,喜欢与人交往,注意力容易转移,兴趣和情绪容易变换,具有外倾性的特点。多血质的人情绪丰富,求知欲强,兴趣广泛,工作能力较强,容易应付和适应新的环境场面,善于交际。他们在职业市场往往很受青睐,占有较强和有利的竞争优势。相对来说有较宽广的选择范围和机会。他们一般适合于抛头露面、出风头和人际交往方面的职业。比如记者、律师、公关人员、艺术工作者、秘书和其他一些社会性工作等。

3.黏液质与职业选择。黏液质类型的心理特征一般是:安静,稳定,反应缓慢,沉默寡言,情绪不易外露,注意稳定但又难于转移,善于忍耐,具有内倾性的特点。黏液质的人容易养成自制、镇静、安静、有耐心而不急躁的品质,在职业选择中一旦认准自己满意的职业目标便耐性十足,不达目的决不罢休,这种坚持不懈的韧性往往能弥补其他方面素质的欠缺而帮助选择者获得成功。从职业对气质的要求来说,他们适合于医务、图书管理、情报翻译、营业员、教师、思想教育等方面的工作。

4.抑郁质与职业选择。抑郁质类型在行为方式上的典型表现是:情绪体验深刻,孤僻,行动迟缓而且不强烈,具有很强的感受性,善于觉察他人不易觉察的细节,具有内倾性的特点。抑郁质的人感情比较细腻和敏感,观察力敏锐,悟性很高,但因孤僻迟缓和不善言辞,常给人以木讷和大智若愚的感觉,在职业市场往往"貌不惊人"。不过,"人不可貌相",他们往往通过权衡比较,找到适合于自己的工作,这类气质的人,一般适合于诗人、作家、画家,在人们的印象中,诗人画家往往是多愁善感、忧郁压抑的人。另外,抑郁质的人也适合于哲学、心理学和实用科学、理论方面的研究工作等。

(资料来源:根据《气质与职业》,医学教育网,2005-05-23 相关资料整理.)

8.2　职业生涯管理

8.2.1　职业生涯管理的含义

1)职业生涯管理的内涵

职业生涯管理是指组织和员工对企业及员工个人的职业生涯进行设计、规划、执行、评估、反馈和修正的一个综合性过程,是企业提供的用于帮助企业内正从事某类职业的员工的行为过程。它包含两个方面的内涵:

第一,员工的职业生涯的自我管理。是指社会行动者在职业生命周期(从进入劳动力市场到退出劳动力市场)的全程中,由职业发展计划、职业策略、职业进入、职业变动和职业位置的一系列变量构成。有效的自我管理是其职业生涯成功的关键。

第二,组织管理。组织协助员工规划其生涯发展,并为员工提供必要的学习、培训、岗位轮换等发展的机会,促进员工职业生涯目标的实现。

2)职业生涯管理的特征

职业生涯管理具有以下3个方面的特征:

①职业管理是组织为其员工设计的职业发展、援助计划,有别于员工个人制订的职业计划。

职业计划是以个体的价值实现和增值为目的,个人价值的实现和增值并不局限特定组织内部。职业管理则是从组织角度出发,将员工视为可开发增值而非固定不变的资本。通过员工职业目标的努力,谋求组织的持续发展。职业管理带有一定的引导性和功利性。它帮助员工完成自我定位,克服完成工作目标中遇到的困难挫折,鼓励员工将职业目标同组织发展目标紧密相连,尽可能多地给予他们机会。由于职业管理是由组织发起的。通常由人力资源部门负责,所以具有较强的专业性、系统性。与之相比,职业计划没有那么正规和系统。或者我们可以说,只有在科学的职业管理之下,才可能形成规范的、系统的职业计划。

②职业管理必须满足个人和组织的双重需要。与组织内部一般的奖惩制度不同,职业管理着眼于帮助员工实现职业计划,即力求满足职工的职业发展需要。因此,要实行有效的职业管理,必须了解员工在实现职业目标过程中会在哪些方面碰到问题?如何解决这些问题?员工的漫长职业生涯是否可以分为有明显特征的若干阶段?每个阶段的典型矛盾和困难是什么?如何加以解决和克服?组织在掌握这些知识之后,才可能制定相应的政策和措施帮助员工找到内部增值的需要。一方面全体员工的职业技能的提高带动组织整体人力资源水平的提升;另一方面在职业管理中心的有意引导可使同组织目标方向一致的员工个人脱颖而出,为培养组织高层经营、管理或技术人员提供人才储备。提高人员整体竞争和储备人才是组织的需要。对职业管理的精力、财力投入和政策注入可以看成是组织为达到上述目的而进行的较长期投资。组织需要是职业管理的动力源泉,无法满足组织需要将导致职业管理失去动力源而中止,最终职业管理活动的失败。

③职业管理形式多样、涉及面广。凡是组织对员工职业活动的帮助,均可列入职业管理之中。其中既包括针对员工个人的,如各类培训、咨询、讲座以及为员工自发的扩充技能,提高学历的学习给予便利等,同时也包括对组织的诸多人事政策和措施,如规范职业评议制度,建立和执行有效的内部升迁制度等。职业管理自招聘新员工进入组织开始,直至员工流向其他组织或退休而离开组织的全过程中一直存在。职业管理同时涉及职业活动的各个方面。因此,建立一套系统的、有效的职业管理是有相当难度的。

8.2.2　职业生涯管理的主要任务

具体而言，职业生涯管理的任务主要包括以下几个方面：

①帮助员工开展职业生涯规划与开发工作。组织为员工提供工作分析资料、工作描述、经营理念、人力资源开发策略等，员工用来设定自我发展目标与开发计划，达到个人的目标与组织目标相配合。

②确定组织发展目标与组织职业需求规划。根据组织的现状、发展趋势与发展规划，明确组织的发展目标，来确定不同时期组织的职业发展规划与职位需求。

③开展与职业生涯管理相结合的绩效评估工作。利用组织相关资料，通过绩效评估使组织发展目标与方向一致，为晋升优秀员工，提供职业生涯发展路径。

④职业生涯发展评估。组织应当协调员工发展职业生涯目标，并对其进行科学的评估，找出员工的优缺点及组织的优劣势，分析员工职业生涯发展的可行性。

⑤工作与职业生涯的调适。根据绩效、生涯发展的评估结果，对员工的工作或职业生涯目标做出适当的调整，使员工的工作、生活与目标密切融合。

以上几个方面彼此之间相互联系，互相影响。在实际操作中，只有相互兼顾，才能获得最佳效果，在促进员工自我发展的同时确保组织的持续发展。

8.2.3　职业生涯管理的意义

对绝大多数人来说，其职业生涯都会跨越其人生中经历最充沛、知识经验日臻丰富和完善的几十年，职业已经成为其生活的重要组成部分。可以说，职业早已不再仅仅是个人谋生的手段，它还为个人创造了迎接挑战、实现自我价值的大好机会和广阔空间。如今组织已经越来越深刻地认识到，人是最重要的资源。

1）职业生涯管理对企业的作用

（1）职业生涯管理是企业资源合理配置的首要问题

人力资源是一种可以不断开发并不断增值的增量资源，因为通过人力资源的开发能不断更新人的知识、技能，提高人的创造力，从而使无生命的“物”的资源充分尽其所用，特别是随着知识经济时代的到来，知识已成为社会的主体，而掌握和创造这些知识的就是“人”，因此企业更应注重人的智慧、技艺、能力的提高与全面发展。因此，加强职业生涯管理，使人尽其才、才尽其用，是企业资源合理配置的首要问题。如果离开人的合理配置，企业资源的合理配置就是一句空话。

（2）职业生涯管理能充分调动人的内在的积极性，更好地实现企业组织目标

职业生涯管理的目的就是帮助员工提高在各个需要层次的满足度，使人的需要满足度从金字塔形向梯形过渡最终接近矩形，即使员工的低层次物质需要逐步提高，又使他们的自我实现等精神方面的高级需要的满足度逐步提高。因此，职业

生涯管理不仅符合人生发展的需要，而且也立足人的高级需要，即立足于友爱、尊重、自我实现的需要，真正了解员工在个人发展上想要什么，协调其制定规划，帮助其实现职业生涯目标。这样就必然会激起员工强烈的企业服务的精神力量，进而形成企业发展的巨大推动力，更好地实现企业组织目标。

(3)职业生涯管理是企业长盛不衰的组织保证

任何成功的企业，其成功的根本原因是拥有高质量的企业家和高质量的员工。人的才能和潜力能得到充分发挥，人力资源不会虚耗、浪费，企业的生存成长就有了取之不尽，用之不竭的源泉。发达国家的主要资本不是有形的工厂、设备，而是他们所积累的经验、知识和训练有素的人力资源。通过职业生涯管理努力提供员工施展才能舞台，充分体现员工的自我价值，是留住人才、凝聚人才的根本保证，也是企业长盛不衰的组织保证。

2)职业生涯管理对员工个人的影响

对员工个人而言，参与职业管理的重要性体现在3个方面：

(1)对于增强对工作环境的把握能力和对工作困难的控制能力十分重要

职业计划和职业管理既能使员工了解自身长处和短处，养成对环境和工作目标进行分析的习惯，又可以使员工合理计划、分配时间和精力完成任务、提高技能。这都有利于强化环境把握和困难控制能力。

(2)利于个人过好职业生活，处理好职业生活和生活其他部分的关系

良好的职业计划和职业管理可以帮助个人从更高的角度看待工作中的各种问题和选择，将各分离的事件结合联系，服务于职业目标，使职业生活更加充实和富有成效。它更能考虑职业生活同个人追求、家庭目标等其他生活目标的平衡，避免顾此失彼，两面为难的困境。

(3)可以实现自我价值的不断提升和超越

员工工作的最初目的可能仅仅是找一份养家糊口的差事，进而追求的可能是财富、地位和名望。职业计划和职业管理对职业目标的多次提炼可以使工作目的超越财富和地位，追求更高层次自我价值实现的成功。

【管理故事】

驴子与狗

有一个农民，在家中养了一头驴和一条狗。

驴子每天日出而作，日落而息，干活非常卖力而且辛苦，但却常常觉得不讨主人欢心，因为农民"能干你就干，不能干就送你去屠宰场"的恐吓，让驴子害怕又无奈。

狗的运气比驴子好很多，白天吃得饱饱的，睡睡大觉，把精神养得极好。当夕

阳西下主人拖着疲累的身体回到家,摇头摆尾的狗儿就跟前跟后,陪在主人身旁逗乐。这时候,农舍外面的驴子早已因为白天干活太累而呼噜呼噜地睡着了。

时间一长,狗儿深得主人宠爱,驴子却日渐被冷落,主人甚至不经意地自言自语说:"这只睡不醒的懒驴,就知道困觉打盹!要不是看在他干活的份上,早把他送屠宰场了。"伤心的驴子满腹委屈,迫不得已向狗儿请教取悦主人的办法。当红得势的狗儿有狗仗人势的骄傲,却也不吝赐教,他指导驴子说:"这很简单啊,你只要学我在白天时好好养精蓄锐,待主人回家休息后,谄媚一点,投怀送抱,主人就会对你另眼相看了!"

驴子感激涕零,第二天就照着狗的指导做了。他白天呼呼大睡,等到月出东山时,小心翼翼地走向农舍跟前,鼓足勇气学狗一般朝向主人的身上扑去。主人见状,大吃一惊,心想:"这头懒驴,今晚八成是疯了,白天不干活也就罢了,竟敢趁夜来袭击我!"于是冲进房里取出猎枪,扣下扳机,子弹穿膛而出。可怜的驴子应声倒在血泊中……

启示:看了这则故事,你可能为驴子的遭遇鸣不平,对懒滑得宠的狗儿充满厌恶。或许身为驴子或狗儿各有命运,但管理者却是那个可以改变结局的人,何不让驴子安心干活,让狗儿安分看家?

(资料来源:《驴子与狗》,中华英才网 HR 专区.2013-10-11.)

8.2.4 职业生涯管理的过程

员工职业生涯管理一般包括职业通道管理、员工职业生涯设计、能力开发、检查评估和反馈修正等步骤。

1) 职业通道管理

职业通道管理是指根据公司业务、人员的实际情况,建立若干员工职业发展通道(即职系),可以包括管理、技术或营销等,使具有不同能力素质、不同职业兴趣的员工都可以找到适合自己的上升路径,避免所有人都拥挤在管理跑道上。公司应明确不同职系的晋升评估、管理办法以及职系中不同级别与收入的对应关系,给予员工不断上升的机会。

2) 员工职业生涯设计

员工职业生涯设计是针对每个员工而言。公司可以设立职业发展辅导人制度,上层的直接主管或资深员工可以成为员工的职业辅导人。职业辅导人在新员工进入公司试用期结束后,应与该员工谈话,有条件的可以使用测评工具对员工进行个人特长、技能评估和职业倾向调查。帮助新员工根据自己的情况,如职业兴趣、资质、技能、个人背景等明确职业发展意向、设立未来职业目标、制订发展计划表。

3) 能力开发

公司应结合员工职业发展目标为员工提供能力开发的条件。能力开发的措施可以包括培训、工作实践和业务指导制度等。公司可以根据实际情况,提供包括在职、脱产的各种形式有针对性的培训并鼓励员工自我培训。

4)检查评估

公司应定期组织对职业生涯管理制度的执行况进行检查,同时对员工进行能力、绩效的评估,确定能力开发成果,分析员工是否达到或超出当前所在岗位资格要求,距离下一步职业目标的差距,为下一步的发展提供依据。

5)反馈修正

反馈修正是指阶段性的检查评估结束后,向员工反馈评估结果,根据评估结果,帮助员工分析前进途中的问题和差距,并提出改进措施或者建议调整未来发展目标和方向。

8.3 员工职业生涯设计

课前案例

比尔·拉福的成功之路

中学毕业之际,比尔·拉福就立志经商。他的父亲是洛克菲勒集团的一名高级职员,父亲的职业熏陶了年少的拉福。拉福的父亲在商界打拼了多年,对商海中的事务了如指掌,深谙其中的奥秘。他发现儿子机敏果敢,敢于创新,有商业的天赋,却很少经历磨难,更缺乏知识。于是拉福父子进行了一次长谈,共同制订了计划,一起勾画出了职业生涯的蓝图。拉福听从了父亲的劝告,升学时没有直接去读贸易专业,而是选择了工科中最基础最普通的专业——机械制造。这步棋很绝妙,因为做商贸必须具备一定的专业知识,在贸易中,工业产品占据了绝对多数,如果不了解产品的性能,生产制造的情况,就很难保证产品的收益。因此,具备一些工科的基础知识是经商的先决条件。况且,工科学习不仅是知识技能的培养,它还能帮助人们建立一整套严谨的思维体系,训练人的推理分析能力,使之有一种脚踏实地的工作态度,这些素质对经商的帮助很大。比尔·拉福就这样在麻省理工学院度过了四年。他没有拘泥于本专业的学习,还广泛学习了化工、电子、建筑等方面的知识,这些知识在他后来的商业活动中发挥了不可忽略的作用。

大学毕业后,比尔·拉福没有立即一头扎进商海。按照原先的设计,他开始攻读经济学的硕士学位。商业毕竟不是工业,这是一种经济活动,有其本身的规律和特征。现代商业不像古代阿拉伯人做得那么简单了。无论是在程序上还是在原则内容上都是很复杂,需要进行专门了解。在市场经济条件下,一切经济活动都通过商业活动来进行,不了解经济规律,不学习经济学知识,很难在商界立足。于是,比尔·拉福又考入了芝加哥大学,开始了为期三年的经济学硕士课程的学习。这期间,比尔·拉福掌握了经济学的基础知识,深入了解了经济规律,懂得了商业活动的地位作用,搞清了影响商业活动的多种因素。他还特意认真学习了相关的经济法律。在现代商业活动中,法律充当了至关重要的角色,没有法律保障,现代商业将陷入一片混乱。这样,几年下来,他完全具备了经商的素质。

你也许会感到意外,比尔·拉福拿到硕士学位后居然没有立即投身商海,而是考了公务员,去政府部门工作。原来,他的父亲,这位老谋深算的商业活动家深知,经商必须具备很深的社会交往能力,人际关系在社会生活中异常重要,要想在商业中获得成功,必须深知处世规则,充分了解人的心理特征,善于与人交往,能够给人以良好的印象,使人信任你,愿与你合作。这种开拓人际关系的能力在学校是学不到的,只有在社会上,在工作中才可以学到,而训练交际能力,观察人际关系的最佳去处就是政府部门。拉福在政府部门一干就是五年。五年中,他从一名稚嫩的热血青年成长为一位老成世故的公务员。此外,它通过五年的政府机关工作,结识了一大批各界人士,建立起一整套关系网络。他非常善于利用这些网络,这个网络能够为他提供丰富的信息,提供许多便利条件。这对他后来事业的成功帮助很大。

五年的政府工作结束以后,比尔·拉福已经完全具备了成功商人所要具备的各种条件,羽翼丰满了。于是,他辞职下海,去了父亲为他引荐的通用公司熟悉商业业务。又经过两年,他已经掌握了商情和商业技巧,业绩斐然。这时候他不再耽误时间,婉言谢绝了通用公司的高薪挽留。跳出来自己开办拉福商贸公司。功夫不负有心人,比尔·拉福的准备太充分了,他几乎考虑到每一个细节,学会了商人应学会的一切。因此,他的商业进展异常顺利,拉福公司的成长速度出奇地快。20年后,拉福公司的资产由最初的20万美元发展成为两亿美元,而比尔·拉福也成为一个奇迹,受到世人的尊敬。1994年10月,比尔·拉福率团到中国进行商业考察,在北京长城饭店接受《中国青年报》记者采访时,谈起了他的经历。比尔·拉福认为他的成功应感谢他父亲的指导,他们共同制定了一个重要的职业规划,这个方案最终使他功成名就。

(资料来源:《比尔·拉福的成功之路》,百度文库.)

8.3.1　职业生涯设计的目的和概念

职业生涯设计的目的不仅仅是协助个体找到工作,而且帮助个体真正了解自己,并结合社会环境等外部因素确定职业发展方向,拟定可行性的职业发展规划,以实现个体人生价值的最大化。

职业生涯设计就是在个体对内在心理特征和外在环境条件进行评定、分析、研究的基础上，为其设定明确的长期职业发展目标，并制定相应的发展步骤和具体活动规划。

8.3.2 职业生涯设计的原则

职业生涯设计的过程是个体探索自我、科学决策、统筹规划的过程，为了保证职业生涯设计的实用性和科学性，应遵循以下 4 个原则：

1) 量体裁衣原则

这是做好职业生涯设计应当始终遵循的原则，也是最重要的原则。人与人之间的内外在条件上有很大差异，他们的发展潜力无疑也会有很大不同，因此，职业生涯设计是一项完全个性化的任务，没有统一的定式，需要结合个体的具体特点进行设计。职业生涯设计前，不仅要对个体的内在素质，比如知识结构、能力倾向、性格特征、职业喜好进行系统地评估。既考虑个体的职业发展动机，又考察其成功的可能性，从而为个体设定相应的职业发展目标和具体的发展规划。

2) 可操作性原则

每个人都有都说有目标和计划，但并不是每个人都可以实现自己的目标，完成自己的计划，甚至有人根本不知道自己是否完成了计划。这就是目标和计划的可操作性。职业生涯设计是为个体设定达成理想目标的规划和步骤，因此，这些内容本身应该是具体明确的，而不能是空洞的口号。职业生涯的可操作性，主要包括目标的现实性、计划的可行性和效果的可检查性 3 个方面。所谓目标的现实性，是指个体目标的设定应该建立在个体现实条件的基础上，是对个体现实资源的真实评估和科学预期，是可以达到的目标，而不能是追新逐异或好高骛远的空想。所谓计划的可行性，就是指为个体制订的计划是非常具体的，是依据他们现有能力可以完成的行动计划。所谓效果的可检查性，就是说目标的实现和计划的执行情况以客观事物为标准，是可以度量和检查的。

3) 阶段性原则

职业生涯发展来说，人生的不同阶段承担着各自的发展任务，需要解决相应的发展问题。因此，职业生涯设计也应该结合个体的年龄特征，确定具体的发展方向，制定阶段性的发展目标。在现实与最终目标之间设定一个个的阶段性目标，就像从山脚到山顶的一级级台阶，每迈一步都能够感到自己在朝终极目标前进，奋斗过程就变得不那么缥缈，而是更具体、真实。当然，在个体自身条件或外界环境发生改变时，所设计的理想目标和阶段性目标都需要相应地改变，因此，这就要求所设计的目标在可调整的空间，可以根据实际情况进行改变。即使是最终目标，也需要结合不同阶段性目标的完成情况而不断进行修正。

4) 发展性原则

发展性原则是指设计职业生涯发展规划时，不仅仅局限于个体当前的发展，而且要考虑到个体未来的职业发展空间,职业生涯设计要有超前性和预测性。因此,职业生涯设计应该基于影响职业发展的核心因素和本质因素,而不是表面现象进行。如,个体对企业文化的认知、合作与责任意识的水平可以长期影响个体的职业发展,而个人的外部形象和面试技巧仅仅能够说明个体短期的职业状况。因此,职业生涯设计要评量更核心和本质的因素,从个体长期发展的角度设计职业生涯规划。

8.3.3 职业生涯设计的任务

总之,职业生涯设计时,我们需要从个体的实际情况出发,根据其不同的年龄特征,制定具体可行的发展规划,同时兼顾近期目标和未来发展的关系。具体说来,职业生涯设计主要面临的任务包括:

1)确立职业发展的目标和方向

目标既代表着个体的理想追求,也指引着个体行动的方向,因此,设定具体可行的职业发展目标不仅是职业生涯设计的首要任务,也是最关键和最核心的任务。理想的职业发展目标不仅应该符合个体的性格、兴趣,而且应该具有一定的挑战性。首先,我们要运用各种方法,包括测评手段,了解我们自己的能力、性格和兴趣偏好,然后要积极地思考我们的外部环境和职业发展资源,最后为自己设定一个具体的发展目标。

2)制定职业发展策略

确定目标之后,接着就要考虑如何达成目标。制定职业发展策略大致有这 3 类方式:第一,一步到位型,针对在现有条件下可以达成的职业目标,动用现有资源很快实现。比如,希望做行政管理人员,就通过参加公务员考试一步到位。第二,多步趋近型,对于那些目前无法实现的目标,先选择一个与目标相对接近的职业,然后逐步趋近,以达成自己的理想目标,比如,想做企业老板,但目前没有足够的资本,因此先给别人打工,以积累资源。第三,从业期待型,在自己无法实现理想目标,也没有相近的职业可以选择的情况下,先选择一个职业投入工作,等待机会,以实现自己的理想目标。比如,自己想去外企发展,但没有相应的机会,而现在唯一的机会是在中学教书,因此先就业,等待机会,再寻求发展。

3)明确具体的职业生涯发展途径

让个体明确自己的生涯发展途径,是职业生涯设计的一项重要任务。设计可行的职业发展路径是实现理想目标的必要条件,职业发展路径需要贯穿人的一生。在生活中,每个人都会面临很多选择,我们要思考每种选择可能的发展道路,包括可能达成的目标、遇到的困难、外界的评价、所需的帮助等。当然在生活过程中,我们也需要根据遇到的实际情况不断调整发展路径。

4)设计具体的活动计划

确定了发展途径之后,我们还要设计具体的活动计划。活动计划的设计主要考虑其可操作性，首先从个体的现实情况出发，根据细化的子目标，制订具体职业活动的时间表，并保证效果的可检查性。当然，因为外界环境是可变的，计划制定需要考虑调整的空间。

8.3.4 职业生涯设计的程序

职业生涯规划是一个长期的连续过程，需要设计一套程序来保证它的顺利实施。一般认为这个过程包括自我评估、环境评估、理想职业目标选择、职业生涯路线选择、制订实施方案、实施、评估与反馈 7 个步骤，流程图如图 8.2 所示。

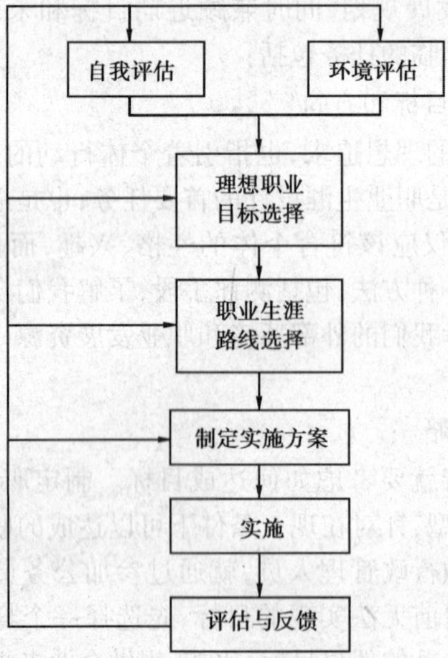

图 8.2 职业生涯设计流程

1) 自我评估

在进行职业生涯设计时，首先就是要进行自我评估，即了解自我。我们要对自己进行客观评估，看清作为个人职业生涯规划的第一大要素——"知己"，自己的现状和未来志向之间的差距，还要端正态度、脚踏实地、逐步前进。

自我评估是个人职业生涯规划的基础，也是能否获得可行规划方案的前提。有效的个人职业生涯规划要求规划者首先能对自己作出全面的分析，通过自我分析，正确深刻地认识和了解自己，唯此才能对自己未来的职业生涯作出最佳的抉择。如果忽视了自我评估，职业生涯规划就很容易中途夭折。

自我评估的主要内容也个人相关的所有因素，包括兴趣、个性、性格、能力、特长、学识水平、思维方式、价值观、情商以及潜能等。即弄清楚自己是谁，自己想要做什么，自己能做什么。注意，人人都有潜能。这里的自我评估要更注重挖掘自己的潜能。

自我评估的方法包括：自省、测评、角色建议。需要提醒的是，自我评估不是一两次心理测评可以解决的事情，而是要贯穿整个职业生涯过程。自我评估的方法很多，中国古代就有“吾日三省吾身”的做法。目前国内也已经有了许多可供选择的职业测评工具。关于测评，有两个建议：认认真真做测评，别不当回事；平平常常看结果，别太当回事。常言道“当事者迷”。一个人对自己的认识总是片面的，所以，在自我评估中还应当包括他人的意见，我们称之为“角色建议”。这些人包括你的父母、老师、同学、朋友，还有职业生涯的专业咨询人员。这些不同人物角色的建议，会帮助你更清醒地认识现实与理想间的差距。

2）环境评估

每个人都处于一定的社会环境之中，或多或少与各种组织有着这样那样的关联。因此，职业生涯规划也就离不开对这些环境因素的了解和分析。具体说来，我们要了解自己所处环境的特点，发展变化的趋势，自己与环境的关系，自己所处的地位，对自己有利或不利的条件等。例如，对所在单位和所属行业进行分析。这些外部条件对寻找恰当的职业生涯发展路径是至关重要的。

“知彼”更重于“知己”。毫无疑问，环境因素对个人职业生涯发展的影响是巨大的，作为社会生活中的一个个体，我们只有顺应外部环境的需要，趋利避害，最大可能地发挥个人优势，才能实现个人目标。

外部环境分析包括对社会政治环境、经济环境和组织（企业）环境的分析，即评估和分析环境条件的特点、发展与需求变化趋势，自己与环境的关系以及环境对自己的影响等。人是社会的人，任何一个人都不可能离群索居，都必须生活在一定的环境之中，特别是要生活在一个特定的组织环境之中。环境为每个人提供了活动的空间、发展的条件、成功的机遇。特别是近年来，社会的快速变化，科技的高速发展，市场竞争的加剧，对个人的发展都产生了很大的影响。在这种情况下，个人如果能很好地利用外部环境，就有助于事业的成功，否则，就会处处碰壁，寸步难行，事倍功半，难以成功。在制定职业生涯规划时，要分析环境的特点、环境的发展变化情况、个人与环境的关系、个人在环境中的地位、环境对个人提出的要求以及环境中对自己有利与不利的因素等。环境分析主要是通过对组织环境特别是组织发展战略、人力资源需要、晋升发展机会的分析，以及对社会环境、经济环境等有关问题的分析与探讨，弄清环境对职业发展的作用及影响，以便更好地进行职业目标的规划与职业路线的选择。

3）理想职业目标选择

理想职业目标首先源于个人的志向。所谓志向，就是我们对未来的憧憬中那些感觉最强烈的，随着自身成长不但不衰减、忘记，而且越发渴望实现的东西。当个体明确了志向，也就有了人生的目标，个体的人生观、兴趣、知识结构等就会逐渐向着这个志向靠拢。当然志向的明确不是一蹴而就的，而是随着时间推移，不断积累沉淀得到的。

吴小波的《穿越玉米地》里说到了一个哈佛大学的调查，哈佛大学有一个非常著名的关于目标对人生影响的跟踪调查。对象是一群智力、学历、环境等条件都差不多的年轻人，调查结果如图 8.3 所示。

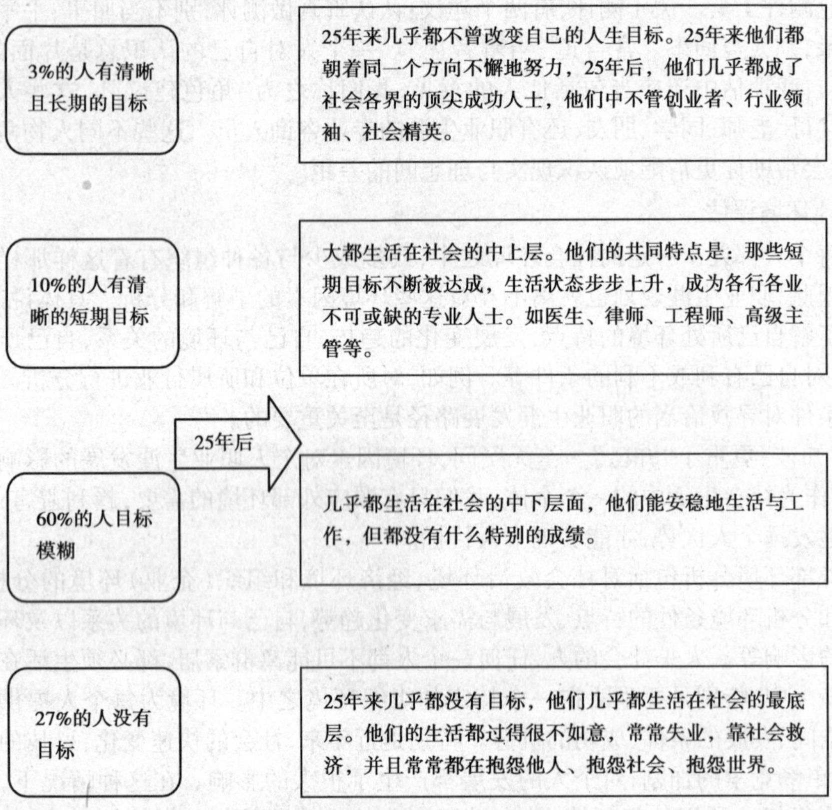

图 8.3 哈佛大学的调查结果

其实，他们之间的差别仅仅在于：25 年前，他们中的一些人知道自己到底要什么，而另一些人则不清楚或不很清楚。

理想职业目标就是个体对所立志向的具体化和形象化，是建立在自我认知和对环境科学分析的基础上，具有最大实现可能性的志向。选择理想目标要具有一定挑战性，同时也要能够合乎自己的性格，顺应环境的变化趋势。至于如何具体选择这个理想目标，需要我们不断摸索和尝试，但原则上要忠于自己的志向。职业目标选择考虑因素见图 8.4。

通过自我评估、生涯机会的评估，认识自己、分析环境，在此基础上对自己的职业作出选择。在选择职业时，要充分考虑到自身的特点，即自己的性格、兴趣和特长；要充分考虑到环境因素对自己的影响。对这些因素的分析，是职业选择的前提条件。分析自我、了解自己、分析环境、了解职业世界，使自己的性格、兴趣、特长与

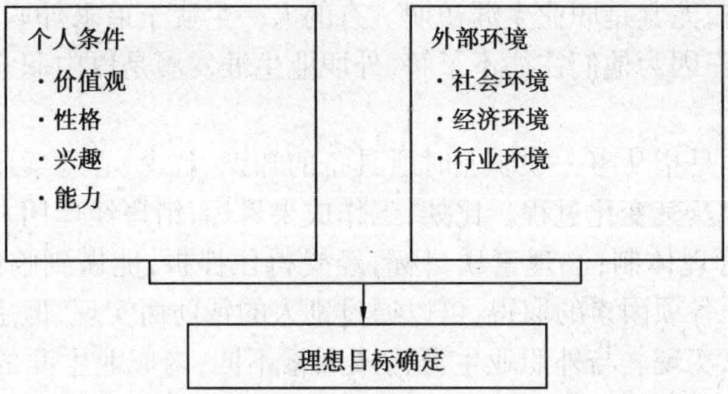

图 8.4　职业目标选择因素

职业吻合。这一点对刚步入社会、初选职业的大学毕业生非常重要。

目标的选择是以自己的最佳才能、最优性格、最大兴趣、最有利的环境等条件为依据的。职业生涯目标是未来人生的发展方向，对人的一生有着重要的影响。职业生涯目标作为个人的一种发现，往往要经过一番危机才能找到。

4) 职业生涯路线选择

每个人的现实状况与理想目标之间都存在多种可供选择的路径，可以选择不同的行业，选定了行业还可以选择不同的企业，选定了企业还能选择不同的职位起点等。这就是职业生涯路线的选择。它包含两个方面，目标分解与目标组合。在选择好了职业生涯发展目标之后，还需要在路线上设置一些节点——阶段性目标。这些子目标的设立既是对自己前期工作成绩的肯定，也是对自己下一阶段工作的督促。这就是“目标分解”。目标分解是为了使实现目标具有可操作性。另外，我们还需要对目标进行组合，目标组合是为了处理好不同分目标之间的关系。

(1) 职业目标分解

职业目标分解是根据观念、知识、能力差距，将职业生涯长期的远大目标分解为有时间规定的长、中、短期分期目标，直至将目标分解为某确定日期可以采取的具体步骤。它帮助我们在现实环境中美好愿望之间建立起可以拾级而上的途径。一直分解到你知道为实现你 10 年以后的目标，今年干什么、明天干什么。如果你不知道你明天应该干什么，你 10 年以后的目标永远是一个美好的愿望，变成不了现实。

目标分解的方法主要是按性质分解和按时间分解。

①按性质分解。按性质分解可从外职业生涯与内职业生涯两个方面进行。

外职业生涯是指从事职业时的工作单位、工作地点、工作内容、工作职务、工作环境、工资待遇等因素的组合及其变化过程。如，职务目标，销售部经理、经营总监；经济目标，30 岁之前赚取 20 万元，40 岁之前赚取 100 万元。外职业生涯的构成因素通常是由别人给予的，也容易被别人收回。外职业生涯因素的取得往往与自己的付出不符，尤其是职业生涯初期。有的人一生疲于追求外职业生涯的成功，但内心极为痛苦，因为他们往往不了解，外职业生涯发展是以内职业生涯发展为基础的。

内职业生涯是指从事一项职业时所具备的知识、观念、心理素质、能力、内心感受等因素的组合及其变化过程。比如，工作成果目标，销售经理用一年时间建立公司的营销网络管理体制；心理素质目标，经受得住挫折，能做到临危不惧、宠辱不惊。内职业生涯各项因素的取得，可以通过别人的帮助而实现，但主要还是由自己努力追求而得以实现。与外职业生涯构成因素不同，内职业生涯的各构成因素内容一旦取得，别人便不能收回或剥夺。

②按时间分解。按时间分解是给按性质分解的目标做出明确的时间规定，要区分最终目标与阶段目标。

最终目标取决于一个人的价值观念、知识能力水平，是对环境、企业、自身条件、家庭条件做最大分析之后得到的结果。有的人在30岁已能预见自己的最终职业目标；但也有些人到退休时也未能搞清楚自己的最终职业目标所在。目标的期限体现着一个人的心理成熟程度。找到最终目标是在确定职业锚之后，平均年龄是40岁。

最终目标可以几十年为期限，长期目标可以十几年为期限，中期目标以几年为期限，短期目标则为一两年，而近期目标则短至几个月。对于短期和近期的目标，应详细规定实现的时间和明确的方法。

(2)职业目标组合

职业目标组合是处理不同目标相互关系的有效方法。如果只看到目标之间的排斥性，就只能在不同目标之间做出排他性选择；如果能看到目标之间的因果关系与互补性，就会积极进行不同目标的组合。目标组合是处理不同目标之间相互关系的有效措施，其主要着眼于各目标之间的因果、互补关系。

①时间上的组合。职业生涯目标在时间上的组合可分为并进和连续两种情况。

目标并进或者是指同时着手实现两个现行工作目标（如有的企业行政总监实际在完成人力资源经理和行政经理两项工作）；或指建立和实现与目前工作内容不相关的预备职业生涯目标，如一个秘书为了今后的发展在做好本职工作的同时业余学习新闻专业的硕士课程。建立和实现本职工作外的目标是居安思危、未雨绸缪，是具有长远眼光的表现，需要具备较强的时间管理能力和学习上的毅力。比如说你现在做财务经理，实际上在你一个人身上有两个职业：一个是财务专业人员的职业，一个是管理人员的职业。你在这两个职业上同时学习，同时提高，要做优秀的财务工作人员，又要做成功的管理人员，这两个并不矛盾的职业目标同时进行就叫做目标的并进。

目标连续指目标之间的前后连续，即实现一个再进行下一个。一般而言，较短期目标是实现较长期目标的支持条件。目标的期限性是相对的:随着时间的推移,长期目标成为中期目标;中期目标成为短期目标;短期目标成为近期目标。只有完成好每一个近期目标才能实现最终目标。如果你想念完 MBA 以后当两年财务经理,再去当人力资源部经理,这种目标组合方法就叫作连续,实现一个目标之后再实现另一个目标。

②功能上的组合。职业生涯目标在功能上可以产生因果关系、互补作用。

有些目标之间有非常明显的因果关系,比如能力目标实现(原因),将有利于职务目标的实现(结果);职务目标的实现(原因),会带来经济收入目标的实现(结果)。通常情况下,内职业生涯是原因,外职业生涯是结果。例如经济目标设定在5年以后年薪达到70万元。要想使这一目标变成现实,有两种可能,一种是业绩非常优秀,一种是职务有很大的提高,就是使职务提升,或者使业绩提高。要想职务提升或者业绩提高,必要条件是能力提升。如果要想得到能力提升这个结果,必须更新知识、树立新的观念,然后去实践。如果你的知识、观念更新了,实践能力提高了,职务提升了,业绩突出了,那么你得到更多的报酬则是顺理成章的事。

另外,一个管理人员希望在成为一名优秀的部门经理的同时得到 MBA 证书,这两个目标之间存着直接的互补作用:实际管理工作为 MBA 的学习提供实践的经验体会;而 MBA 学习又为实际的管理工作提供理论和方法指导。

③全方位组合。全方位的组合指个人事务、职业生涯和家庭的均衡发展,相互促进。我们说事业成功,学业有成,不等于家庭一定成功。千万不要以为事业成功后家庭生活一定也会成功。反之一个人管不好一个家不代表不能管好一个企业,不代表不能管好一支队伍。这是两套知识体系,两套能力体系,相互之间不能代替,但可以相互促进。目标组合可以超出职业生涯范围而和全部人生活动联系起来。在建立职业生涯目标时,应考虑自己在个人发展、家庭生活和职业生涯发展中的各种愿望。

事实证明,每个人都有适合其发展的路径,但每个人都彼此不同,谁也不能完全复制别人的成功之道。职业生涯路线是指一个人选定职业后从什么方向上实现自己的职业目标,是向专业技术方向发展,还是向行政管理方向发展。发展方向不同,要求就不同。因此,在职业生涯规划时必须对此作出选择,以便安排今后的学习和工作,使其沿着职业生涯路线发展。职业生涯路线选择的重点是对职业生涯选择要素进行系统分析,在对职业理想、职业能力、职业环境(我想做什么？我能做什么？环境允许我做什么?)3 个方面的要素进行综合分析的基础上确定自己的职业生涯路线。职业生涯路线选定后,还要画出职业生涯路线图。典型的职业生涯路线图是一个“V”字形的图形。假定一个人 22 岁大学毕业参加工作,即 V 型图的起点是 22 岁。从起点向上发展,V 型图的左侧是行政管理路线,右侧是专业技术路线。按照年龄或时间将路线划分为若干部分,并将专业技术等级或行政职务等级分别标在路线图上,作为自己职业生涯的目标,见图 8.5。当然,职业生涯路线也可能出现交叉与转换，这可以根据自身的情况来决定。

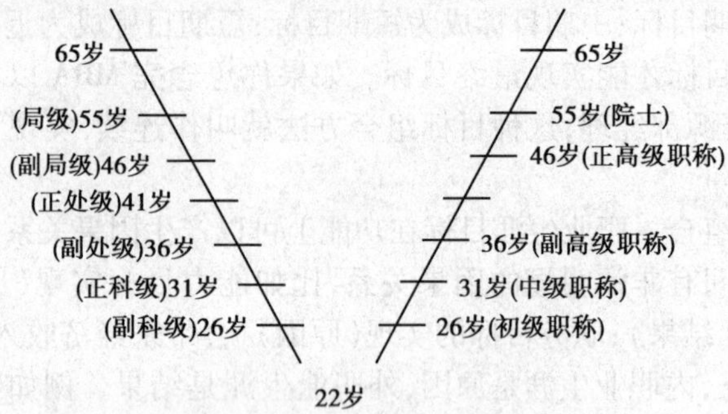

图 8.5 职业生涯路线图

表 8.1 列出了几种典型的职业生涯路线。

表 8.1 几种典型的职业生涯路线

类型	典型特征	成功标准	主要职业领域	典型职业通路
技术型	职业选择时，主要注意力是工作的实际技术或职能内容。即使提升，也不愿到全面管理的位置，而只愿在技术职能区提升	在本技术区达到最高管理位置，保持自己的技术优势	工程技术、财务分析、营销、计划、系统分析等	财务分析员—主管会计—财务部主任—公司财务副总裁
管理型	能在信息不全的情况下，分析解决问题，善于影响、监督、率领、操纵、控制组织成员，能为感情危机所激励，善于使用权力	管理越来越多的下级，承担的责任越来越大，独立性越来越强	政府机构、企业组织及其各部门的主要负责人	工人—生产组组长—生产线经理—部门经理—行政副总裁—总裁
稳定型	依赖组织，怕被解雇，倾向于按组织要求行事，高度的感情安全，没有太大抱负，考虑退休金	一种稳定、安全、氛围良好的家庭、工作环境	教师、医生、研究人员、勤杂人员	更多的追求职称，如：助教—讲师—副教授—教授
创造型	要求有自主权、管理才能、能施展自己的特殊才能、喜好冒险、力求新的东西、经常转换职业	建立或创造某种东西，他们是完全属于自己的杰作	发明家、风险性投资者、产品开发人员、企业家	无典型职业通路，极易变换职业或干脆自己单独干
自主型	随心所欲制订自己的步调、时间表、生活方式和习惯，组织生活是不自由的、侵犯个人的	在工作中得到自由与欢乐	学者、职业研究人员、手工业者、工商个体户	自由领域中发展自己的个人事业

5)制定详细实施方案

这可以分以下3步完成:对准差距;找对方法;确定实施步骤与完成时间。

我们为什么要找差距呢? 事实上,实现目标的过程就是缩小差距的过程。分析目前的状况与实现目标所需要的知识、能力、观念等方面的差距,才能采取有效的行动。差距主要存在于以下方面:

①思想观念的差距。比如,面对竞争,一种观念是希望竞争对手失败;另一种观念是设法比竞争对手做得更好更强。观念不一样,导致的做事方法不一样,做事的结果也会不一样。

②知识的差距。据统计,在18世纪,知识更新周期为80~90年,19世纪到20世纪为30~40年,20世纪初至50年代为15~20年,70年代以后为5~10年,90年代以后缩短为3~5年。延长知识保持期的唯一方法就是知识更新。知识的价值不在于拥有而在于应用。

③心理素质的差距。它涉及一个人的毅力如何,面对变故和挫折时心理承受能力怎么样。

④能力差距。除情绪智力之外,可能还会有一些能力差距:比如具体操作能力的差距,讲演能力的差距,身体适应能力方面的差距等等。

在了解自身条件、分析差距的前提下,找到适合自己的缩小差距的方法并制订实施方案。

6)实施

所有的规划、设计都要依靠个体具体的实践来完成。计划的实施过程也就是个体的各种工作经历,具体内容包括实际工作、职能培训、学习深造等。德国寓言大师克雷洛夫说:“现实是此岸,理想是彼岸,中间隔着湍急的河流,行动则是架在河上的桥梁。”“说一尺不如行一寸。”任何希望,任何计划最终必然要落实到行动上。只有行动才能缩短自己与目标之间的距离,只有行动才能把理想变为现实。做好每件事,既要心动,更要行动,只会感动羡慕,不去流汗行动,成功就是一句空话。

7)评估与反馈

俗话说,“计划跟不上变化”。影响职业生涯的内外因素很多,有些变化是可以预测并加以控制的,但是更多的变化是难以预测的。在这种情况下,要使规划行之有效,需要根据实际情况对生涯规划的进展做出评估,并适时进行修正。当然,个体既可以只对某个阶段性目标的实施路径进行修正,也可以对理想发展目标进行修正,但这一切都应符合客观现实的需要。

事物都是处在运动变化中的,由于自身及外部环境条件的变化,职业生涯规划也要随着时间的推移而变化。在制定职业生涯规划时,由于对自身及外界环境都不十分了解,最初确定的职业生涯目标往往都是比较模糊或抽象的,有时甚至是错误的。经过一段时间的工作以后,有意识的回顾自己的行为得失,可以检验自己的职业定位与职业方向是否合适。这样在实施职业生涯规划的过程中自觉地总结经验和教训,评估职业生涯规划,可以修正对自我的认识,通过反馈与修正,纠正最终职业目标与分阶段职业目标的偏差,保证职业生涯规划的行之有效。同时通过评估与修正还可以极大地增强我们实现职业目标的信心。其修订的内容主要包括:职业的重新选择;职业生涯路线的选择;职业生涯目标的修正;实施策略计划的变更等。

【案例讨论】

小张的困惑

某省级电信企业分公司网络运维部小张工作积极肯干,勤于思考,深得省公司企业发展部赵总的赏识,一年前赵总力将小张从其所在市公司借调到省公司工作,支撑省公司新职能战略管理的力度。小张工作十分努力用心,仅在一年中,就深入参与省公司年度战略规划的制定工作,并向省公司提交了多篇电信企业竞争环境的分析报告,工作中获得了不小的成绩。

小张的直接主管刘经理是一位精通业务的技术骨干,但却对下级工作挑剔,经常不分场合的批评员工,对于本是借调并且内向寡言的小张更是多番指责。刘经理苛刻的工作作风虽受到小张等多名下属的抱怨,但是大家对这位顶头上司也只能沉默屈从,小张本人更是兢兢业业、如履薄冰。

小张借调时值一年,省公司进行中层领导的竞聘上岗。在省公司职能部门任职多年的赵总要到分公司去竞聘老总,刘经理也要重新参加部门主管的公开竞聘。小张则处于职业发展何去何从选择中,自己原定两年的借调期目前时已过半,虽然工作业绩与个人能力受到赵总的赏识,但是赵总如果到地市分公司竞聘成功,小张将直接面对苛刻严厉的直接领导——刘经理,小张很难预料自己留在省公司的发展前途。如果此时小张以两地分居为由,向赵总申请缩短借调期,回到原单位继续本职工作,工作轻车熟路,既受老领导器重,又可以与家人团圆。然而如此一来,小张在省公司企业发展部的工作成绩,掌握的关于企业发展战略方面的知识与技能便失去了意义。他觉得通过参与公司战略规划项目,能够站在企业最前沿关注公司环境的变化,了解最新的技术动向、市场动向,这些是自己在网络部技术岗位所接触不到的。

小张现在很矛盾,究竟是回市公司网络部去发展,还是坚持留在省公司呢?

(资料来源:《职业生涯管理案例》,http://www.chinadmd.com.)

根据案例材料,讨论如下问题:

小张当前面临的主要问题是什么?作为公司管理者,应该如何做?

【人力资源管理故事】

四只毛毛虫

四只长大的、爱吃苹果的毛毛虫各自去森林找苹果吃。

第一只毛毛虫根本就不知道这是一棵苹果树,没有目的,不知终点;没想过什么是生命的意义,为什么而活着。

第二只毛毛虫知道这是一棵苹果树,找到了一个大苹果就扑上去大吃一顿,但它发现要是选择另外一个分枝,它就能得到一个大得多的苹果。

第三只毛毛虫知道自己想要的就是大苹果,并制订了一个完美的计划,最后,这只毛毛虫应该会有一个很好的结局,但是真实的情况往往是,因为毛毛虫的爬行相当缓慢,当它抵达时,苹果不是被别的虫捷足先登,就是苹果已熟透而烂掉了。

第四只毛毛虫做事有自己的规划。它的目标并不是一个大苹果,而是一朵含苞待放的苹果花。它计算着自己的行程,结果它如愿以偿,得到了一个又大又甜的苹果,从此过着幸福快乐的日子。

(资料来源:《四只毛毛虫的故事》,百度文库.)

故事点评:第一只毛毛虫毫无目标,一生盲目,没有自己人生规划的糊涂虫,不知道自己想要什么。第二只毛毛虫虽然知道自己想要什么,但不知道该怎么去得到苹果,在习惯的正确标准指导下,做出了一些看似正确却使它渐渐远离苹果的选择。第三只毛毛虫有非常清晰的人生规划和正确的选择,但目标过于远大行动过于缓慢,成功对它来说,已是明日黄花。第四只毛毛虫不仅知道自己想要什么,也知道如何去得到自己的苹果,以及得到苹果应该需要什么条件,然后制定清晰实际的计划,一步步实现自己的理想。

管理启示:要想取得成功就必须为自己做好合理的职业规划并付诸实施。

【课外小组活动】

职业生涯管理的讨论

以小组为单位完成以下活动主题(任选一个,可抽签决定):①采访一个还没有参加工作的人,请他谈谈对于“职业”和“人生”的看法。②采访一个已经工作的学长,请他谈谈对于“职业”和“人生”的看法。③采访一个已经退(离)休的老人,请他谈谈对于“职业”和“人生”的看法。④上网查找一个本专业的先进工作者或者自己所敬佩的名人的事迹。根据确定的主题,学生以组为单位搜集整理材料,准备小组发言。

第 9 章　劳动关系管理

【学习要点】

①劳动关系的含义和类型；
②劳动合同的含义和内容；
③劳动合同的订立、变更、解除和终止；
④劳动争议的含义和类型；
⑤劳动争议的处理。

【导入案例】

电器厂的停工风波

某电器厂是一家港商投资来料加工企业，有职工 2 000 多人。2001 年 10 月 29 日，由于企业低于所在市的最低工资标准支付工资，且不按法定标准支付加班工资，停工待料期间不发生活费等，引起职工强烈不满，以生产部门为主的 1 000多名职工采取在厂内停工静坐的方式，要求解决问题。停工静坐在全市影响很大，引起了社会各界关注，对企业起到了震慑作用。停工当天，在政府劳动部门的协调下，企业第一次就工资标准和加班费等问题与李某、何某、刘某等组成的职工代表团进行谈判。最终双方达成协议：企业补发低于最低工资标准部分的工资；公休日加班按法定标准支付加班费；停工待料期间向员工支付生活费；从 11 月份开始，与所有员工签订劳动合同，养老保险依法办理。全体员工恢复上班。

2001 年 11 月 12 日上午，该电器厂的李某接到公司人事部的一份书面通知：因李某煽动罢工，破坏生产，给公司造成巨大经济损失，经董事会研究并请示政府部门，决定给予开除，并不予结算工资。先后接到通知的还有何某、刘某。李某等不服，向该市的新闻单位反映情况，寻求舆论支持，他们强调：是电器厂违法引起停工风波，他们是维护正当权益，不是煽动罢工。有关记者为此分别采访了李某等人和电器厂。

李某等：停工静坐是为了维护合法权益。在谈判过程中，职工代表就担心，谈判结束工人复工后,企业会对职工代表和罢工人员打击报复。停工风波过去大约10天后,厂方陆续解雇员工300多人,其中以“煽动罢工”或“参与煽动罢工”为由开除了李某等三人。对“煽动罢工”一说李某等人认为这是“欲加之罪,何患无辞”。所谓煽动,是指鼓动别人去做坏事,如煽动暴乱、煽动风潮,但该厂罢工完全是企业肆意侵害工人权益和工人努力争取合法权利的结果。停工,使职工维护了自己的合法权益。

电器厂:开除他们没有错。“他们煽动这次罢工给厂方造成了近1 000万元的经济损失,公司正在请律师,追究他们的法律责任呢!”这次罢工是“有组织、有预谋”策划的,给公司造成了恶劣的社会影响和巨大的经济损失。公司董事会研究决定给予李某等人开除处理。公司有大量的证据,包括证人证言、录音录像等,证明李某等人煽动了罢工事件。

当被问及工人反映的问题是否属实时,企业也承认,低于工资标准支付工资和没按规定支付加班工资的问题确定存在,但这些问题的解决需要一个过程。对记者提出的开除职工是否履行了职代会或职工大会讨论程序一事,厂方答复:煽动罢工构成了刑事犯罪,企业不需要履行这些程序。

(资料来源:《中国劳动保障报》,2001-12-18.)

9.1 劳动关系管理概述

9.1.1 劳动关系的含义及内容

1)劳动关系的含义和特征

劳动关系又称为劳资关系、雇佣关系,是指社会生产中,劳动者与用人单位(包括各类企业、个体工商户、事业单位等)在实现生产劳动过程中所结成的一种必然的、不以人的意志为转移的社会经济利益关系。

劳动关系有广义和狭义之分,从广义上讲,生活在城市和农村的任何劳动者与任何性质的用人单位之间因从事劳动而结成的社会关系都属于劳动关系的范畴;从狭义上讲,现实经济生活中的劳动关系是指依照国家劳动法律法规规范的劳动关系,即双方当事人是被一定的劳动法律规范所规定和确认的权利和义务联系在一起的,其权利和义务的实现,是由国家强制力来保障的。

根据劳动法调整的劳动关系概括起来主要有以下几个法律特征:

①劳动关系是在实现劳动过程中发生的关系,与劳动有着直接的联系。

②劳动关系的双方当事人,一方是劳动者,另一方是提供生产资料的劳动者的所在单位。

③劳动关系的一方劳动者要成为另一方所在单位的成员,并遵守单位的内部劳动规则。

2)劳动关系的内容

劳动关系的内容是指劳动关系双方依法享有的权利和承担的义务。

我国《劳动法》第三条规定劳动者享有的主要权利有:劳动权;民主管理权;休息权;劳动报酬权;劳动保护权;职业培训权;社会保险权;劳动争议提请处理权等。劳动者承担的主要义务有:按质、按量完成生产任务和工作任务;学习政治、文化、科学、技术和业务知识;遵守劳动纪律和规章制度;保守国家和企业的机密。用人单位的主要权利有:依法录用、调动和辞退职工;决定企业的机构设置;任免企业的行政干部;制定工资、报酬和福利方案;依法奖惩职工。

其主要义务有:依法录用、分配、安排职工工作;保障工会和职代会行使其职权;按职工的劳动质量、数量支付劳动报酬;加强对职工思想、文化和业务的教育、培训;改善劳动条件,搞好劳动关系和环境保护。

9.1.2 劳动关系的类型

一个国家或地区劳动关系的性质和特点,不仅受该国或地区所有制结构以及经济体制和政治体制的影响,而且还受到国家或地区的历史传统、经济发展和文化积淀的影响。劳动关系的性质,主要是关于劳动关系双方利益关系的性质。由于劳动关系双方利益关系的性质和利益关系的处理原则不同,劳动关系分成了不同的类型。目前世界各国的劳动关系大致可分为以下3种类型:

1)利益冲突型的劳动关系

利益冲突型的劳动关系又称传统型的劳动关系,这种劳动关系是以劳资双方矛盾和劳资阵营对峙为基础建立起来的,其理论基础是阶级斗争理论。它强调,企业劳动者和管理者双方主体都想着自己的利益,彼此的阶级立场不同。在利益冲突型的企业劳动关系中,工会的作用比较明显。作为劳动者利益的代表,工会可以代表工人进行集体谈判,组织工人参加罢工,甚至采取其他社会行动等来维护和争取劳动者的利益和权利。这种类型的劳动关系就是在劳资双方矛盾与冲突、斗争与妥协过程中维系和发展的。

2)利益一体型的劳资关系

利益一体型的劳资关系又称互惠互利的劳动关系,其理论基础是劳资利益一体论。它的基本精神是强调企业目标和组织机构的单一性原则,赋予管理者权威;主张对劳动者实行激励,企业管理者与劳动者双方的利益,可以通过企业内部的管理制度和激励机制来协调一致,要求管理人员和员工之间要建立一种相互合作、相互信任、相互理解的工作局面。

3)利益协调型的劳动关系

利益协调型的劳动关系是以劳资双方权利平等和地位平等为基础建立起来

的，其理论依据是近代劳动立法中的契约精神。它强调作为劳动关系的主体，也是法律关系的主体，企业管理者与劳动者双方在人格和法律上是平等的，在处理双方利益关系的时候，应遵循对等协商的原则。利益协调型的劳动关系认为劳动者作为独立的主体，并不是企业的附属物，在企业生产经营过程中，特别是在劳动关系的处理上，劳动者与企业管理者一样，也是参与决策的主要力量，且这种参与应该贯穿企业经营管理的全过程。此外，它还主张劳资合作，认为这种合作是在企业管理者与劳动者利益差别基础上的合作。通过合作，规范双方的权利和义务，通过平等协商谈判，保障双方的合法权益，以实现双方的共同目标。

9.1.3 劳动关系的表现形式与劳动关系管理制度

1）劳动关系的主要表现形式

（1）合作

合作是指在就业组织中，双方共同生产产品和服务，并在很大程度上遵守一套既定制度和规则的行为。这些制度和规则是经过双方协商一致，以正式的集体协议或劳动合同的形式，甚至是一种非正式的心理契约形式，规定双方的权利和义务。

（2）冲突

对员工及工会来说，冲突的形式主要有罢工、旷工、怠工、抵制等。对用人方来说，冲突形式有关闭工厂，惩处或解雇不服从领导的员工等。

2）企业劳动关系管理制度的基本内容

（1）劳动合同管理制度

这主要包括劳动合同履行的原则；员工招收录用条件、招工简章、劳动合同草案、专项协议草案审批权限；员工招收录用计划的审批；劳动合同续订、变更、解除事项的审批；试用期考查办法；员工档案的管理办法；应聘人员资料保存；集体合同草案的拟订、协商程序；解除、终止劳动合同人员的档案移交办法；劳动合同管理制度修改、废止的程序。

（2）劳动纪律

这主要包括时间规则：作息时间、考勤办法、请假程序及办法；组织规则：企业各部门、权责、呈报系统；岗位规则：劳动任务、岗位职责、操作规范及职业道德；协作规则：工种、工序、岗位间关系、上下层次间的连接、配合等规则；品行规则：言语、着装、用餐、行走、礼节；劳动定员定额规则：编制定员规则、劳动定额规则；劳动岗位规范制定规则：岗位名称、岗位职责、生产技术规定、上岗标准。

除上述劳动合同管理制度和劳动纪律规定外，企业劳动关系管理制度还包括劳动安全卫生制度和其他涵盖工资制度、福利制度、考核制度、奖惩制度和培训制度等的相关制度。

即时案例

劳动关系案例

2009年8月,张某受聘到常德某公司上班,双方一直未签订书面劳动合同。2010年9月7日,张某在工作期间受伤,右股骨中段骨折,经住院治疗后,张某于2011年2月重新上岗工作,后因伤病于2011年3月离开工作岗位在家休养。

张某受伤后,张某与公司均未申请工伤认定。常德某公司从2009年10月起按600元/月的标准向张某支付工资至2011年5月25日,此后,常德某公司以停止支付工资的形式向张某表明终止劳动合同关系,双方因此发生劳动争议。张某不服劳动仲裁,于2012年7月向法院起诉,要求常德某公司给付违法解除劳动合同的赔偿金10 230元。

法院认为,按劳动法规定,用人单位依法解除与劳动者的劳动关系的,应该对劳动者按工作年限计算每年补偿一个月的工资,违法解除劳动关系的,应该给予双倍经济赔偿金。

张某在公司工作了3年,受伤前12个月平均月工资是1 705元,因此P公司应该赔偿张某10 230元。判决生效后,常德某公司主动履行了给付义务。

【观点】劳动关系呈现出对抗性与非对抗性兼有性,在劳动关系中,对抗性和非对抗性处于此消彼长的状态,人力资源管理的目标就是要扩大劳动关系的非对抗性,缩小对抗性,使企业利益与劳动者利益达到均衡发展。

(资料来源:总裁学习网.2013-07-31.)

9.2 劳动合同管理

9.2.1 劳动合同的含义与特征

1)劳动合同的含义

劳动合同又称劳动契约或劳动协议,是指劳动者与用工单位之间确立劳动关系,明确双方权利和义务的协议。订立和变更劳动合同,应当遵循平等自愿、协商一致的原则,不得违反法律、行政法规的规定。劳动合同依法订立即具有法律约束力,当事人必须履行劳动合同规定的义务。

由于我国就业竞争激烈的国情以及《劳动合同法》发展历史,劳动关系中用人单位与劳动者双方地位的不平等性,造成了事实劳动关系的存在。劳动合同是劳动关系建立、变更和终止的一种法律形式。根据《劳动合同法》第十条的规定，建立劳动关系的，应当及时订立书面劳动合同。已经建立劳动关系，但未同时订立书面劳动合同的，应当自用工之日起一个月内订立书面劳动合同。用人单位与劳动者在用工前订立劳动合同的，劳动关系自用工之日起建立。因此，劳动关系包括了劳动合同关系和事实劳动关系两种形态。

2）劳动合同的特征

劳动合同作为合同的一种，具有合同的一般特征：

①合同是法律行为，是设立、变更或消灭某种具体的法律关系的行为，其目的在于表达设定、消灭或变更法律关系的愿望和意图。这种愿望和意图是当事人的意思表示，通过这种意思表示，当事人双方或多方产生一定的权利义务关系，但这种意思表示必须是合法的，否则，合同没有约束力，也不受国家法律的保护。

②合同以在当事人之间产生权利义务为目的。合同当事人的协商，总是为了建立某种具体的权利义务关系，而一旦合同依法成立，这种对当事人有约束力的权利义务关系就建立起来了。任何一方当事人都必须履行自己所应履行的义务，如果不履行合同规定的义务，就是违反合同，就要承担相应的法律责任。

③合同是当事人双方或多方相互的意思表示一致，是当事人之间的协议。主要表现为：合同的成立，必须有两方或两方以上的当事人；当事人双方或多方必须互为意思表示；当事人的意思表示必须一致。

劳动合同除具有合同的一般特征外，还具有本身的法律特征：

①劳动合同是建立劳动关系的一种法律形式，以合同形式确立了劳动者与用人单位的权利义务。

②劳动合同双方当事人中，一方必须是具有劳动权利能力和劳动行为能力的公民本人，另一方必须是企业等用人单位的行政，不能是企业的党团组织或工会组织。

③劳动合同的当事人之间存在着职业上的从属关系，即作为劳动合同一方当事人的劳动者，在订立劳动合同后，成为另一方当事人企业等用人单位的一员，用人单位有权指派劳动者完成劳动合同规定的属于劳动者劳动职能范围内的任何任务。这种职业上的从属关系，是劳动合同区别于其他合同的重要特点之一。

④劳动合同双方当事人的权利和义务是统一的，即双方当事人既是劳动权利主体，又是劳动义务主体，根据签订的劳动合同，劳动者有义务完成工作任务，遵守本单位内部的劳动规则，用人单位有义务按照劳动者劳动数量和质量支付劳动报酬。劳动者有权享受法律、法规及劳动合同规定的劳动保险和生活福利待遇，用人单位有义务提供劳动法律、法规及劳动合同规定的劳动保护条件。

⑤劳动合同的订阅、变更、终止和解除，按照国家劳动法律、法规的规定执行。

9.2.2 劳动合同在企业中的重要作用

劳动合同是确立劳动者与用人单位劳动关系的法律凭证。只有签订劳动合同,才能明确双方当事人的权利和义务,相互的合法权益才能更好地受到法律保护。劳动合同也是劳动法的基本问题之一,在市场经济建设过程中,劳动合同的作用主要表现在以下几个方面:

第一,劳动合同是公民实现劳动权利和履行劳动义务的一种重要法律形式。我国宪法规定公民有劳动的权利和义务。公民的这项权利和义务是通过多种形式实现的,其中一种重要的形式就是通过劳动者与用人单位签订劳动合同来实现,劳动者在劳动合同期限内获得有保障的工作,用人单位不得无故解除劳动合同,因此,劳动合同从法律上为劳动者参加生产劳动,实现劳动的权利和义务奠定了基础。

第二,劳动合同是产生社会劳动关系的一种法律依据,能够保护双方当事人的合法权益。劳动合同从依法订立起就具有法律约束力,劳动者与用人单位之间的劳动关系受到国家法律的保护,双方当事人都应按照劳动合同的规定,行使权利和履行义务,任何一方违反了劳动合同,都将受到法律的处罚。

第三,劳动合同是用人单位合理使用劳动力、调动劳动者积极性和提高劳动生产效率的重要手段。用人单位根据生产需要确定招收录用劳动者的条件、方式和数量等,通过签订劳动合同,做到人尽其才,合理使用;劳动合同对于双方均有法律约束力,任何一方不得违反,能够有效地保护劳动者的合法权益,从而有利于调动劳动者的生产积极性,劳动合同使劳动者和用人单位互相制约,一方面劳动者有选择的权利,能进能出,促使劳动者能良性、有序流动,另一方面用人单位享有一定的自主权,能够贯彻“各尽所能、按劳分配”的原则。优先劳动力资源配置,有效地引入竞争、约束机制,从而大大提高劳动生产率和企业的经济效益。

第四,劳动合同可以减少和防止劳动争议的发生。在社会主义制度条件下,劳动者与用人单位之间的根本利益是一致的,但由于种种原因,也会产生矛盾,发生争议。劳动合同对劳动者和用人单位双方的权利义务和责任有着明确具体的规定,有助于双方当事人自觉履行合同、正确行使权利和严格履行义务,谁违反了劳动合同,都必须依照合同承担责任,不易发生争执,从而可以防止劳动争议的发生。

9.2.3 劳动合同的内容

劳动合同的内容可分为两方面,一方面是必备条款的内容,另一方面是协商约定的内容。

1)必备条款

《劳动法》第十九条规定了劳动合同的法定形式是书面形式,其必备条款有7项：

(1)劳动合同期限

法律规定合同期限分为3种：有固定期限，如1年期限、3年期限等均属这一种；无固定期限，合同期限没有具体时间约定，只约定终止合同的条件，无特殊情况，这种期限的合同应存续到劳动者到达退休年龄；以完成一定的工作为期限，例如：劳务公司外派一员工去另外一公司工作，两个公司签订了劳务合同，劳务公司与外派员工签订的劳动合同期限是以劳务合同的解除或终止而终止，这种合同期限就属于以完成一定工作为期限的种类。用人单位与劳动者在协商选择合同期限时，应根据双方的实际情况和需要来约定。

(2)工作内容

在这一必备条款中，双方可以约定工作数量、质量，劳动者的工作岗位等内容。在约定工作岗位时可以约定较宽泛的岗位概念，也可以另外签一个短期的岗位协议作为劳动合同的附件，还可以约定在何种条件下可以变更岗位条款等。掌握这种订立劳动合同的技巧，可以避免工作岗位约定过死，因变更岗位条款协商不一致而发生的争议。

(3)劳动保护和劳动条件

在这方面可以约定工作时间和休息休假的规定，各项劳动安全与卫生的措施，对女工和未成年工的劳动保护措施与制度，以及用人单位为不同岗位劳动者提供的劳动、工作的必要条件等。

(4)劳动报酬

此必备条款可以约定劳动者的标准工资、加班加点工资、奖金、津贴、补贴的数额及支付时间、支付方式等。

(5)劳动纪律

此条款应当将用人单位制定的规章制度约定进来，可采取将内部规章制度印制成册，作为合同附件的形式加以简要约定。

(6)劳动合同终止的条件

这一必备条款一般是在无固定期限的劳动合同中约定，因这类合同没有终止的时限。但其他期限种类的合同也可以约定。须注意的是，双方当事人不得将法律规定的可以解除合同的条件约定为终止合同的条件，以避免出现用人单位应当在解除合同时支付经济补偿金而改为终止合同不予支付经济补偿金的情况。

(7)违反劳动合同的责任

一般约定两种违约责任形式，第一种是一方违约赔偿给对方造成经济损失，即赔偿损失的方式；二是约定违约金的计算方法，采用违约金方式应当注意根据职工一方承受能力来约定具体金额，避免出现显失公平的情形。违约，不是指一般性的违约，而是指严重违约，致使劳动合同无法继续履行，如职工违约离职，单位违法解除劳动者合同等。

2)约定条款

按照法律规定,用人单位与劳动者订立的劳动合同除上述7项必须具备的条款内容外,还可以协商约定其他的内容,一般简称为协商条款或约定条款,其实称为随机条款似乎更准确,因为必备条款的内容也是需要双方当事人协商、约定的。

这类约定条款的内容,是当国家法律规定不明确,或者国家尚无法律规定的情况下,用人单位与劳动者根据双方的实际情况协商约定的一些随机性的条款。劳动行政部门印制的劳动合同样本,一般都将必备条款写得很具体,同时留出一定的空白地由双方随机约定一些内容。例如:可以约定试用期、保守用人单位商业秘密的事项、用人单位内部的一些福利待遇、房屋分配或购置等内容。

①试用期限:最长不得超过6个月;两年期以下的短期劳动合同,试用期限基本按照合同期限的1/12;半年期以下的短期劳动合同,试用期限不超过15天;一年期以下的短期劳动合同,试用期限不超过1个月;试用期包含在劳动合同期限中。

②培训:双方约定培训条件、培训期间的工资待遇、培训费用的支付方法、服务期限。

③保密事项:凡是用人企业的商业机密,劳动者有保守机密的责任及范畴加以明确规范。

④补充保险和福利待遇如补充养老及医疗等保险和适应企业特点的福利待遇。

⑤当事人协商约定的其他事项如住房、公务车或子女教育费补贴等。

随着劳动合同制的实施,人们的法律意识,合同观念会越来越强,劳动合同中的约定条款的内容会越来越多。这是改变劳动合同千篇一律状况,提高合同质量的一个重要体现。

9.2.4 劳动合同的订立

1)订立原则

《劳动合同法》第三条规定,订立劳动合同应当遵守如下原则:

(1)合法原则

劳动合同必须依法以书面形式订立。做到主体合法、内容合法、形式合法、程序合法。只有合法的劳动合同才能产生相应的法律效力。任何一方面不合法的劳动合同,都是无效合同,不受法律承认和保护。

(2)协商一致原则

在合法的前提下,劳动合同的订立必须是劳动者与用人单位双方协商一致的结果,是双方“合意”的表现不能是单方意思表示的结果。

(3)合同主体地位平等原则

在劳动合同的订立过程中,当事人双方的法律地位是平等的。劳动者与用人单位不因为各自性质的不同而处于不平等地位,任何一方不得对他方进行胁迫或强制命令,严禁用人单位对劳动者横加限制或强迫命令的情况。只有真正做到地位平等,才能使所订立的劳动合同具有公正性。

(4)等价有偿原则

劳动合同明确双方在劳动关系中的地位作用,劳动合同是一种双务有偿合同,劳动者承担和完成用人单位分配的劳动任务,用人单位付给劳动者一定的报酬,并负责劳动者的保险金额。

2)签订劳动合同需注意的问题

(1)普通员工签订注意事项

①劳动合同签订的时间。自用工之日起 1 个月内订立书面劳动合同即可。否则用人单位须向劳动者支付双倍工资。自用工之日起超过 1 年未与劳动者签订书面劳动合同的,视为双方已经形成无固定期限劳动合同。

②劳动合同的期限。劳动合同的期限有 3 种:有固定期限的劳动合同、无固定期限的劳动合同和以完成一定的工作为期限的劳动合同。所以用人单位与劳动者在签订劳动合同时要根据双方的需求来协商确定劳动合同的期限。同时,如果有约定试用期,试用期是包含在劳动合同期限内的,若劳动合同仅约定试用期的,试用期不成立,该期限为劳动合同期限。并且以完成一定的工作为期限的劳动合同或者劳动合同期限不满 3 个月的,依照劳动合同法规定该情形不得约定试用期。

③对非全日制用工要特别注意。非全日制用工和普通用工存在区别。非全日制劳动者在同一用人单位一般平均每日工作时间不超过 4 小时,每周工作时间累计不超过 24 小时。非全日制用工不得约定试用期。非全日制用工小时计酬标准不得低于最低小时工资标准。非全日制用工劳动报酬结算支付周期最长不得超过 15 日。用人单位必须为劳动者缴纳工伤保险,否则发生工伤事故则要承担相关责任。

(2)高级管理人员签订注意事项

①聘任和解聘的问题。对于高级管理人员的聘任和解聘不同于一般的劳动者,他主要是由《公司法》等法律专门规定的,如依照公司法规定未经用人单位董事会的决议,用人单位是无权直接聘任或解聘高级管理人员的。所以在签订劳动合同时要规定明确,以便和普通员工的劳动合同区别开来。

②加班费问题。对于高级管理人员来说,其工作性质是与普通劳动者不同的。在实务中,经常会有公司的高级管理人员离职以后,向公司要求给付加班费的问题,所以用人单位在签订劳动合同时应注意解决这个问题。

③保密条款。由于高级管理人员会接触到用人单位的商业秘密,所以为了防止高级管理人员将商业秘密泄露给他人损害用人单位的利益,就需要在劳动合同中增加保密条款,并且对违反保密条款时应承担的责任做好约定。

④竞业限制条款。竞业限制是用人单位对劳动者在用工时或终止、解除劳动合同后的一定期限内不得经营同类业务或在与本单位有竞争关系的其他用人单位任职,也不得自己生产与原单位有竞争关系的同类产品或经营同类业务。为了更好地保护用人单位的利益,在与高级管理人员签订的劳动合同中根据实际情况添加竞业限制条款。

9.2.5 劳动合同的履行

劳动合同履行,是指在劳动合同生效后,双方当事人按照劳动合同的约定,履行劳动义务,实现劳动权利的行为。《劳动合同法》第三条规定:依法订立的劳动合同具有约束力,用人单位与劳动者应当履行劳动合同约定的义务。劳动合同的履行是劳动合同的核心内容,当事人之所以订立劳动合同,目的是保障劳动合同的正确履行,以最终实现订立劳动合同的目的。

1)劳动合同履行的条件

劳动合同履行的条件主要有以下几个方面的规定:

(1)履行的主体必须明确

劳动合同履行的主体是劳动关系双方当事人,不允许由第三者代替一方当事人履行,也不能由一方当事人向第三人履行。例如,职工的朋友代替职工履行劳动的义务或者职工在未征求本单位意见的情况下到其他单位工作等,都是劳动法律法规不允许的。

(2)履行的标的必须明确

劳动者在一段时间内完成工作的数量、质量以及完成工作后应该获得的劳动报酬,都应当予以明确;否则,就会造成工作目标不明确等方面的问题。例如,我国《劳动合同法》对劳动合同履行作出如下几个方面的规定:①用人单位管理人员违章指挥、强令冒险作业时,劳动者可以不服从其指挥或命令,并有权拒绝执行。劳动者拒绝执行用人单位管理人员违章指挥、强令冒险作业行为的,不构成违反劳动合同行为。劳动者对危害生命安全和身体健康的劳动条件,有权对用人单位提出批评、检举和控告。②用人单位变更名称、法定代表人、主要负责人或者投资人等事项,不影响劳动合同的履行。③用人单位发生合并或者分立等情况,原劳动合同继续有效,劳动合同由承继其权利和义务的用人单位继续履行。

(3)履行的期限必须明确

劳动合同履行的期限是双方当事人都可以接受的时间。劳动合同履行的期限明确后,当事人双方不得延迟履行。如果遇到特殊情况,一方当事人必须征得另一方当事人的意见,协商一致,另行确定履行的期限。

(4)履行的地点必须明确

劳动合同履行的地点关系到劳动合同内容的实现,因此,双方当事人在劳动合同中必须明确规定劳动合同履行的地点。

2) 劳动合同履行的内容

根据我国《劳动合同法》的相关规定，劳动合同履行包括如下内容：第一，用人单位与劳动者应当按照劳动合同的约定，全面履行各自的义务。第二，用人单位应当按照劳动合同约定和国家规定，向劳动者及时足额支付劳动报酬。用人单位拖欠或者未足额支付劳动报酬的，劳动者可以依法向当地人民法院申请支付令，人民法院应当依法发出支付令。第三，用人单位应当严格执行劳动定额标准，不得强迫或者变相强迫劳动者加班。用人单位安排加班的，应当按照国家有关规定向劳动者支付加班费。劳动者拒绝用人单位管理人员违章指挥、强令冒险作业的，不视为违反劳动合同。劳动者对危害生命安全和身体健康的劳动条件，有权对用人单位提出批评、检举和控告。第四，用人单位变更名称、法定代表人、主要负责人或者投资人等事项，不影响劳动合同的履行。用人单位发生合并或者分立等情况，原劳动合同继续有效，劳动合同由承继其权利和义务的用人单位继续履行。

3) 劳动合同履行的原则

具体来讲，当事人在履行劳动合同过程中必须坚持以下 3 项原则：

(1) 实际履行原则

劳动合同实际履行原则包括两层含义：第一，合同双方当事人都必须亲自履行合同义务，而不能由第三人代替履行。这是由劳动合同主体的劳动权利能力和劳动行为能力的不可分割性决定的。并且，劳动合同是基于双方当事人相互考察并取得信任的基础上签订的，随意让他人代替自己履行合同，就破坏了双方当事人之间的信任基础。第二，劳动者要按合同规定的工作岗位和工作任务完成劳动过程，从而使劳动力与生产资料的结合成为最佳状态。

(2) 全面履行原则

劳动合同全面履行原则，是指劳动合同的当事人按照合同规定和要求全面履行合同义务。这一原则要求在劳动合同履行中，既要全面履行法定条款规定的义务，也要全面履行协商条款约定的义务；既要全面履行财产内容的义务，也要全面履行人身内容的义务；既要全面履行主要合同条款，也要全面履行非主要合同条款。具体来说，劳动者一方应按照法律与合同规定的时间、地点和方式，保质保量地完成劳动任务；用人单位一方则应全面按照法律和合同规定，向劳动者提供劳动保护条件、劳动条件及劳动报酬和福利待遇等。只有遵循全面履行原则，才能使劳动过程得以顺利实现，这是因为劳动合同是一个整体，包括了劳动过程的各个环节，合同规定的条款相互之间有其内在的联系，不能割裂。

(3) 合作履行原则

劳动合同合作履行原则，要求双方当事人在履行劳动合同过程中相互配合、友好合作，并在遇到困难时相互理解和帮助。劳动关系比其他法律关系更强调当事人之间的合作，集体劳动客观上要求劳动者遵守劳动纪律、服从管理和指挥。同时,用人单位的领导者、管理者也必须关心劳动者,考虑劳动者切身利益方面的要求。在用人单位或劳动者遇到特殊困难时,对方应予体谅,并在法律允许的范围内尽力给予帮助;当双方当事人之间产生纠纷,发生争议时,应当通过协商、调解或按法律规定的其他程序予以解决,避免矛盾激化或采取任何过激的行为。只有这样,才能维护和发展稳定和谐的劳动关系,以促进经济发展和社会进步。

我国有关司法解释及《劳动合同法》第三十三、三十四条还规定了劳动合同履行的一些特殊情形:用人单位变更名称、法定代表人、主要负责人或者投资人等事项,不影响劳动合同的履行;用人单位发生合并或者分立等情况,原劳动合同继续有效,劳动合同由承继其权利和义务的用人单位继续履行。另外,还有两种劳动合同履行的特殊情形也值得注意:对于劳动合同中内容不明确的条款,应依法确定其具体内容,然后予以履行;劳动者在一定条件下还应履行约定之外劳动给付。例如,我国台湾地区现行的"劳动契约法"规定,劳动者于其约定之劳动给付外,无给付其他附带劳动义务,但有紧急情形或其职业上有特别习惯时,不得拒绝其所能给付之劳动。我国《劳动法》第四十二条也有类似规定。

9.2.6 劳动合同的变更与续订

1)劳动合同的变更

合同的变更是指在合同成立以后,尚未履行或未完全履行以前,当事人就合同的内容达成的修改和补充。《劳动合同法》第三十五条规定,用人单位与劳动者协商一致,可以变更劳动合同约定的内容。变更劳动合同,应当采用书面形式。

合同变更的前提是双方原已存在着合法的合同关系,变更的原因主要是客观情况发生变化,变更的目的是为了继续履行合同。劳动合同的变更一般只限于内容的变更,不包括主体的变更。合同变更后,原合同的变更的部分依变更后的内容履行,原合同没有变更的部分依然有效,即合同的变更并没有消灭原合同关系,只是对原合同的内容进行了部分修改。

劳动合同变更的条件是:①双方协商同意;②订立劳动合同所依据的法律、法规已经修改或部分失效;③劳动合同期限虽满,但依法不得终止劳动合同的;④劳动合同订立时所依据的客观情况发生重大变化,致使劳动合同部分条款无法履行的;⑤符合劳动合同约定的变更条件的。

2)劳动合同的续订

劳动合同期限届满,经双方协商一致,可以续订劳动合同。劳动合同的续订是指有固定期限的劳动合同到期后,双方当事人就劳动合同的有效期限进行商谈,经平等协商一致而续延劳动合同期限的法律行为。劳动合同续订的原则与订立劳动合同的原则相同。《劳动法》规定,提出劳动合同续订要求的一方应在合同到期前30日书面通知对方,续订劳动合同不得约定试用期。劳动者在同一用人单位工作满10年,双方同意续延劳动合同,劳动者提出订立无固定期限劳动合同的,用人单位应当与之订立无固定期限的劳动合同;有固定期限的劳动合同,期限届满既未终止又未续订,劳动者与用人单位仍存在劳动关系的,视为续延劳动合同,用人单位应当与劳动者续订劳动合同。

9.2.7 劳动合同的解除和终止

1)劳动合同的解除

劳动合同的解除是指劳动合同订立后尚未全部履行前,由于某种原因导致劳动合同一方或双方当事人提前中断劳动关系的法律行为。合同解除包括双方解除和单方解除。双方解除是当事人双方为了消灭原有的合同而订立的新合同,即解除合同。单方解除是指当事人一方通过行使法定解除权或者约定解除权而使合同的效力消灭。

(1)劳动者与用人单位双方协商一致解除劳动合同

《劳动法》第二十四条规定,经劳动合同当事人协商一致,劳动合同可以解除。

(2)劳动者单方解除劳动合同

根据《中华人民共和国劳动合同法实施条例》第十八条规定,具有下列情形之一的:劳动者与用人单位协商一致的;劳动者提前 30 日以书面形式通知用人单位的;劳动者在试用期内提前 3 日通知用人单位的;用人单位未按照劳动合同约定提供劳动保护或者劳动条件的;用人单位未及时足额支付劳动报酬的;用人单位未依法为劳动者缴纳社会保险费的;用人单位的规章制度违反法律、法规的规定,损害劳动者权益的;用人单位以欺诈、胁迫的手段或者乘人之危,使劳动者在违背真实意思的情况下订立或者变更劳动合同的;用人单位在劳动合同中免除自己的法定责任、排除劳动者权利的;用人单位违反法律、行政法规强制性规定的;用人单位以暴力、威胁或者非法限制人身自由的手段强迫劳动者劳动的;用人单位违章指挥、强令冒险作业危及劳动者人身安全的;法律、行政法规规定劳动者可以解除劳动合同的其他情形。

劳动者提前 30 日以书面形式通知用人单位,可以解除劳动合同。劳动者在试用期内提前 3 日通知用人单位,可以解除劳动合同。

(3)用人单位单方解除劳动合同

根据《中华人民共和国劳动合同法实施条例》第十九条规定,有下列情形之一的,依照劳动合同法规定的条件、程序,用人单位可以与劳动者解除固定期限劳动合同、无固定期限劳动合同或者以完成一定工作任务为期限的劳动合同:用人单位与劳动者协商一致的;劳动者在试用期间被证明不符合录用条件的;劳动者严重违反用人单位的规章制度的;劳动者严重失职,营私舞弊,给用人单位造成重大损害的;劳动者同时与其他用人单位建立劳动关系,给完成本单位的工作任务造成严重影响,或者经用人单位提出,拒不改正的;劳动者以欺诈、胁迫的手段或者乘人之危,使用人单位在违背真实意思的情况下订立或者变更劳动合同的;劳动者被依法追究刑事责任的;劳动者患病或者非因工负伤,在规定的医疗期满后不能从事原工作,也不能从事由用人单位另行安排的工作的;劳动者不能胜任工作,经过培训或者调整工作岗位,仍不能胜任工作的;劳动合同订立时所依据的客观情况发生重大变化,致使劳动合同无法履行,经用人单位与劳动者协商,未能就变更劳动合同内容达成协议的;用人单位依照企业破产法规定进行重整的;用人单位生产经营发生严重困难的;企业转产、重大技术革新或者经营方式调整,经变更劳动合同后,仍需裁减人员的;其他因劳动合同订立时所依据的客观经济情况发生重大变化,致使劳动合同无法履行的。

为了充分保障劳动者的合法权益,根据《劳动合同法》第四十二条规定,劳动者有下列情形之一的,用人单位不得依照本法第四十条、第四十一条的规定解除劳动合同:从事接触职业病危害作业的劳动者未进行离岗前职业健康检查,或者疑似职业病病人在诊断或者医学观察期间的;在本单位患职业病或者因工负伤并被确认丧失或者部分丧失劳动能力的;患病或者非因工负伤,在规定的医疗期内的;女职工在孕期、产期、哺乳期的;在本单位连续工作满15年,且距法定退休年龄不足5年的;法律、行政法规规定的其他情形。

2)劳动合同的终止

劳动合同终止是指劳动合同关系的消灭,即劳动关系双方权利义务的失效。劳动合同的终止分为自然终止和因故终止两种。

(1)自然终止

劳动合同自然终止的情形有如下几种:

①合同期限已满。在定期劳动合同约定的期限届满后,除非双方当事人依法续订或延期,否则合同即行终止。

②合同的目的已经实现。以完成一定的工作为期限的劳动合同在其约定的工作完成后,或其他类型的劳动合同在其约定的条款全部履行完毕后,合同因目的实现而终止。

③合同约定的终止条件出现。在劳动合同约定的终止条件出现之后,劳动合同可以就此终止。

(2)因故终止

劳动合同因故终止的情形有如下几种:

①当事人死亡。劳动者一方死亡,合同即行终止;雇主一方死亡,合同可以终止,也可以因继承人继承或转让第三方使合同继续履行。

②劳动者退休。《中华人民共和国劳动合同法实施条例》第二十一条规定,劳动者达到法定退休年龄的,劳动合同终止。

③企业不复存在。因依法宣布破产、解散、关闭或兼并,原有企业不复存在,其合同可以终止。

劳动合同依法解除或终止时,用人单位应同时一次性付清劳动者工资,依法办理相关手续；当用人单位依法宣告破产时，应将劳动者工资列入破产清算顺序，首先支付劳动者工资。

9.3　劳动争议处理和法律关系

9.3.1　劳动争议概述

1)劳动争议的概念

劳动争议又称劳动纠纷、人事纠纷，是劳动关系当事人之间因实现劳动权利和履行劳动义务所发生的纠纷。它具有两层含义：一是劳动争议的主体必须是劳动关系的当事人，一方是用人单位，另一方是与之建立了劳动关系的劳动者；二是劳动争议的内容涉及当事人双方的权利与义务。概言之，它是劳动者与用人单位之间，在劳动法调整范围内，因适用国家法律、法规和订立、履行、变更、解除和终止劳动合同所发生的纠纷。

劳动争议是市场经济和社会化大生产的必然产物。由于市场经济要求资源流动而形成最佳配置，这就决定了用人单位和劳动者之间的不可避免地会因劳动关系产生、变更、终止而发生冲突和纠纷，加之二者利益、看问题的角度也不同，增加了纠纷的可能性。劳动争议的产生有社会外部原因和企业内部原因。从企业内部来看这主要体现在 3 个方面：①忽视劳动合同的管理。如劳动合同签订不全面；劳动合同不规范；履行劳动合同的方式与程序不当等。②企业规章制度不合理、不健全或没有依照合理程序制定执行。③人力资源管理人员缺乏预防劳动争议的知识与技能。从社会外部来看，人们的法制观念淡薄和劳动立法不健全也是导致劳动争议的重要原因。

2)劳动争议的类型

随着我国社会主义市场经济体制的建立和完善，企业中劳动关系发生的变化和随之产生的问题越来越突出。在企业内部，员工与企业因劳动问题发生争论的现象逐渐增加。争议的内容广泛、争议的焦点难以集中和争议处理难度增大是其显著的特点。

劳动争议按照不同的标准，可划分为以下几种：

①按照劳动争议当事人人数多少的不同，可分为个人劳动争议和集体劳动争议。个人劳动争议是劳动者个人与用人单位发生的劳动争议；集体劳动争议是指劳动者一方当事人在 3 人以上，有共同理由的劳动争议。

②按照劳动争议的内容，可分为因履行劳动合同发生的争议；因履行集体合同发生的争议；因企业开除、除名、辞退职工和职工辞职、自动离职发生的争议；因执

行国家有关工作时间和休息休假、工资、保险、福利、培训、劳动保护的规定发生的争议等。

③按照当事人国籍的不同,可分为国内劳动争议与涉外劳动争议。国内劳动争议是指中国的用人单位与具有中国国籍的劳动者之间发生的劳动争议;涉外劳动争议是指具有涉外因素的劳动争议,包括中国在国(境)外设立的机构与中国派往该机构工作的人员之间发生的劳动争议、外商投资企业的用人单位与劳动者之间发生的劳动争议。

④按照劳动争议的客体来划分,可分为履行劳动合同争议、开除争议、辞退争议、辞职争议、工资争议、保险争议、福利争议、培训争议等。

9.3.2 劳动争议的处理

1)劳动争议处理的原则

各国处理劳动争议所遵循的立法原则不外两种:一是自愿原则,二是强制原则。遵循不同的基本原则,就会形成不同的组织体制和办案体制。

根据自愿原则,调解或仲裁机构独立于政府的特征较强,由双方当事人协议是否调解或仲裁;和解协议必须是双方自愿达成;仲裁人员应由当事人选择。这就形成了“裁审自择”“裁审分轨”的双轨体制。根据强制原则,调解或仲裁机构与政府的联系较多,政府常常从中起主要作用,劳动争议任何一方当事人或者政府无须协商均可依据法律规定交付仲裁解决争议;仲裁人员由仲裁机构指定。在强制原则下有的国家规定仲裁裁决具有终局效力,有的国家则规定对裁决不服,当事人可向法院起诉,形成“裁审衔接”的单轨体制。

具体来说,劳动争议的处理原则包括有:在查清的基础上,依法处理劳动争议原则;当事人在法律上一律平等原则;着重调解劳动争议原则;及时处理劳动争议的原则。

2)劳动争议的处理途径

(1)劳动争议调解

调解是处理企业劳动争议的基本办法或途径之一。调解可以贯穿着整个劳动争议的解决过程,它既指在企业劳动争议进入仲裁或诉讼以后由仲裁委员会或法院所做的调解工作,也指企业调解委员会对企业劳动争议所做的调解活动。这里所说的调解指的是后者。企业调解委员会所做的调解活动主要是指,调解委员会在接受争议双方当事人调解申请后,首先要查清事实、明确责任,在此基础上根据有关法律和集体合同或劳动合同的规定,通过自己的说服、诱导,最终促使双方当事人在相互让步的前提下自愿达成解决劳动争议的协议。

(2)劳动争议仲裁

仲裁是我国处理劳动争议的一种基本形式,在劳动争议处理工作中具有重要作用。劳动争议仲裁,是指劳动争议仲裁委员对申请仲裁的劳动争议案件依法进行裁决活动。劳动争议仲裁委员会是国家授权,依法独立处理劳动争议的专门机构。劳动争议仲裁委员会由劳动行政部门代表、同级工会代表、用人单位方面的代表组成。劳动争议仲裁委员会受理劳动争议案件范围包括:因用人单位开除、除名、辞退职工和职工辞职、自动离职发生的争议;因执行国家有关工资、保险、福利、培训、劳动保护的规定发生的争议;因履行劳动合同发生的争议;法律法规规定由仲裁委员会处理的其他劳动争议。劳动争议仲裁委员会处理劳动争议案件,一般实行属地管辖原则。

仲裁一般要经历这样几个阶段:

①案件受理阶段。这一阶段包括两项工作:一是当事人在规定的时效内向劳动争议仲裁委员会提交请求仲裁的书面申请;二是案件受理。仲裁委员会在收到仲裁申请后一段时间内要做出受理或不受理的决定。

②调查取证阶段。调查取证的目的是收集有关证据和材料,查明争议实施,为下一步的调解或裁决做好准备工作。调查取证工作包括撰写调查提纲,根据调查提纲进行有针对性的调查取证,核实调查结果和有关证据等。

③调解阶段。仲裁庭在查明事实的基础上,首先要做调解工作,努力促使双方当事人自愿达成协议。对达成协议的仲裁庭还需制作仲裁调解书。

④裁决阶段。经仲裁庭调解无效或仲裁调解书送达前当事人反悔,调解失败的,劳动争议的处理便进入裁决阶段。仲裁庭的裁决要通过召开仲裁会议的形式做出。一般要经过庭审调查、双方辩论和陈述等过程,最后由仲裁员对争议事实进行充分协商,按照少数服从多数的原则做出裁决。仲裁庭做出裁决后应制作调解裁决书。当事人对裁决不服的,可在规定时间内向法院起诉。

⑤调解或裁决的执行阶段。仲裁调解书自送达当事人之日起生效;仲裁裁决书在法定起诉期满后生效。生效后的调解或裁决,当事双方都应该自觉执行。

(3)劳动争议诉讼

劳动争议诉讼,是指发生劳动争议的当事人经过申请仲裁,对仲裁裁决不服而向人民法院 提起诉讼的请求,由人民法院按照司法审判程序对案件进行审理。《劳动法》第八十三条规定,“劳动争议当事人对仲裁裁决不服的,可以自收到仲裁裁决书之日起十五日内向人民法院提起诉讼。一方当事人在法定期内不起诉又不履行仲裁裁决的,另一方当事人可以申请人民法院强制执行。”

【案例讨论】

张某的劳动合同纠纷

张某到某销售公司工作。劳动合同中约定,张某每月完成的销售额超过10万元,超出部分提成5%,年终结算。2004年2月至11月期间,张某共超额完成销售任务30万元,但公司未按约定支付张某的提成奖金。2005年3月6日,张某向当地劳动争议仲裁委员会提出仲裁申请，并称自己曾在2005年2月16日到公司索要应得奖金，公司负责人口头答复：一周内支付，有在场的同事证明。仲裁庭审理后认为，仲裁时效在2005年2月16日发生中断，应重新计算，张某于2005年3月6日提请仲裁，并未超过诉讼时效，其合法权益应当受到保护。仲裁庭遂支持了张某的请求。某公司不服，向人民法院提起诉讼。法院审理后查明：张某主张自己于2005年2月16日曾到公司索要奖金，公司负责人曾口头承诺支付奖金，并由同事证明，但公司经理予以否认，张某亦未取得公司同事的书面证言，遂认定仲裁时效并未中断，并撤销仲裁裁决。

【分析】根据我国劳动法规定，在处理劳动合同争议的过程中，仲裁为诉讼的前置程序，但仲裁裁决的正确与否要接受人民法院的审查。劳动争议作为一种民事争议，在处理的过程中，司法裁判具有最高的权威和至上的法律效力。劳动争议的仲裁不论在实体上还是在程序上，都应当接受司法的审查。对于仲裁结果正确的，人民法院应当依法予以维持；对于仲裁结果在实体上或程序上有错误的，人民法院应当依法予以纠正。因此，在本案中，张某应当自劳动争议发生之日2004年12月9日起60日内，即2005年2月16日到公司索要应得奖金，并得到公司负责人的口头承诺，但不能提供相关佐证，不能认定仲裁时效中断。仲裁委员会对超过仲裁时效的仲裁申请予以受理并支持当事人的请求是错误的，应当依法予以纠正。

（资料来源：总裁学习网.2013-08-08.）

【案例讨论】

解聘“先跑老师”范美忠合法吗？

范美忠1997年毕业于北京大学历史系，曾在四川自贡蜀光中学当教师，后因课堂言论问题辞职，转至深圳、广州、重庆、北京、杭州、成都等城市从事教育或媒体工作。2008年5月12日，汶川大地震发生时，时任四川都江堰市光亚学校老师的范美忠正给国际文凭一年级班上语文课，他丢下学生先行逃生，撤至学校的操场。班上的十几名高中生随后才反应过来，陆续来到操场。5月22日，范美忠在中国大陆著名的天涯社区论坛发表《那一刻地动山摇——5·12汶川地震亲历记》一文，记述自己在震中及震后的经历，描述到这一情况。文中写道：“在这种生死抉择的瞬间，只有为了我的女儿我才可能考虑牺牲自我，其他的人，哪怕是我的母亲，在这种情况下我也不会管的。”范美忠说，逃跑是自己瞬间的本能行为，但同时也反映了他对自我与他人生命孰为重的权衡，他并不认为作为一名老师，有为救学生而牺牲自己生命的义务。这些言论引发了部分网民对其教师道德素养的声讨，一周内该帖在天涯社区上的浏览量达14万余次。

平面和网络媒体对范美忠逃跑事件的争相报道和讨论，一时间使得其曝光率大增，成为2008年中国新闻人物。范美忠在这次事件升温后被网友讥讽为“范跑跑”。事件发生后,范美忠被光亚学校停职。校长卿光亚承认范美忠工作努力,与学生关系融洽,学生对其独特的教育理念和方法评价很高。6月6日,范美忠在北京接受媒体访谈时首次公开向公众道歉,但继续坚持自己的基本立场。对于范美忠的逃跑行为,校长卿光亚表示没有问题,有问题的只是范美忠在震后10天发表的感想言论,但校方不会开除“因言获罪”的人。

6月中旬,网络上出现消息称,中华人民共和国教育部吊销了范美忠的教师资格证,光亚学校无法再聘用他。范美忠表示这种做法违背《中华人民共和国教师法》,等他拿到文件,明确发文单位后,会请律师提出诉讼。范美忠表示,中国有太多公民对行政部门滥用权力不加抵抗,但他会不惜一切代价,捍卫自己的权利。教育部新闻发言人于6月16日否认了教育部官方指令解聘范美忠的说法,表示解聘是由范美忠所在学校自主决定的。

讨论问题:学校因范美忠在其博客上的言辞而解聘范美忠合法吗?如果你是范美忠,你该如何维护自己的权益呢?

(案例资料来源:百度百科——范美忠事件.)

【人力资源管理故事】

实习生,你的冤该去哪里申

三月初的一天,一位脸上稚气未脱的女孩子在工作人员的指引下,推开了市劳动争议仲裁处申诉接待室的玻璃门。

女孩小忻是一位大学应届毕业生,在找实习单位的过程中经介绍到了一家设计公司实习,公司与她签订了一份协议,明确了她的工作职责及报酬。六个月的实习期很快就过去了,小忻对单位说,实习期间你们只发了我一半的劳动报酬,现在我要走了,你们应将余下的钱支付给我。公司告诉她人事部负责人出差了,过几天吧。事后小忻多次电话催讨,但都被推诿掉,最后公司改口说实习报酬就是这些了,无余额支付。无奈之下,小忻抱着一线希望来到仲裁委,询问能否告这家公司?仲裁接待员耐心地告诉她,你们之间的争议不属劳动争议受理范围。

为什么会是这样?小忻一脸诧异。显然,她并不了解劳动争议受理范围的相关法律。对此,有关法律是这样规定的:

1.主体资格

争议主体双方应当符合劳动法规定的就业资格,也就是说争议双方中,个人应当具有符合法律规定的就业资格。单位应当具有符合法律规定的用工资格。这里指的个人包括具有劳动能力的我国公民和取得合法就业资格的外国人,我国港、澳、台人员等,单位包括具备用工权的企事业等。小忻是在校学生,尚未毕业,因而不具备就业资格。从法律上讲,她不具备劳动争议范围的主体资格。

2.争议内容

双方发生的争议应当基于受劳动法调整的劳动合同关系,换句话说,双方是否基于劳动关系上的权利义务而发生争议。中国境内的企业、个体经济组织和劳动者之间,只要形成劳动关系,其提供有偿劳动,适用劳动法调整范围。还有就是在国家机关、事业单位、社会团体实行劳动合同制度的以及按规定实行劳动合同制度的工勤人员;实行企业化管理的事业组织的人员;其他通过劳动合同与这些组织建立劳动关系的劳动者,同样适用劳动法。由于小忻不具备就业的主体资格,因而也就无法与企业在劳动合同关系的层面上来处理问题。

3.法定范围

双方发生的争议应当属于法律规定的受理范围。《中华人民共和国企业劳动争议处理条例》规定仲裁处理下列劳动争议:a.因企业开除、除名、辞退职工和职工辞职、自动离职发生的争议;b.因执行国家有关工资、保险、福利、培训、劳动保护的规定发生的争议;c.因履行劳动合同发生的争议;d.法律、法规规定应当依照本条例处理的其他劳动争议。

小忻因报酬问题与实习单位发生纠纷仲裁委不予受理的原因就是其不符合就业主体,且双方的关系不属劳动法调整范围,可去法院诉讼。

所以,当劳动者与用人单位发生争议时,首先要了解自己的情况,是否具有就业资格的劳动者;其次,了解你与哪类企业建立的劳动关系;第三,你们之间发生的争议应属哪类部门受理和处理。这样,在搞清楚关系之后,你才不会徒劳往返,得不偿失。

当然,劳动者更应该学习法律,从实习开始就要学会以此来保护自己。

(资料来源:《实习生工作,冤往哪里申?》,恒信人才网,2013-03-14)

【课外小组活动】

劳动合同订立模拟

1.实验内容:企业劳动合同的起草、签订及程序。

2.实验程序:学生分组,5~8人一个小组,选取一个企业作为支撑背景,在组长的组织下,合作完成合同书的起草、签订等。

参考文献

[1] 李宝元.人力资本与经济发展:跨世纪中国经济发展及其战略选择的人本视角与考察[M].北京:北京师范大学出版社,2000.

[2] 朱舟.人力资本投资的成本收益分析[M].上海:上海财经大学出版社,1999.

[3] 李忠民.人力资本:一个理论框架及其对中国一些问题的解释[M].北京:经济科学出版社,1999.

[4] 彭剑锋.人力资源管理概论[M].上海:复旦大学出版社,2003.

[5] 陈维政,余凯成.人力资源管理与开发高级教程[M].北京:高等教育出版社,2004.

[6] 赵曙明.人力资源管理新进展[M].南京:南京大学出版社,2002.

[7] 蒋明新.人力资源开发与管理[M].成都:西南财经大学出版社,1999.

[8] 孙健敏.组织与人力资源管理[M].北京:华夏出版社,2002.

[9] 谌新民.新人力资源管理[M].北京:中央编译出版社,2002.

[10] 陆国泰.人力资源管理[M].北京:高等教育出版社,2000.

[11] 陈远敦,陈全明.人力资源开发与管理[M].北京:中国统计出版社,2001.

[12] 张国初.人力资源开发管理的理论与实践:中国加拿大案例比较研究[M].北京:社会科学文献出版社,1995.

[13] 廖泉文.人力资源发展系统[M].济南:山东人民出版社,2000.

[14] 林泽炎.转型中国企业人力资源管理[M].北京:中国劳动社会保障出版社,2004.

[15] 林泽炎.3P 模式:中国企业人力资源管理操作系统[M].北京:中信出版社,2001.

[16] 谢晋宇,吴国存,李新建.企业人力资源开发与管理创新[M].北京:经济管理出版社,2000.

[17] 董克用,叶向峰.人力资源管理概论[M].北京:中国人民大学出版社,2003.

[18] 石金涛.培训与开发[M].北京:中国人民大学出版社,2002.

[19] 石金涛.现代人力资源开发与管理[M].上海:上海交通大学出版社,2001.

[20] 王学力.企业薪酬设计与管理[M].广州:广东经济出版社,2002.

[21] 任巍.人力资源管理[M].北京:机械工业出版社,2012.

[22] 卿涛.人力资源管理[M].成都:西南财经大学出版社,2007.

[23] 郜启扬,张卫峰.人力资源管理教程[M].北京:社会科学文献出版社,2003.

[24] 杨剑,白云,朱晓红,郑蓓莉.激励导向的薪酬设计[M].北京:中国纺织出版社,2002.
[25] 刘伟,刘国宁.人力资源[M].北京:中国言实出版社,2005.
[26] 全国经济专业技术资格考试用书编写委员会.人力资源管理专业知识与实务(初级)[M].北京:中国人事出版社,2006.
[27] 德斯勒,陈水华.人力资源管理(亚洲版)[M].2 版.赵曙明,高素英,译.北京:机械工业出版社,2013.
[28] 孟昭宇.中外企业人力资源管理案例精选[M].北京:经济管理出版社,2003.
[29] 加里·德斯勒.人力资源管理[M].6 版.刘昕,吴雯芳,译.北京:中国人民大学出版社,1999.
[30] 约翰·M·伊万切维奇,赵曙明.人力资源管理[M].北京:机械工业出版社,2005.
[31] 康士勇.工资理论与工资管理[M].2 版.北京:中国劳动社会保障出版社,2006.
[32] 冯宪.薪酬管理[M].杭州:浙江大学出版社,2005.
[33] 刘昕.薪酬管理[M].北京:中国人民大学出版社,2010.
[34] 中国就业培训技术指导中心.企业人力资源管理师(二级)[M].北京:中国劳动社会保障出版社,2010.
[35] 文跃然.薪酬管理原理[M].北京:复旦大学出版社,2008.
[36] 李莉译.薪酬管理[M].北京:中国人民大学出版社,2004.
[37] 乔治·T·米尔科维奇,杰里·M·纽曼,成得礼.薪酬管理[M].9 版.北京:中国人民大学出版社,2008.
[38] 罗伯特·C·里尔登,珍妮特·G·伦兹,小詹姆斯·P·桑普森,等.职业生涯发展与规划[M].3 版.北京:中国人民大学出版社,2010.
[39] 张小兵,孔凡柱.人力资源管理[M].北京:机械工业出版社,2013.
[40] 任巍.人力资源管理[M].北京:机械工业出版社,2012.
[41] 张再生.职业生涯管理[M].北京:经济管理出版社,2002.
[42] 付亚和.工作分析[M].2 版.上海:复旦大学出版社,2009.
[43] 边慧敏.职业生涯规划[M].成都:西南财经大学出版社,2006.
[44] 吴小军.浅析影响个人职业生涯的因素[J].中国大学生就业,2006(08).
[45] 王荣发.职业发展导论[M].上海:华东理工大学出版社,2004.
[46] 张莹.职业生涯规划与管理[M].北京:北京大学出版社,2004.
[47] 周文霞.职业生涯管理[M].上海:复旦大学出版社,2004.
[48] 杜映梅.职业生涯管理[M].北京:中国发展出版社,2006.
[49] 谢怡.员工职业生涯管理实操细节[M].广州:广东经济出版社,2007.
[50] 曹振杰.职业生涯设计与管理[M].北京:人民邮电出版社,2006.

[51] 姚裕群.职业生涯管理[M].大连:东北财经大学出版社,2009.
[52] 格林豪斯,卡拉南,戈德谢克.职业生涯管理[M].王伟,译.北京:清华大学出版社,2006.
[53] 刘钧.劳动关系理论与实务[M].北京:清华大学出版社,2011.
[54] 许文兴.人力资源管理[M].北京:清华大学出版社,2010.
[55] 姚会平.劳动者权益保护法律实务[M].成都:西南财经大学出版社,2010.
[56] 郭捷.劳动法学[M].北京:中国政法大学出版社,2011.
[57] 程延园.员工关系管理[M].上海:复旦大学出版社,2010.
[58] 陈维政,李贯卿,毛晓燕.劳动关系管理[M].北京:科学出版社,2010.